Contar la verdad

Contar la verdad

O al menos intentarlo

Bieito Rubido

Papel certificado por el Forest Stewardship Council®

MIXTO
Papel procedente de fuentes responsables
FSC® C117695

Penguin Random House Grupo Editorial

Primera edición: octubre de 2021

Printed in Spain – Impreso en España

ISBN: 978-84-666-6906-1
Depósito legal: B-12.876-2021

Compuesto en Llibresimes, S. L.

Impreso en Rotoprint by Domingo, S. L.
Castellar del Vallès (Barcelona)

BS 6 9 0 6 1

Señor, ayúdame a decir la verdad delante de los fuertes y a no decir mentiras para ganarme el aplauso de los débiles.

Mahatma Gandhi

Índice

PRIMERA PARTE
PERIODISMO

SEGUNDA PARTE

PERSONAS, PERSONAJES Y PERSONAJILLOS

TERCERA PARTE

HECHOS

CUARTA PARTE

EL FUTURO SIEMPRE NOS ESPERA

PRIMERA PARTE

Periodismo

1

Mi primer día tras dejar *ABC*

El 14 de septiembre de 2020 es el primer día, tras diez años, que no soy director de *ABC*. Me levanté temprano, como de costumbre, escuchando la radio, y con un buen número de ocupaciones para la jornada. Tenía que ser una jornada más. Después de todo, nada especial había ocurrido. Dejar de ser director de un gran diario podía ser muy importante para mí, pero no dejaba de ser una gota de agua en el océano de las vanidades, otro mono que se caía del árbol en medio de la frondosa selva. La vida, al fin y al cabo, no comienza el primer día que diriges *ABC* ni termina cuando tu nombre desaparece de la mancheta. La vida es mucho más. Aparece, surge, florece en muchos lugares alejados de los puestos teóricamente luminosos de la actividad social y profesional. En este sentido, tenía ya cierta experiencia, distinta en algunos términos, pero muy semejante en cuanto a lo que uno siente en el momento en que abandona una responsabilidad periodística, como ya me ocurriera con *La Voz de Galicia*.

El día anterior había sido mi última jornada de trabajo en la redacción. Apenas había gente en la sala. Fue una despedida extraña. A lo largo del tiempo me había imaginado diciendo adiós al diario en un acto de relevo bien organizado, con todos los periodistas presentes, tal y como se había hecho en su día, cuando Ángel Expósito me entregó el testigo de la dirección. En aquella ocasión estábamos todos: los redactores de *ABC*, el equipo directivo de Vocento, el consejero delegado, José Manuel Vargas, Catalina Luca de Tena..., y tanto Expósito como yo pudimos dirigirnos a los allí convocados y escenificar un civilizado y educado rito de cambio de guardia. Esa ceremonia que se ha perdido, pero que otorgaba un estilo a las casas, a las empresas, a las instituciones... y a las personas. Entonces se hizo con el tono de caballerosidad que solía caracterizar a la casa de *ABC* en situaciones semejantes. Mi salida no fue así. Me marché sin despedirme. Lo hice después, por teléfono, de algunas de las personas más significativas de la redacción.

Como decía, cuando pensaba en cómo sería la última jornada, me veía bajando la escalinata del edificio de *ABC* de la calle Juan Ignacio Luca de Tena. Tampoco fue así. Abandoné la redacción sobre las nueve de la noche del domingo 13 de septiembre por las escaleras de servicio, pues no hay otras en la nueva sede de Vocento de la calle Josefa Valcárcel, acompañado por Jesús Calero, redactor jefe de Cultura, que iba en busca de su coche para regresar a casa tras una tarde más de trabajo. La pandemia de la COVID tuvo, sin duda, gran parte de la culpa. Desde mediados de marzo la redacción de *ABC* teletrabajaba en su totalidad, salvo un pequeño grupo que acudíamos a la sede del diario. Además, era domingo. No había apenas nadie de la organización. Fue, por tanto, y solo en ese sentido formal, un poco triste y desangelado, impropio de una institución como *ABC*. Quienes se encargaban de la gestión estimaron que era mejor así. Nadie llamó, nadie se despidió, salvo mi sucesor, Julián Quirós, que pasó un momento por mi despacho para comentar conmigo algunos detalles finales del relevo y darme un abrazo.

Atrás quedaban diez años de periodismo. ¡Menuda década! Mientras bajaba las escaleras y caminaba hacia el taxi iba rememorando todos los acontecimientos que se habían producido en esa etapa y que nos habíamos encargado de contar a los lectores. Tiendo a creer que nuestro tiempo no es mejor ni más interesante que otros, pero no cabe duda de que en esa década vivimos hechos verdaderamente notables. Fueron años trepidantes en el puente de mando de un diario tan influyente como *ABC*, años intensos, convulsos en algunos momentos.

Arrancamos con el final del zapaterismo —semilla ideológica que explica muchos desastres posteriores— y con una crisis económica jamás contada hasta entonces. Ya vimos lo que ocurrió a partir de entonces. Nadie se podía imaginar aquel cataclismo financiero y económico viniendo de donde veníamos: de un crecimiento esplendoroso desde el inicio de la década hasta el año 2007. Aquel derrumbamiento de todos los indicadores sirvió como caldo de cultivo para el auge de los populismos y para el aprovechamiento perverso, desleal y osado de los independentistas catalanes en octubre de 2017, cuando perpetraron un golpe de Estado en Cataluña, según la teoría de Curzio Malaparte en su *Técnica del golpe de Estado*, aunque la *verdad jurídica* terminase siendo otra.

Durante ese periodo, en muchas ocasiones me pregunté si en 2010 nos hubiésemos creído, si nos lo hubiesen adelantado, todo lo que iba a acontecer esos años. Por eso me pregunto también qué nos depara el destino para los siguientes. Tuvimos que informar, por ejemplo, de la renuncia de un papa, Benedicto XVI, algo que solo había ocurrido una vez en la historia del papado. Y, por supuesto, nos empleamos a fondo en la abdicación del rey Juan Carlos y en la entronización de Felipe VI. Eran dos señas de identidad de *ABC*.

Durante esa misma época, España tuvo tres presidentes de Gobierno. El PP se hizo con el Ejecutivo, con Mariano Rajoy al frente, entre dos gobiernos socialistas, el último salido de la única moción de censura que ha triunfado en la democracia española, con la aceptación increíble, por parte de un partido socialdemócrata como el PSOE, de los apoyos de filoterroristas e independentistas golpistas. Mucho se ha escrito sobre esta cuestión. Todavía hoy sobrevuelan rumores de una supuesta influencia de Garzón y Lola Delgado sobre Ricardo de Prada para incluir un párrafo extemporáneo y ajeno al propio asunto que se juzgaba en la sentencia de la Gürtel, como los hay en torno a la decisión de Rajoy de no dimitir y favorecer la llegada de aquel «Gobierno de mayoría Frankenstein», en palabras de Rubalcaba. Rajoy insistió siempre en que dimitir implicaba admitir que él era un corrupto y en que por ahí no iba a pasar. Además —y esto es lo verdaderamente trascendente—, los votos para conseguir el apoyo para un posible candidato popular, no necesariamente Sáenz de Santamaría o Cospedal, no eran suficientes; el esperpento fue todavía mayor toda vez que el PNV, por exigencia de Urkullu, decidió retirar su sostén a Rajoy y a su partido.

El tiempo demostró, con la sentencia del Tribunal Supremo, que aquello fue fruto de una perversa utilización de un párrafo extemporáneo y probablemente concebido en algún contubernio que el periodismo todavía no ha logrado desentrañar. Toda la justificación de la moción de censura contra Rajoy estaba construida sobre una enorme manipulación. Las mociones de censura son legítimas y, si cuentan con los votos necesarios, nadie las puede cuestionar. Otra cosa es que estos sean de dudosa fe democrática.

Mariano Rajoy se enfrentó no solo a la peor herencia económica del país, fruto del zapaterismo, sino también al legado de la corrupción de su partido durante los años de Aznar. La verdad es que a pocos presidentes les tocó lidiar con problemas de tal envergadura. Todo esto, como no podía ser de otra manera, tuvo su hueco en las páginas de *ABC*, como también lo tuvo la corrupción sistémica de todos los partidos —los casos ERE, Gürtel, Pujol, Urdangarín y muchos más—, que logró ser probada por una Fiscalía Anticorrupción cuyos éxitos son perfectamente descriptibles por escasos.

Mientras cruzaba Madrid en el taxi que me llevaba hasta mi domicilio en aquella noche todavía veraniega del 13 de septiembre, se me agolpaban todos esos recuerdos. Aquel mismo día había publicado una Tercera titulada «Dirigir *ABC*». A lo largo del día había recibido decenas y decenas de manifestaciones de apoyo y cariño, y a veces de asombro, a través de distintos medios: correos electrónicos, llamadas, wasaps o mensajes de texto. La verdad, tengo que confesarlo, es que me reconfortó mucho aquel torrente de solidaridad. Abandonaba la dirección de una gran institución de la prensa española y sentía que lo hacía por la puerta grande, no en lo físico, pero sí en lo emocional.

Supongo que todos tenemos una alta opinión de nosotros mismos. Los periodistas, por regla general, salimos de fábrica con un notable componente de vanidad en nuestro ADN que no siempre —por no decir prácticamente nunca— está justificado. No voy a presumir de humilde como aquel obispo de Pamplona, don Marcelino Olaechea, que solía decir que «a mí, a humilde, no me gana nadie», pero puedo confesar, y me atrevo a ello, que mis dosis de vanidad han sido las justas. Tuve la *santa ambición* que cada ser humano necesita para llegar a lo que aspira, pero nunca sentí una pulsión especial ni por sobresalir ni por hacer un periodismo arrogante o de acoso, tan en boga. Durante mi etapa como director, traté de que *ABC* se sustentara en valores. A fin de cuentas, eran esos principios los que definían al propio diario.

La buena voluntad, tan útil en tantos órdenes de la

vida, me parece también un buen componente en la amalgama que alienta el periodismo. Nunca entendí esta profesión como una actividad contra nadie. Recuerdo con cierta gracia a viejos periodistas anunciando el hundimiento de algún personaje público como consecuencia de alguno de sus artículos. Al final no ocurría nada, aunque es bien cierto que determinadas prácticas periodísticas han hecho mucho daño al honor y buen nombre de numerosas personas, ya fueran públicas o no tan relevantes. Tampoco he tenido afán alguno por derrocar a nadie. Al contrario, siempre traté, tanto en mis años de director de *La Voz de Galicia* como de *ABC*, de practicar un periodismo sereno que tuviese como objetivo ser útil a los lectores. El concepto «diario útil» me ha parecido siempre más interesante e inspirador que el de esas publicaciones gritonas y sensacionalistas. Para mí era crucial que el lector disfrutase con la inmersión en la lectura del diario, que se reconociese en él.

Es posible que todos esos valores, y algunos más, no fueran suficientes y, sobre todo, *modernos* para algunos directivos de notable indigencia intelectual que pueblan los distintos grupos de comunicación del escenario mediático español. Tal vez por eso yo me fui ese día a mi casa sin ninguna despedida institucional, casi como un apestado. Porque mi manera de ver el periodismo no coincidía con determinados estándares al calor, algunas veces, de las corrientes surgidas de una realidad caracterizada por la ausencia del pensamiento elaborado y complejo mientras se impone la simplicidad de los mensajes de las redes sociales, que no de las consecuencias. Con esa tosquedad intelectual se fragua en muchos despachos el antagonismo entre el director de papel frente al de digital. Nada más lejos de la realidad. Desde que existe, el periodismo, tal y como ahora lo conocemos, no ha hecho otra cosa que evolucionar en lo tecnológico, pero su esencia es la misma siempre: buenas noticias verdaderas, buenas historias, principios editoriales y firmas que se dejan leer. Reducir el fenómeno del periodismo y de la comunicación social a una polémica tan mezquina y coyuntural supone estar muy despistado en cuanto a todo lo que está aconteciendo y va a acontecer en el panorama de los medios.

En los próximos diez años, con el desplome del paradigma de las televisiones convencionales, la irrupción de nuevos operadores y la eficiencia y abaratamiento de las nuevas tecnologías, el horizonte y *statu quo* mediático van a transformarse de manera notable. Mientras tanto, algunos andan a la caza del chamán de papel para expulsarlo de la tribu, pues los de la hoja de Excel han encontrado al fin un argumento para jugar a ser los vaqueros de la película y ocupar ese lugar del que se vanaglorian los periodistas vanidosos. Se recrean en neologismos o expresiones en inglés que a ellos les suenan campanudas, pero que solo esconden su mal dominio del idioma español. La realidad después es mucho más gris y más terca.

He pasado toda mi vida profesional reflexionando y hablando acerca de qué es la modernidad en el periodismo. Cuando estás al frente de una redacción como la de *ABC*, un diario con tan acusada personalidad, puedes deslizarte por los terrenos más pantanosos. Su fundador fue un innovador. Tanto es así que muchas de sus ideas —formato, grapa, despliegue gráfico y apuesta por la buena escritura de las mejores firmas— se mantienen vivas hoy. El debate sobre lo moderno y lo antiguo es, en muchas ocasiones, una disculpa que utilizan algunos para envolver en la bruma de su confusión de ideas un intento de asalto al poder, en este caso de una publicación tan influyente en una parte de la sociedad española como es *ABC*.

El patrimonio de este diario es su personalidad y su apuesta por la calidad informativa, analítica y literaria. Quien no lo entienda no sabrá llevarlo al puerto del éxito. Gabriel Albiac me recordaba siempre que él había empezado a escribir en *ABC* para poder hacer literatura. Tal vez por eso es el periódico madrileño de entre todos los que ahora existen que más ha durado y que más vicisitudes históricas ha superado. Lo explicaba muy bien Catalina Luca de Tena en su memorable Tercera del pasado 3 de septiembre de 2020, cuando se despedía de los lectores tras 117 años de presencia de su familia en la publicación. Recordaba Catalina que durante la Restauración se publicaban 31 diarios en Madrid. De todos ellos solo queda *ABC*. En la Segunda República salían a la calle nada menos que dieciocho. Solo ha sobrevivido *ABC*. Y durante la Guerra Civil se editaban trece. Solo queda *ABC*. De las cabeceras existentes durante los cuarenta años de franquismo tampoco queda ninguna, salvo *ABC*. Alguna razón especial habrá, merecedora de un análisis que supera los límites de estas páginas. Creo que sobresalen dos posibles explicaciones: la fidelidad a sus principios fundacionales y el hecho de no traicionar a sus lectores.

He citado en muchas ocasiones una frase de Stefan Zweig que nos alerta acerca de lo malos que somos los contemporáneos como analistas y que asegura que tienen que pasar muchos años para entender correctamente el tiempo que nos ha tocado vivir. *ABC*, con más de un siglo de existencia, ha enfrentado vicisitudes diversas que, de una u otra manera, ha sabido superar, además de contarlas. Tal vez por ello se hizo merecedor del reconocimiento que el informe Merril le otorgó al situarlo en el décimo puesto en la lista de los cien periódicos más importantes del mundo.

Sobre todo eso iba yo reflexionando los primeros minutos tras dejar la dirección de *ABC*. Sobre eso y sobre todo el carrusel de acontecimientos que han ido esculpiendo esta sociedad que ahora tenemos y que en muchas de sus aristas no se parece en nada a la de mis inicios en el puesto de mando del diario.

¡Cuánto hemos cambiado y a qué velocidad! El auge del populismo —nada nuevo en la historia— es otro de los rasgos que caracterizan estos diez últimos años. Lo que no esperábamos es que llegasen a gobernar. Populistas los hubo siempre. En España lo fueron Jesús Gil o Ruiz-Mateos, pero ellos no llegaron tan lejos como los de ahora. ¿Cuál es la diferencia entre aquellos y estos? Sin ningún género de dudas, los medios de comunicación, muy especialmente las cadenas de televisión y, por supuesto, las redes sociales. Gracias a ellas han podido llegar a mucha más gente. Esa es la gran diferencia entre el tiempo de Gil y Ruiz-Mateos y el de Iglesias Turrión, Revilla o Rufián. Son igual de charlatanes unos que otros. Le dicen al ciudadano lo que quiere escuchar. Presentan soluciones fáciles y remedios imposibles a todos nuestros males. Opinan y hablan sobre todo y sobre todos. El problema radica en que los ciudadanos comienzan a creérselos porque los ven en la televisión a todas horas y los jalean y les compran su mercancía estropeada, y son los votantes quienes los colocan ahí. Hasta los periódicos más serios de España —*ABC* no, desde luego— alientan estos movimientos. El argumento es que consiguen lectores o, en el caso de las cadenas de televisión, grandes audiencias. Mentira en ambos casos.

El populismo, en sus múltiples expresiones —el independentismo es una de ellas—, está desbocado en España y, así, nos encontramos con gente que se aleja de las instituciones para quedarse con las panaceas imposibles hasta llegar al desastre. Luego habrá que recomponerlo todo y es posible que sea tarde y que en el camino quede mucha gente maltrecha. Es curioso, porque para llegar a esta inflamación se invoca sin rubor alguno a la democracia. Se la ataca justamente invocando más democracia. A los independentistas, a los tribalistas y a los comunistas de nuevo cuño, la vida política en libertad les sirve de coartada precisamente para hacerlo fenecer desde su autoritarismo. Desprecian el componente liberal que es inherente a la propia idea de democracia. Desde *ABC* tratamos de desenmascarar todo este movimiento. Cuando lo hacíamos, éramos inmediatamente descalificados con el término de «fascistas». ¡Cuánta ignorancia encierra el uso ligero de esta expresión! Algunos deberían vivir los ambientes fascistas, se iban a enterar... Pero ese estilo de permanente confrontación con violencia verbal, incluido el insulto, le ha ido muy bien al populismo, que ha utilizado como nadie las redes sociales para acosar a políticos y periodistas.

En ocasiones, resulta difícil hacer ver a los ciudadanos bienintencionados la maldad y la perversión que se guarece en estos movimientos. Ahí están los que no creen en la democracia, pero la utilizan para terminar con ella. Esta fue tal vez una de las páginas más duras de estos diez años de periodismo en *ABC*: el acoso, la denigración y la calumnia por ejercer el periodismo desde un punto de vista contrario a estas corrientes. Sorprendente ha sido la colaboración de colegas periodistas que, desde otros diarios, radios o canales de televisión, se sumaban también a la jauría y, ¡oh, paradoja!, trataban de justificar el odio con la libertad de expresión. Pero de todo ello hablaremos más adelante.

Otro de los asuntos del que nos ocupamos durante estos años fue el antifranquismo, la memoria histórica, después democrática, que solo sirven para dividir España en dos mitades enfrentadas al mismo tiempo que levantan cortinas de humo sobre los asuntos acuciantes del presente. La memoria es algo ciertamente individual. Instrumentalizarla como se pretende solo tiene un objetivo: aportar munición a la desleal confrontación de bloques al que la socialdemocracia en declive y la extrema izquierda en auge han reducido la política. Le han dado un sesgo histórico anticientífico; de esta manera, imponen a todos los ciudadanos un pensamiento único y coartan su capacidad de estudio o de reflexión acerca de una guerra innoble, como todas las guerras, en la que el 80 por ciento de la población no había escogido el bando. Otra España más noble y ambiciosa que la de ahora, la de la Transición, entendió que aquella guerra la habíamos perdido todos y que, a cambio, habíamos ganado concordia. El tiempo ya se encargó de cicatrizar la mayoría de las miserias. Las guerras ocurren cuando ocurren. No ahora.

Con Franco va a ocurrir como con otros tantos personajes de la historia: será más recordado por el empeño de algunos en borrarlo. Hay cuestiones sobre las que es difícil legislar. Aunque se empeñen los diputados, no lograrán que las ballenas pongan huevos, como tampoco van a cambiar la historia, la enseñen como la enseñen. No hay nada más intolerante e ineficaz que imponer autoritariamente la memoria colectiva. Esa estéril pretensión de una minoría que ahora abusa del poder impone una visión sectaria y frívola a millones de personas que no parecen dispuestas a que se les limite en algo, a veces tan íntimo, como es el recuerdo o su derecho al olvido, cuya capacidad última permite depurar los episodios y colocar en el sitio preciso a cada uno de los tristes intérpretes de aquella negra página de nuestra historia de la que parece que no aprendimos nada.

La mal llamada «memoria histórica o democrática»

solo ha servido para enfrentar de nuevo a los españoles: se cambian nombres de calles con criterios discutibles, se derriban estatuas —mientras se mantienen las de otros personajes sanguinarios como Largo Caballero— o se traslada el cadáver de Franco, como si ello hiciese mejores a los españoles. Recuerdo la noche del 31 de mayo de 2018, cuando, recién ganada la moción de censura por Sánchez, la colega y siempre encantadora Victoria Lafora me dijo: «No te preocupes, estos solo desenterrarán a Franco y poco más». Ella lo decía con buena voluntad, tratando de convencerme de que el socialismo que representa Sánchez no se iba a tirar al monte a la hora de gobernar. Era lo que llevaba implícito, al parecer, ser director de *ABC*, que todos te imaginaban pensando de manera monocorde y sin matices. Son los prejuicios tan abrasivos sobre una profesión en muchas ocasiones cruel y cainita.

A mí la moción de censura me pareció una aberración democrática porque toda su justificación se basaba en la enorme manipulación de un texto, urdida entre las bambalinas de un sector de jueces y fiscales, además de por contar con el apoyo de partidos abiertamente antidemocráticos. Por lo demás, nunca me parecerá mal que en democracia funcione la alternancia y que gobiernen partidos diferentes. En eso se basa la sociedad libre. La tolerancia fue en todo momento una seña de identidad de *ABC*. Pero tolerar no quiere decir que uno no pueda ejercer su legítimo derecho a discrepar. En los últimos años, ejercer el periodismo libre en España tiene el inconveniente de la estigmatización negativa que practican aquellos del pensamiento único del Gobierno. Solo hay que hacer un recorrido por radios y televisiones para ver que si algo ha desaparecido en nuestro país, ha sido la pluralidad informativa y de opinión; esa que Soraya Sáenz de Santamaría alegó para justificar la fusión de la Sexta con Antena 3 en contra del informe de la Comisión Nacional de los Mercados y la Competencia. Efectivamente, la pluralidad quedó solo para un lado. A nosotros nos correspondió actuar más que nunca como conciencia crítica del poder, incluido el económico, que algún día deberá explicar al resto de España su entusiasmo por los medios que combaten en buena medida su razón de existir, la del capital, claro está. En España nos encontramos con que el periodismo de izquierda ha invadido también los medios de centro y derecha por desidia, ingenuidad o acomodo de empresarios y banqueros. El precio de este proceso aún está por pagarse. Se impone siempre el paradigma de la izquierda más extrema. La derecha española creyó que debía ocuparse solo de la economía y de los negocios. Las ideas, la historia y el relato parecen importarles poco o nada. Repito: el coste de este proceso puede ser muy oneroso para todos, pero muy especialmente para esos empresarios y banqueros que nadan en su molicie intelectual.

En medio de ese ambiente, teníamos que atrevernos a hacer un periodismo crítico con el poder político, con algunas fuerzas económicas y que terminaba siendo hostil con la mayoría de los medios, en especial con los canales de televisión, que solían atacarnos con frecuencia, a veces de manera inopinada y extemporánea. Inevitablemente, en ocasiones, los propios accionistas de Vocento se preguntaban si estábamos acertando con el camino escogido, aunque es cierto que esto último ocurría rara vez.

Las reglas democráticas se manosean al antojo de un gobierno débil en apoyos populares, pero autoritario como ningún otro en la historia de la democracia que se estrenó el 15 de junio de 1977. Desde entonces hasta hoy nadie ha ejercido el poder de manera tan abrasiva y hacerle frente no siempre ha sido fácil. Teníamos que criticar las trampas permanentes de un gobierno que quería presentarse como progresista con el recibimiento de los inmigrantes subsaharianos del *Aquarius* mientras rebuscaba en el armario una ley en desuso para poner en marcha las devoluciones en caliente, eso sí, envolviéndola en el papel de celofán del progresismo. La misma envoltura que convirtió en secreto de Estado el uso del avión presidencial para ir con los amigos a escuchar a The Killers o la que permitió llevar a cabo un apagón informativo acerca de la tesis plagiada de Pedro Sánchez, utilizando incluso los recursos de la Moncloa para levantar una polvareda que ocultase el interés por un comportamiento claramente inmoral. Recuerden cuando el primer Gobierno de Sánchez no tenía mayoría en el Senado para aprobar el techo de gasto. ¿Qué se hizo? Se le retiró la competencia. ¿Hay forma más antidemocrática de comportarse?

¿Está la democracia amenazada? ¿Tenemos algún papel que jugar los periodistas en su defensa? ¿Qué pude hacer yo durante mis años como director de *ABC*? Son estas preguntas las que pretendo responder. Algunas me las fui planteando de camino a casa mi último día de trabajo en la centenaria cabecera. Tengo que confesar que me dormí con la misma tranquilidad que en mí es costumbre, sin ápice de amargura. Me parecía un relevo de guardia. Efectivamente, nos quedarán otras garitas en las que tratar de vigilar, pero sin pretensiones, sin acosos, aunque firmes y serenos en la defensa de lo que uno cree que merece la pena: una sociedad libre, más justa, más feliz, más culta, menos banal, menos estúpida y que logre elaborar mejor su pensamiento.

Fortalecer de nuevo moralmente el cuerpo social, alimentarlo de valores democráticos, es, sin duda, uno de los papeles que debe jugar el sistema mediático en una sociedad libre. La COVID, esa enfermedad que nos ha recordado lo vulnerables que somos y lo mucho que necesitamos los unos de los otros, también puso sobre el tapete la fragilidad de nuestra democracia. Fue el capítulo final de mi etapa como director y viví con cierto desasosiego, que no angustia, la soledad de la redacción y el intento permanente de manipularnos, tanto de un lado como de otro, aunque de manera muy especial desde el propio Gobierno. Hoy puedo decir que, tras el arranque del confinamiento, el 14 de marzo de 2020, la mayor fuente de desinformación que padecimos los periodistas y, por tanto, los ciudadanos, fue el Gobierno de Pedro Sánchez. Nunca se manipularon más cifras y más estadísticas ni se incumplieron más promesas que en ese momento y nunca, además, al menos en la historia reciente de la democracia española, con objetivos más perversos.

No fueron tiempos buenos para el periodismo, con el confinamiento, los estados de alarma, las mentiras, los bulos que circulaban por la red, los mensajes que los ciudadanos se pasaban unos a otros, las estadísticas falseadas, los muertos que no se contaban y el intento permanente del Gobierno de controlar la información, cuando no de instalar un silencio y un apagón informativo en torno a la crudísima realidad de miles y miles de muertos en medio de una de las peores gestiones de la pandemia en todo el mundo. En realidad, fuimos muy pocos los medios que nos opusimos y que dimos batalla. Ofrecer una visión crítica ante el tono buenista generalizado y los eslóganes oficiales solía resultar incómodo. La instrumentalización de semejante crisis acabó siendo obscena a ojos de la ciudadanía. Sánchez creyó que se vencería al virus en meses. No fue así. No se lo tomó en serio en el origen de la pandemia, quiso rentabilizarlo en el arranque del desastre, allá por el mes de marzo, y se desentendió de la gobernanza cuando comprobó que era un asunto peliagudo. Para ello le vino muy bien que el Estado español fuese fofo en materia sanitaria. Les pasó los muertos a las comunidades autónomas, algunas de ellas encantadas de gobernar, una vez más, la miseria.

Al llegar a casa, cerré la puerta, ya por dentro, y me pregunté si un periodista puede desentenderse de la realidad que le circunda cuando termina su guardia. Los periodistas no somos ángeles ni superhéroes, aunque alguno se lo crea. Menos, todavía, policías o fiscales. Nuestro trabajo consiste en contar lo que ocurre de la manera más veraz y honesta posible, partiendo del hecho de que siempre manejamos fragmentos de la realidad y se nos escapan muchos aspectos y matices que en ocasiones cambian radicalmente la historia contada. A veces te paras a reflexionar acerca del daño que has podido hacer. Entre los periodistas también hay psicópatas que ni sufren ni padecen. Pensé que quizá me vendría bien un pequeño paréntesis, un descanso, para poner en orden las ideas y, tal vez, escribir este libro...

2

Cómo hacer que una redacción funcione (y sea feliz)

Si hay que empezar por algún lugar para hablar o escribir sobre periodismo, ese es la redacción, el espacio donde se gesta la elaboración y difusión de la noticia. Hay pocos sitios más divertidos que la redacción de un medio de comunicación. Yo conozco especialmente las de los diarios de prensa escrita, aunque también guardo recuerdos de la de alguna radio y televisión. Conviven en ellas perfiles muy curiosos y simpáticos. Se podría escribir un libro sobre los personajes que habitan en una redacción, si bien aquel aire bohemio e informal de años pasados ha ido desapareciendo, hasta el punto de que los periodistas hemos pasado de ser aves nocturnas a ser alondras madrugadoras. Yo estudié Periodismo, entre otras razones, para no tener que madrugar: pues no he hecho otra cosa en mi vida más que levantarme muy temprano, desde mi más tierna infancia profesional.

El ambiente de una redacción es el estado de ánimo de ese medio. Solía decirlo Luis Infante, histórico director de *Marca*: «Si la redacción se divierte, hace un buen periódico, divertido; si se aburre, hará un mal producto, un diario aburrido». Así, el ánimo del conjunto de la redacción fue siempre muy relevante para mí, una prioridad. Puse mucho empeño en ello y traté de que hubiese buen ambiente en los equipos que dirigí a lo largo de los años, pero no siempre lo logré. Cuando las redacciones son grandes, encuentras en ellas todo tipo de perfiles e, inevitablemente, por mucho afán que pongas como director, si eres mínimamente justo y de vez en cuando dices lo que tienes que decir, ya sabes que una parte de los periodistas que allí trabajan va a estar en tu contra. No me fiaría ni creería en un director que no tiene enemigos en la propia redacción.

Cada maestrillo tiene su librillo y cada director de periódico, su estilo. Hay a quien le gusta sobreactuar e incluso gritar en medio de la redacción. Yo jamás hice eso, ni siquiera cuando estaba muy enfadado. Creo, con toda honestidad, que eficacia y autoritarismo no van de la mano. La cólera no es buena en medio de una redacción, en medio de un grupo de periodistas que te escrutan diariamente y muchos de los cuales son más talentosos y valiosos profesionalmente que tú. Si no eres consciente de ello, no sirves para dirigir. Hoy en día, en las organizaciones modernas, el liderazgo se adquiere por vías tan elementales como tu capacidad para comprometer a la gente en un objetivo, pero nunca con medios coactivos o coercitivos, sino más bien con la seducción de la ilusión. En la actualidad, en la redacción de un medio informativo ya no se manda, se dirige. Son dos conceptos totalmente distintos. El primero conlleva una carga de arbitrariedad notable; el segundo obliga al jefe, al director, a estar más presente en todo, pero especialmente a estar abierto a la crítica y a las propuestas de los otros. Espero que me perdone el lector la inmodestia, pero si algo caracterizó mi trabajo a lo largo de los años como directivo, fue la facilidad que tuve para comprar —en el sentido emocional del término— las propuestas de los demás. La iniciativa tiene que venir de abajo hacia arriba. La mejor idea es la mejor idea y no siempre viene de los jefes; muchas veces parte de un escondido redactor al que se le ocurre algo novedoso e interesante. Solía insistir a mis compañeros en que nuestro mayor cometido era atender a los lectores: ofrecerles contenidos atractivos y útiles. A fin de cuentas, nos debemos a ellos. Estaríamos ciegos si creyéramos que somos algo sin las audiencias.

En las redacciones modernas se dirige alrededor de las mesas, es decir, el director tiene que estar muy presente en la sala donde trabaja el resto de los periodistas. Hoy ya no se dirige desde los despachos, aunque en determinados momentos estos son muy útiles para mantener cierta intimidad en la gestión.

Los debates y la confrontación de ideas e iniciativas son algo vital para mantener la musculatura intelectual y emocional de una redacción. A mí me gustaba provocar ese tipo de discusiones, en especial en asuntos trascendentales como el cambio climático, la igualdad entre hombres y mujeres, el arte moderno, las redes sociales, las dietas, el deporte o, cuando apareció de nuevo en nuestras vidas, el populismo. Planteábamos infinidad de cuestiones en los encuentros diarios. Todo era muy creativo y fecundo en aquel ejercicio de escuchar otras ópticas, y, sobre todo, esencial la oportunidad que representaba la puesta en común de criterios para poder redactar la información y enriquecer así los puntos de vista sobre determinada cuestión.

Es cierto que el director suele trasladar su criterio sobre diversas materias al medio y a sus contenidos. En el caso de *ABC* estaba todo muy claro. Los valores que defendíamos, y que creo que siguen defendiendo, vienen de muy atrás. En realidad, *ABC* se define por los principios que expone ante los lectores. Cuando fui director del periódico de la familia Luca de Tena, tenía muy claros los puntos cardinales del cuerpo ideológico que alentaba la publicación. Ello no era obstáculo para abrir debates y para favorecer la contraposición de diferentes posturas. Los redactores se sentían más seguros aunque finalmente sus propuestas no saliesen adelante. Ese ambiente de libertad anima al periodista. La redacción de un medio tiene que estar presidida por un clima democrático. En más de una ocasión permití que se publicasen cuestiones y enfoques en los que yo disentía, pero que intelectual y moralmente sabía que debían aparecer; habían sido a propuesta de algún miembro de la redacción, sobre todo de los redactores jefes, con quienes más tiempo compartía, especialmente en las dos reuniones diarias que solíamos mantener, una por la mañana y otra por la tarde.

Reuniones tediosas

Se suele decir que la eficacia de una reunión es inversamente proporcional a su duración. Como ocurre a menudo, en el punto medio está la virtud, pero esto no siempre es cierto, depende de cada caso. A mí me gustan mucho las reuniones y el trabajo en equipo. Entonces, sabía que algunos de mis colaboradores se quejaban porque las sesiones eran largas, solían bordear la hora, pero para mí eran muy importantes. Suponían la gran oportunidad del día —especialmente la de la mañana— de hacer autocrítica, de analizar a nuestros competidores y de enfocar las cuestiones de la jornada siguiente. También hacíamos una puesta en común en torno a la página web para saber lo que estaba funcionando y lo que no entre los lectores.

Por la tarde hacíamos otra parecida, más corta, en la que ya veíamos el diario tal y como iba a salir y seguíamos muy pendientes de la web, pues nos ayudaba mucho saber qué informaciones de nuestra oferta en ABC.es interesaban más. Pero lo más relevante de esa reunión de la tarde era la confección de la portada y de la segunda página, que en nuestro caso era una especie de Primera.

Reconozco que a mí las reuniones no solían resultarme tediosas, sino todo lo contrario, muy amenas. Insisto en su valor porque sé que algunos las criticaban, aunque, en el fondo, lo que querían era censurarme a mí. Nada nuevo bajo el sol de un medio de comunicación. Yo procuraba contar algunas anécdotas en función de la actualidad para distender el ambiente y generar corrientes de simpatía entre los periodistas allí presentes. Había leído en el libro de Donald T. Phillips, *Lincoln y el liderazgo*, que el brillante presidente norteamericano aderezaba los consejos de Gobierno con ese tipo de prácticas, soltando de vez en cuando sucesos o refiriéndose a alguno de los participantes en tono irónico. Yo lo hacía, no por haberlo leído, sino porque me surgía de modo natural. Es más, procuraba envolver algunos reproches con la parafina del humor o con el chascarrillo. No dejaba de hacerle ver a alguien su error, pero intentaba que no se molestase. Se trataba de corregir sin ofender, sin herir el orgullo del otro. Por regla general, funcionaba muy bien, aunque no todo el mundo posee el mismo sentido del humor. En ocasiones, por supuesto, me enfadaba y quería que así lo supiese el afectado, pero reconozco que no era, por mi carácter, lo que más me apetecía. Cuando te enfadas, te obcecas, y entras en un bucle que termina siendo negativo para ti y tu entorno.

Ese afán por dirigir alrededor de las mesas me llevaba hasta la sección de «Deportes», donde solía interesarme por resultados de partidos y por informaciones que afectaban a determinados clubes por los que yo sentía simpatía. Por supuesto, solía preguntar a los redactores por el enfoque que estaban dando a las noticias en las que estaban trabajando. Me gustaba muchísimo acercarme a las diferentes secciones y en todas solía encontrar un buen ambiente.

A lo largo de diez años, ¡claro que tuve desencuentros con compañeros! Con periodistas veteranos y jóvenes, con jefes de redacción y con directivos del Área de Gestión. De no ser así, no se entendería ni su trabajo ni el mío. Pero vuelvo a insistir en que se puede discrepar sin ofender. La prepotencia que a veces encontraba en algunos de mis interlocutores sí que es antigua. Y digo esto porque en alguna ocasión se me reprochó que yo era un director antiguo; yo solía responder que era mucho más moderno y actual que ellos, cuyo único argumento era el autoritarismo y la ofensa, orillando los argumentos, al mismo tiempo que evidenciaban una pésima relación con la realidad, pecado grave este último si te dedicas a la comunicación social.

El factor humano es fundamental si quieres que una redacción funcione. Como decía, el diario es un estado de ánimo también: el que se vive en la propia redacción. Por eso, siempre que podía, me interesaba por las cuestiones personales de los redactores. Lo hacía espontáneamente, quería que percibieran mi preocupación sincera por esos asuntos que afectan de verdad, en lo más íntimo y personal: la muerte de un padre, un hijo con problemas, disputas matrimoniales, penurias económicas... de todo había. Procuraba preguntarles y ayudar en la medida de mis posibilidades. No impostaba absolutamente nada. Créanme. A lo largo de todos esos años traté de ser profesional y a la vez cercano. Ambos aspectos son compatibles y complementarios. Algún colega me lo reprochó alegando que «no puedes llevarte para casa y cargar sobre tu espalda lo que le pasa a cada miembro de la redacción». No le faltaba razón. Porque, además, no siempre podía ayudarles a salir del atolladero. Pero entre ser frío y convertir la dirección del periódico en una ONG había un término medio que consistía en empatizar con los compañeros y echarles una mano si podía.

Finalmente, en los colectivos de profesionales como los de los periodistas, donde conviven la vanidad y el espíritu crítico, es muy relevante tratar de ser justo, dar a cada uno lo suyo. No es fácil en la vida en general y tampoco en un grupo de doscientos o trescientos profesionales del periodismo. Inevitablemente, haces enemigos. Va en el cargo. Algunos los conservas toda la vida. Ocurre algo parecido que con el largo abanico de enemistades que te creas por las informaciones que publicas, pero no queda más remedio. No dudo que me habré equivocado en más de una ocasión, pero con el tiempo desarrollé una cierta habilidad para detectar a las buenas y a las malas personas. Por supuesto, también era fundamental saber discernir entre los buenos y los malos profesionales. Dirigir un periódico tiene un componente muy trascendente: saber gestionar el factor humano. Probablemente, lo más difícil.

Transparencia y confianza

Con el correr del tiempo aprendí varias cuestiones fundamentales en la vida de una redacción. Una de ellas es favorecer la iniciativa de los que están más abajo en la organización, hacer que se sientan vinculados al proyecto. La segunda es intentar tener un comportamiento ejemplar. No me refiero a poseer un catálogo de virtudes morales excepcionales, que sería muy bueno pero difícil de encontrar en la condición humana que pulula por las redacciones, sino a ser de los últimos en marcharse de la redacción y de los primeros en llegar o a estar el fin de semana al pie del cañón. Con esto no estoy defendiendo la presencialidad, los periodistas consiguen más noticias fuera de la redacción que en ella, estoy reconociendo a todos aquellos jefes que tuve y de los que aprendí que, además de poseer talento, hay que mostrar una especial dedicación al trabajo. Solo así este sale adelante.

Hay una tercera cuestión que me parece también trascendental: la transparencia. Solía insistirles a los jefes de la redacción en que tratasen de explicar por qué se publicaban determinadas noticias. En ocasiones, en las redacciones se hacen favores de bajo nivel a algún amigo o familiar. Por ejemplo, es habitual entrevistar al autor de una novela de dudosa calidad porque es amigo; también reportajear a alguna empresa porque nos lo pide un compañero de una agencia de comunicación o incluir una fotografía de un acto de escaso interés. No importa. El diario puede con todo. Mañana saldrá de nuevo. Lo único que les pedía encarecidamente era que lo dijesen, que explicasen que alguien les había hecho esa petición. Más grave era cuando estaba previsto publicar algo y finalmente no salía. Eso debería corresponder únicamente a una decisión personalísima del director que, a fin de cuentas, es el responsable máximo de la publicación. Los enemigos por publicar o no una determinada noticia se los lleva el director para su casa y para su vida futura. Yo tengo unos cuantos. Es probable que alguna vez lo haya hecho de manera errónea, pero siempre me animó a hacer periodismo la buena voluntad. No me gusta el periodismo contra alguien concreto, aunque no puedo decir que en el ejercicio de este haya pecado de ingenuo; tampoco de prepotente ni de contumaz.

Al principio de transparencia hay que unirle el de confianza. Si diriges un medio con más de doscientos redactores, inevitablemente tienes que confiar en ellos. Hasta que no demuestren lo contrario, los periodistas que trabajan a tus órdenes son merecedores de toda confianza. Mientras tú estás en el despacho o en una comida de trabajo, no sabes en qué están ocupados esas decenas de profesionales. No tiene sentido no fiarte de ellos. Yo lo hacía y los apoyaba en todas aquellas situaciones en las que se ponía en tela de juicio su profesionalidad. Es cierto que en alguna ocasión, en muy pocas, el redactor no merecía esa confianza. En los más de cuarenta años de trabajo periodístico tuve que enfrentarme a quejas, algunas tan graves que incluso nos llevaron ante los tribunales. Pero tengo que decir que la inmensa mayoría de las veces ellos tenían razón.

Una profesión que genera frustración

En las redacciones de los periódicos se distinguen tres grupos más o menos homogéneos en cuanto al número de integrantes. Están los eternamente enfadados y agraviados, molestos con el diario, la empresa, los compañeros y, por supuesto, con sus jefes, que *nunca saben reconocerles sus méritos*. Otro tercio de los periodistas son expertos en no trabajar, en evitar el compromiso. Algunos pasan del primer al segundo grupo con cierta facilidad. Finalmente, está el último 33,3 por ciento de la plantilla que es quien, en realidad, levanta cada día el periódico. Esto, claro está, sin matizar, pero, a grandes rasgos, créanme que las redacciones son así. Cuando eres jefe en una redacción, e imagino que ocurre en otro tipo de organizaciones, acabas encargando la mayoría del trabajo siempre a los mismos: a los que no protestan y hacen su labor rápido y bien. Es algo injusto porque, en muchas ocasiones, como son menos conflictivos, ni siquiera se les reconoce o se premia su esfuerzo.

El periodismo es una profesión con un nivel de frustración muy alto, casi nunca se ven cumplidas sus expectativas. Cuando un joven decide estudiar Periodismo se imagina, en la inmensa mayoría de los casos, convirtiéndose en una estrella de la profesión: presentando un gran informativo, destapando un escandaloso asunto de corrupción en rigurosa exclusiva, tirándose en paracaídas en un conflicto bélico, escribiendo una influyente columna diaria o incluso dirigiendo algún medio de notable pujanza. Es una profesión apasionante, sin duda, pero, desgraciadamente, no hay sitio para tanta gente y la mayor parte de los periodistas dejan transcurrir su vida laboral en los grises y prosaicos días de una redacción, donde muchos de ellos comienzan a masticar su frustración a una edad muy temprana.

El jefe de Recursos Humanos de una redacción tiene que ser el director de la misma. Es algo que reivindiqué con vehemencia en todos los lugares donde trabajé, y siempre me creó problemas. La gestión del factor humano es algo trascendental para que la redacción funcione bien. El rector de la Universidad de Navarra, mi admirado Alfonso Sánchez Tabernero, decía que las cuatro reglas para tener una buena política de personal en un periódico eran las siguientes: fichar bien, a poder ser, a los mejores; darles la oportunidad de formarse; ofrecerles un horizonte de crecimiento profesional, una carrera por delante; y, finalmente, echar al que no vale. Es casi seguro que si siguiésemos esas pautas y lo dijésemos desde el principio, cuando se incorporan, el nivel de frustración entre los profesionales del periodismo sería menor.

Hubo un tiempo dorado, especialmente el que abarca desde finales de los ochenta del siglo pasado hasta superado el primer lustro de este, en que los periodistas estaban razonablemente bien pagados. Sobre todo algunos. Hoy ya no es así. Los periodistas están al mismo nivel que los camareros en la tabla salarial, con la diferencia de que estos últimos pueden recibir propinas y el periodista que acepta algún tipo de gratificación es despedido.

A esta situación han contribuido diversas causas. Una de ellas, sin género de dudas, es el exceso de oferta que hay en España de medios de todo tipo, que ahora han crecido de manera exponencial con las nuevas tecnologías y la sociedad digital. Los salarios de los periodistas son muy bajos y, a pesar de ello, la vocación puede más. En ocasiones es esa idílica imagen de la profesión, que choca con la realidad, la que mueve a muchos jóvenes a perseverar en su empeño y a aceptar sueldos bajísimos.

En España sobran la mitad de los medios y, por supuesto, mucho más de la mitad de las facultades de Periodismo. Creo que nos hubiese ido mucho mejor si hubiese pocas escuelas pero muy buenas, exigentes y selectivas, igual que creo que a la sociedad en general le iría mejor si la oferta informativa, que ahora mismo tiende a la entropía social y al caos, fuese mucho menor. Nunca como ahora hemos tenido tanta oferta de contenidos gratuitos y menos tiempo libre.

Ocurre algo semejante a lo que pasa con la sobreoferta de alimentos de mala calidad. El ser humano, que es hijo del hambre desde que puebla la Tierra desde la noche de los tiempos, ha logrado en los últimos decenios vencer esa necesidad primaria, al menos en una parte significativa del planeta. Pero esa alimentación es básicamente insana, genera el síndrome metabólico, una pandemia de obesidad y una mala calidad de vida. La sobreoferta no garantiza la excelencia. En materia informativa ocurre algo parecido.

Como ya escribí en otras muchas ocasiones, el periodismo es una profesión apasionante, pero los profesionales dejamos mucho que desear y el periodismo español es muy mejorable. Tengo para mí que los periodistas españoles estudiamos poco, tenemos un ego excesivo y nos hace falta someternos a una cura de humildad. Hay quien se levanta cada mañana creyéndose capaz de derribar a un gobierno desde una columna, una tertulia o una primera página. Tengo que confesar que yo nunca lo pensé. Jamás entendí el periodismo como una actividad contra alguien; al contrario, siempre me pareció que nuestra profesión y su razón de ser debían estar orientadas a construir un mundo mejor. Servir y ser útil al lector debería ser nuestro mandato más imperativo. Es más, el mundo es mejor desde que hay periódicos, pero ese es otro cantar.

En España se practica mucho el periodismo de trincheras. Con frecuencia, anteponemos la ideología a los hechos empíricos, como ilustraré con algún ejemplo a lo largo de este libro.

En una sociedad libre es legítimo que cada medio tenga su línea ideológica. De hecho, primigeniamente, los periódicos nacieron como máquinas de proselitismo, para defender ideas e ideales en unos casos e intereses en otros. Buen ejemplo de esto último fue la prensa local y regional. Por tanto, es normal que cada medio posea una línea editorial clara y defienda unos principios que hace suyos por creer que son los mejores. Cuando era director de *ABC*, solía decir que al diario lo definían los valores y principios que defendíamos. Pero esa legítima decantación ideológica no puede permitir que se ignoren en su nombre hechos verídicos y relevantes. En la última década tuvimos que informar de casos de corrupción de distintos partidos políticos e incluso de algún miembro de la familia del rey. Publicamos noticias sobre el caso Gürtel, sobre la operación Púnica y sobre los ERE de Andalucía. Pues bien, varios medios ignoraron por completo la corrupción galopante que se dio en la Junta de Andalucía. Es curioso, porque algunos de los periodistas de esos medios que solo cuentan una parte de la realidad quieren convertirse en los grandes adalides de la prensa libre. Efectivamente, libre para hacer lo que ellos quieren e informar de lo que más beneficia a su posición ideológica. ¿Es mentir o tergiversar la realidad el no dar determinadas informaciones? Manuel Martín Ferrand solía decir: «Noticias veraces y opiniones independientes». Se puede opinar, pero no hurtar elementos objetivos de la actualidad a las audiencias. La libertad que guarece a unos para contar ciertos hechos también protege a los contrarios para hacer algo distinto.

Mientras yo fui director siempre tuve a gala que *ABC* fuese un medio con una ideología muy clara, un diario liberal de centroderecha, alentado por valores democráticos de civilización avanzada y con un talante de tolerancia hacia los demás. Lo habíamos heredado de su fundador: «Independientes en política, monárquicos de corazón y liberales en la actitud». Esos principios impregnaron nuestra tarea, pero siempre se admitió, incluso aquellos que se encontraban en nuestras antípodas ideológicas, que «si lo dice *ABC*, algo debe de haber». Para mí, la veracidad de la información siempre fue santo y seña. Mejor no publicar una noticia que hacerlo sin contrastar y que resulte falsa. Gracias a eso se nos reconoció una seriedad que, en definitiva, consiste en respetar la verdad.

A lo largo de mi vida profesional he conocido unas cuantas redacciones. Cada una tenía su personalidad. Insisto mucho en la idea de que una redacción es un estado de ánimo y en que si hay buen ambiente en esa sala de trabajo, saldrá un buen medio a la calle; y al revés, si el ambiente está enrarecido y envenenado, el producto se resiente. En puridad, mi primera redacción fue la de *Ferrol Diario*, aunque allí comencé como estudiante en prácticas. La del diario *Informaciones* de Madrid fue la primera que pisé como periodista contratado, aunque de manera temporal.

La redacción de *Ferrol Diario* fue la más singular de todas. Es imposible encontrar personajes más curiosos en una plantilla tan reducida. El director era un periodista genial y extremadamente culto, de esos que se pierden en provincias, Arturo Lezcano. Escribía con un extraordinario dominio de la lengua, pero sus textos eran especialmente oscuros. Él se justificaba diciendo que no escribía «para burros» y que en la inteligencia del lector iba la comprensión de sus textos. Yo le contestaba que la primera cortesía del periodista era la claridad. Aunque no siempre estábamos de acuerdo, la verdad es que teníamos una magnífica relación que se prolongó a lo largo de los años y que se intensificó cuando trabajamos juntos en *La Voz de Galicia*. En aquella primera redacción de *Ferrol Diario* aprendí a ser periodista. Pasé por todos los puestos de una sala de redacción y eso me permitió obtener una visión global de lo que era un diario desde su primera página. También entendí y aprendí a titular con garra y no se me cayeron los anillos cuando a los dos de la mañana tenía que recoger el texto de una esquela.

De trepas está el mundo lleno; las redacciones también

Es cierto que los ambientes de aquellas redacciones han desaparecido. Tal vez cuando alguien escriba, dentro de cuarenta años, sobre las actuales, aparezcan personajes singulares. La fauna periodística, a la que pertenezco desde mi más tierna juventud, es ciertamente peculiar. Las nuevas tecnologías, sin embargo, han cambiado el estilo de vida de los periodistas. Ya no se trasnocha, el tabaco y el alcohol están prohibidos en las redacciones y las plantillas ya no se nutren de personajes pintorescos extraídos de ambientes muy dispares, como ocurría en el pasado. Hoy la mayoría de los redactores se han formado en facultades de Periodismo, han completado su formación con un máster de posgrado, fundamentalmente en los propios diarios, y se puede decir que vienen más aseados intelectualmente, aunque más uniformados.

Creo que esa uniformidad es uno de los males del periodismo actual, al menos en España. La mayor parte de los redactores se han formado con los mismos esquemas, con planes de estudios semejantes y en facultades muy poco exigentes: pocas lecturas, pocas prácticas y una lejanía enorme con respecto a la realidad empírica de la profesión. A mí siempre me interesó incorporar perfiles de periodistas que se hubiesen formado en facultades y escuelas que nada tuviesen que ver con los centros oficiales que imparten materias de periodismo o comunicación.

En mi vida profesional he presenciado todo tipo de situaciones en una redacción. También en ellas habitan los pelotas. José Luis Balbín me advirtió a principios de los noventa que me cuidase de ellos, pues «son los primeros en traicionarte». Se atribuye a un señalado director de *ABC* del siglo pasado la frase: «Halaga hasta la náusea porque el que no se lo traga, lo saborea». Los años también te enseñan a distinguir rápidamente a aquellos que te dan coba cuando eres director y cuya amabilidad es ficticia. Mentiría, sin embargo, si no reconociese que en más de una ocasión caí en la trampa. Tiendes a creer que lo que te dice el lisonjero redactor es verdad, pero ese mismo personaje te apuñala a las pocas horas de dejar el cargo. Yo ya sabía que iba a ser exdirector y estaba preparado para ello desde el día mismo en que tomé posesión del cargo, pero siempre resulta doloroso comprobar cómo la condición humana aflora en su parte menos ejemplar.

Las redacciones son un pequeño laboratorio social. Encuentras casi de todo. El trepa es un personaje distinto al pelota. Suele utilizar el halago también como herramienta, pero es mucho más peligroso. Maneja la media verdad y la media mentira admirablemente y suele mantener la simulación mucho mejor. Es más, al trepa normalmente lo acompaña un buen desempeño profesional. Utiliza con soltura y eficacia las fuentes, trae noticias, escribe bien. Suele tener contactos de alto nivel y le gusta presumir de ello y ponerlo en valor ante sus superiores. Su objetivo suele ser tu puesto y, mientras no llega a él, va ocupando peldaños en la escalera del éxito, que no de la gloria. Lógicamente, su condición de ambicioso insano se manifiesta el día que tiene que elegir entre la lealtad y su objetivo. La lealtad no es su mayor virtud. Al contrario, el trepa es ingrato y desleal. Existen en todos los microcosmos profesionales, pero en pocos germinan tantos como en el periodismo. No olvidemos que la ambición y la vanidad son materia prima de la propia naturaleza del periodista.

Junto al pelota y el trepa, las redacciones están llenas de *progres e izquierdistas de salón*. Suelen presumir de una superioridad moral que no tiene base alguna, ni por lecturas ni por acciones. Son especialmente irritantes y casi siempre militan en ese tercio de la redacción que vive enfadado. Se consideran injustamente tratados y, si pudiesen, harían un periódico diametralmente distinto. Eso dicen, aunque, a la hora de la verdad, no suelen ser muy trabajadores. Lo más exasperante de esta subcategoría profesional es su falta de coherencia entre lo que dicen y lo que hacen. Por regla general, son insolidarios, maltratan a sus compañeros, se interesan mucho por las cuestiones materiales y a menudo se ausentan cuando se les necesita. No se puede imaginar el lector qué buen número de profesionales de estas características pululan por las redacciones.

Recuerdo el caso de Víctor Ombá, un joven camerunés al que ayudé a incorporarse a la redacción de *La Voz de Galicia*. Víctor había llegado a España en patera. Era universitario en su país y siguió estudiando en España hasta obtener el máster de Periodismo de *La Voz de Galicia*, en A Coruña. Cuando concluyó su etapa de formación, hablé con él y le propuse incorporarse como redactor al diario. Víctor lloró en la soledad de mi despacho, emocionado por alcanzar un sueño. Desde que se incorporó hasta que yo abandoné la dirección del diario pasaron apenas dos años. Poco después me enteré de que habían prescindido de él. Lo cierto es que a Víctor Ombá no le ayudaban nada sus compañeros, precisamente los que se presentaban como los más progresistas de la redacción. Poco se compadecieron de él; al contrario, criticaban el hecho de que había que corregirle los textos, ya que su lengua materna era el francés y no el español.

Fue una gran decepción para mí enterarme de que finalmente Víctor, a quien adornaban unas cualidades de bondad extraordinarias, no tuvo el apoyo de los periodistas de la redacción. Los más críticos con él militaban en esa corriente de progresía reducida a la perorata y de boquilla. Entre ellos había un redactor jefe que solía humillar con sus comentarios a todos sus compañeros. Un día lo llamé al despacho y le dije: «Trata de hacer la revolución en el metro y medio siguiente a tu mesa y abandona tus sueños de revolucionario latinoamericano. Prefiero que trates mejor a tus compañeros a que estés dando lecciones acerca de lo que hay que hacer en Venezuela. Tu revolución está aquí».

A pesar de todo, nunca olvidaré las lágrimas de Víctor Ombá cuando le ofrecí incorporarse como redactor al periódico. Son momentos especiales que quedan grabados en la memoria íntima de cada uno. Igualmente emocionante fue la tarde en que Jesús Gil, el jovencísimo director de Arte de *La Voz de Galicia*, con un gran futuro en la profesión, me entregó en mayo de 2005 una carta en la que me anunciaba que dejaba el periodismo para ordenarse sacerdote. O la tarde en que les comuniqué a Elena Calvo y a Esther Blanco, dos jóvenes alumnas del máster de *ABC*, que las contratábamos porque eran las mejores de su promoción. En todos los casos, el recuerdo deja huella perenne en la mente y el corazón. En esos momentos, sientes que el factor humano, más allá de lo profesional, es trascendente en la vida de una redacción.

Una de las grandes satisfacciones que tiene uno cuando dirige un grupo tan singular y heterogéneo como una redacción es la de incorporar a personas que enriquecen al equipo. Yo he tenido la gran suerte de conocer a muchos profesionales del periodismo, muchos de ellos en su fase inicial; es más, creo que contribuí a mejorar las redacciones en las que trabajé. La mayor lealtad con la empresa en que trabajas es dejar una buena plantilla de redactores cuando la abandonas. Yo siempre dejé a tres o cuatro personas que podrían ocupar mi puesto y a un buen número de periodistas de calidad que se incorporaron bajo mi dirección. Creo que un rasgo definitivo de un buen director de periódico es apostar por la calidad e integrar a redactores fijos y a colaboradores de alto nivel. Desconfíen en cualquier ámbito de quien no hace equipo o no apuesta por la calidad profesional. Siempre he procurado que los que me rodeaban fuesen mejores que yo. Tenía claro que yo era el mayor beneficiado por esa decisión.

Pelotas, trepas, insolidarios, progres..., de todo hay en la viña de una redacción, pero sería injusto decir que esos son la mayoría. No, la mayoría es gente con vocación, profesional, honesta, empática y que trabaja admirablemente. Con ellos no hay que estar pendiente. Cuando eres director y quieres que tu redacción funcione, es obligado desarrollar algunas habilidades singulares, como convertirse en un radar emocional para detectar los perfiles profesionales en cuyas trampas puedes caer y, por tanto, equivocarte a la hora de hacer que la redacción funcione y sea feliz. La consecuencia será un buen producto: un periódico diario, un informativo radiofónico o un gran programa de televisión. Lo más importante son las personas: su talento, su capacidad de trabajo y, finalmente, su compromiso honesto.

3

El falso mito del periodismo de investigación

Como hemos visto, no todo es recopilación, análisis y exposición de la información. En casi todos los ámbitos existe un espacio oscuro, sombrío... incluso turbio. Esa turbidez invade a veces las redacciones de formas muy diversas que algunos llegan a calificar de manera pretenciosa o pomposa como «periodismo de investigación», en busca de una épica inexistente. En España se llama así a las filtraciones que de manera calculada e interesada suelen hacer a los medios los policías, fiscales, jueces, partidos de la oposición, ministros, políticos cabreados, guardias civiles, despachos de abogados y algún inspector de Hacienda. Por este orden. Claro que hay auténtico periodismo de investigación, pero es escaso. Básicamente, lo que hay es periodismo de filtración. Sé que esta afirmación va a molestar a más de uno, pero créanme cuando digo, después de muchos años de experiencia, que la realidad es así. No cabe duda de que siempre hay un garganta profunda, como lo hubo en el archiconocido escándalo Watergate, y de que, a partir de ahí, se puede investigar y sobre todo, contrastar. Pero en España el mal llamado «periodismo de investigación» consiste en replicar al pie de la letra los documentos que las fuentes entregan al periodista. Si tratas de comprobar su veracidad, se enfadan y no vuelven a darte más información.

El caso más paradigmático de todo cuanto escribo es el del comisario Villarejo. De hecho, una vez que fue detenido y encarcelado, desaparecieron gran parte de las *supuestas exclusivas*. La fuente nunca es inocente, esto era algo en lo que yo insistía a mis redactores, especialmente en *ABC*: «Preguntaos siempre qué es lo que se esconde detrás de la información que os pasan. ¿Qué beneficio obtiene la fuente informativa?». En muchas ocasiones se trataba de una venganza, pero en la mayoría de los casos la motivación era o una perversa estrategia contra alguien —en muchos casos inocente— o un negocio, que podía terminar en extorsión. Creo que el 99 por ciento de las veces el autor, es decir, el periodista, no se enteraba de lo que en realidad ocurría e ignoraba las motivaciones que había detrás; y, desde luego, no solía participar en el posible negocio que escondían.

Los mayores filtradores han sido los fiscales, especialmente los de Anticorrupción, y algunos jueces estrella de la Audiencia Nacional. Las primeras informaciones del caso Gürtel las publicó *El País* en 2009. En ese tiempo yo ya trabajaba en Vocento, pero todavía no dirigía *ABC*. Algún directivo me preguntó por qué nosotros no informábamos sobre la Gürtel y se lo expliqué muy fácilmente: «El juez no nos pasa la información que le facilita a *El País*, tan sencillo como eso». ¿O se creen ustedes que el diario de Prisa tenía emboscados en los despachos de la Audiencia Nacional a periodistas que burlaban la vigilancia y los controles de la sede judicial? La cosa era más sencilla. Baltasar Garzón, juez instructor que finalmente fue inhabilitado por el Supremo «por arrasar con los derechos constitucionales de los procesados», no custodiaba con el celo debido los aspectos más llamativos del sumario, generando así la indefensión de los afectados, y, de manera muy oportuna para los intereses del partido que entonces gobernaba, aparecían en el citado medio partes del sumario, mientras los demás nos quedábamos a dos velas. Las arbitrariedades en esta materia son más habituales de lo que los ciudadanos comunes creen.

Merece la pena detenerse en esta cuestión. Con frecuencia, los jueces y fiscales, en una errónea y abusiva interpretación de su poder, utilizan a los medios para tratar de forzar situaciones, hasta el punto de jugar con el honor de muchos inocentes. En España todavía no se ha dado esa batalla desde la sociedad civil, pero, como todo, llegará. El antecedente de Baltasar Garzón es un buen ejemplo. Tres letrados de prestigio contrastado —de hecho, uno de ellos había sido juez y otro fiscal—, como eran Gonzalo Rodríguez Mourullo, José Antonio Choclán e Ignacio Peláez, se vieron sorprendidos por la grabación de sus conversaciones con sus defendidos. El Tribunal Supremo protegió a los abogados frente a la improcedente actuación del juez instructor, al que se le reprochaba la filtración de partes de algunos sumarios con el objetivo de crear ambientes insanos en la vida española. Cuestión que él siempre negó. El Supremo, en el texto en que inhabilita a Garzón, invoca a la jurisprudencia del Tribunal de Justicia de las Comunidades Europeas y del Tribunal Europeo de Derechos Humanos para fundamentar la teoría de que una de las exigencias imprescindibles de un proceso es el derecho del acusado a comunicarse con su abogado sin ser oído por terceros.

El comportamiento de Baltasar Garzón, según el Supremo, colocó todo el proceso penal español «al nivel de sistemas políticos y procesales característicos de tiempos ya superados» al admitir prácticas «que a día de hoy solo se encuentran en regímenes totalitarios en los que todo se considera válido para obtener la información que interesa, o se supone que interesa, al Estado» y prescindir de las mínimas garantías para los ciudadanos. En definitiva, que una injusticia nunca justifica otra. Fue una especie de GAL judicial.

¿Por qué me he detenido en este caso? Porque es una buena muestra de cómo jueces y fiscales retuercen situaciones, filtran medias verdades, plantean supuestos que no demuestran nada y utilizan a los periodistas para tratar de obtener, con la publicación de determinados datos o partes de los sumarios, éxitos más que dudosos. Si en España funcionasen bien los contrapesos de una democracia avanzada, no se podrían realizar esas prácticas y filtraciones desde organismos oficiales de la Justicia. La información debe compartirse con todos los medios; hacer distinciones entre unos y otros solo busca lo que el Tribunal Supremo señalaba como «prácticas que solo se encuentran en regímenes totalitarios».

El periodismo español es manifiestamente mejorable en esta materia, aunque los periodistas no lo admitamos. Es curioso que colaboremos con el abuso de poder que se ejerce desde los juzgados y que, en muchas ocasiones, protagonicemos incluso la demolición de la presunción de inocencia. Casos recientes hay unos cuantos. Lo curioso es la situación de enorme indefensión en la que se encuentra el ciudadano medio. No todos son políticos. Entre las críticas que la profesión periodística debería hacerse está el hecho de que la absolución o el archivo de determinadas causas pasan prácticamente desapercibidos, cuando, sin embargo, se ha hecho todo lo contrario en el arranque del caso. Jamás hemos pedido perdón. Es más, algún director de moral variable tenía a gala que nunca rectificaba una información. Ahora que en España se mitifica tanto a los personajes del declinante *Washington Post*, sobre todo por el infantilismo derivado del visionado de películas, sería bueno recordar una frase de Phil Graham, quien fuera editor del diario allá por la década de los cincuenta y esposo de la propietaria, Katharine Graham. Phil Graham decía que «la diferencia entre los buenos y los malos periodistas es que los buenos reconocen sus errores».

Me parece pertinente reflexionar, antes de seguir avanzando en esta cuestión, acerca de las motivaciones psicológicas que no pocas veces se esconden detrás del llamado «periodismo de investigación». Motivaciones que alcanzan, lógicamente, a directivos y también a directores. Solemos hurgar en las posibles rendijas tras las que se ocultan algunas exclusivas periodísticas, pero nos quedamos en motivaciones ideológicas o crematísticas y dejamos a un lado los estímulos que en ocasiones mueven al informador, como la venganza. La profesión periodística suele caer con demasiada frecuencia en esos ajustes de cuentas y especialmente entre los propios profesionales. Por eso tenía razón, aunque sea ya un lugar común, Ryszard Kapuściński cuando decía que los cínicos no valen para este oficio y que los buenos periodistas deberían ser buenas personas. No es así en la realidad. Entre los periodistas hay de todo: ángeles y demonios. Lo que ocurre es que en esta profesión no siempre somos conscientes del daño que podemos llegar a hacer. Jugamos con contenidos e informaciones que pueden afectar al buen nombre, al honor o a la vida de las personas. No alcanzamos el nivel de jueces, fiscales y policías, pero podemos llevarnos por delante el bienestar de una persona o de su familia en una sociedad tan sensible a la imagen y a lo que los demás piensan o dicen de nosotros. La trascendencia mediática depende de muchos actores, pero, sin duda, entre los más activos estamos nosotros, los que nos dedicamos a la comunicación social.

En España, con frecuencia —y lo hemos vivido últimamente—, las causas judiciales que se abren en materia política o económica, sean de corrupción o de otro tipo de delito, nacen con la carga del aireamiento público que los medios llevamos a cabo y que supone arrasar, como ya escribí varias veces, con un principio fundamental de la justicia como es la presunción de inocencia. La Justicia española, pero muy especialmente la Fiscalía, alientan estas situaciones que terminan siempre en populismo judicial, contribuyendo de esta manera al escándalo permanente y trasladando a los ciudadanos una sensación de anomia que en realidad no es mayor que en cualquier otro país democrático con nuestras características. El populismo ha jugado a rentabilizar eso y los periodistas hemos sido, y seguimos siendo, cómplices. Lo somos también de crear un estado de opinión entre los españoles que mantiene que detrás de cada calamidad se esconde un delito. Jueces instructores y fiscales han puesto el país patas arriba en los últimos años. No han tenido cautela ni prudencia alguna a la hora de acusar. Los medios se creen todo lo que traiga el sello oficial del órgano judicial correspondiente y se produce una perversión lacerante: el acusado se ve en la obligación de probar su inocencia mientras las autoridades judiciales y los propios peritos y policías declinan su deber de demostrar que es cierto lo que ellos dicen y mantienen para acusar. En mi última etapa me cansé de leer documentos oficiales en los que todo eran suposiciones y apenas había hechos probados. Esa mala práctica, sin embargo, en una sociedad compleja como la que vivimos y con el caos mediático y de actualidad que protagonizamos, se ha convertido en un arma de destrucción masiva de honores y haciendas. El caso de Rita Barberá, cuyo corazón no pudo con la presión, es paradigmático de todo cuanto aquí he escrito.

Los medios de comunicación españoles todavía no hemos emprendido una catarsis que nos lleve a pedir perdón a las víctimas de una mala práctica profesional. No solo lo hacemos mal los periodistas, también los programadores y guionistas de los espacios de radio y televisión que banalizan y espectacularizan estos contenidos. El caso de Teddy Bautista y la SGAE es otro ejemplo más. Se le hizo un juicio paralelo en los medios y, finalmente, la remolona Justicia española lo absolvió. El daño, de todos modos, ya estaba hecho. Apenas unas noticias breves y alguna columna en solitario para dar el fallo de un caso que ocupó páginas y páginas en todos los diarios.

Tenemos mucho que corregir en esta profesión, pero muy especialmente en el cuidado del honor y el buen nombre de las personas. Es cierto que a eso deberían contribuir como nadie el cuerpo de jueces y fiscales que se dedican a hacer suposiciones y a expandirlas por los medios.

Los papeles de Bárcenas

Un buen ejemplo de ese periodismo de filtración fue el de los papeles de la caja B del PP o papeles de Luis Bárcenas. No cabe duda de que fue una gran exclusiva de *El País*. Ahora bien, esa documentación llegó a ese diario no como consecuencia de la ardua investigación de un redactor, sino porque Jorge Trías, amigo de Bárcenas y uno de sus primeros abogados, hizo llegar esos papeles al rotativo de la calle Miguel Yuste, en la capital de España.

Jorge Trías había estado muy vinculado al diario *ABC* durante años. Era amigo personal de Guillermo Luca de Tena y fue quien llevó a José Manuel Vargas a ocupar el puesto de jefe de la Asesoría Jurídica de la empresa editora. Fue columnista y consejero de *ABC* y seguía manteniendo una buena relación con las hermanas Luca de Tena. Pese a ello, prefirió entregar las fotocopias que probaban la presunta contabilidad paralela del PP a la competencia. Es cierto que estaba un poco molesto conmigo porque no le había publicado una Tercera, es decir, el gran artículo de opinión de *ABC* por antonomasia, en defensa de Baltasar Garzón. De todos modos, creo que nunca nos hubiese entregado aquellos documentos, tal vez porque pensaba que no los publicaríamos. Nunca se podrá demostrar, pero lo hubiésemos hecho con toda seguridad una vez hechas las prácticas profesionales elementales de contraste de dichos documentos.

Aquellos papeles solo eran unas fotocopias que Trías le pasó, según él, al asesor jurídico de *El País*. Lo supimos porque el bueno de Jorge, de manera equivocada, envió a un despacho de abogados de Madrid un texto que era, a las claras, un avance de un libro que posteriormente publicó. Eran once cuartillas reunidas bajo el título *El espíritu de la corrupción* en las que el letrado explicaba cómo y cuándo habían llegado a sus manos los asientos contables y el procedimiento que siguió para que su publicación, tal y como buscaba según su propia confesión, convulsionara la política nacional. «A ver si tengo guardado —escribe Trías—, sin haberme dado cuenta, el cuerpo de un delito que puede afectar a la estructura del Estado y a la estabilidad de nuestra democracia».

Aquellos once folios me los entregó Catalina Luca de Tena, que a su vez los había recibido de un abogado amigo, a quien, según él y para su sorpresa, le habían llegado por correo electrónico. Tardamos unos tres días en publicarlos, pues yo quería asegurarme de que aquel texto era de Jorge Trías. Finalmente, hablé con él y me confirmó su autoría. Me advirtió que cometería un delito si lo publicaba y comenzó a exponerme una teoría según la cual el ministro del Interior, Jorge Fernández, habría accedido a su ordenador. La verdad es que la cosa era más sencilla, como ocurre siempre. Jorge se equivocó al remitir los documentos por correo electrónico y estos llegaron a unas manos que nos los cedieron.

Siempre tuve una buena relación con Jorge Trías, y creo que la mantenemos, pero en su relato reconoce que actuó de manera improvisada y terminó entregando aquellas fotocopias al letrado Gerardo Viada, que defendía a *El País* en los juzgados y con quien había coincidido en varias ocasiones, cada uno en un bando, en los tribunales.

Los papeles de Bárcenas eran apuntes deslavazados que no guardaban una lógica contable y que nosotros tratamos de explicar en *ABC*. En realidad no eran, como se decía, unos documentos que comprometiesen al Gobierno de España y menos aún suponían el caso más grave de corrupción de nuestro país. Ahí estaban los ERE de Andalucía, con casi mil millones de euros malversados, o el culebrón de la familia Pujol y el 3 por ciento, con una acumulación de cientos de millones. Aquellos apuntes parecían más una simulación para mover dinero en otra dirección y justificarse ante alguien que una contabilidad sujeta a los criterios habituales y establecidos en las normativas vigentes. Nosotros consultamos a auditores de cuentas y a juristas especializados y tanto unos como otros nos aseguraron que faltaba esa lógica contable y que no se podía documentar la causa-efecto de un apunte vinculado a un acto delictivo o de corrupción. Estaba claro que se trataba de una estratagema de Bárcenas en una equivocada estrategia de defensa.

Marisa Gallero, una periodista de enorme calidad profesional colaboraba entonces activamente con *ABC*. Ella practicaba probablemente más periodismo de investigación que algunos de los santurrones que iban por las televisiones sacando pecho por las filtraciones interesadas que algún policía, tipo Villarejo, les había pasado. Marisa manejaba documentación que, efectivamente, le pasaban con toda intención fuentes que tenía en organismos muy diversos. Entre ellas se encontraba Rosalía Iglesias, la esposa de Luis Bárcenas, con quien comí en dos ocasiones gracias a la intercesión de Marisa. La primera vez, en el restaurante Arallo de la calle de la Reina. Allí, Rosalía Iglesias me contó que el abogado que tenía entonces la familia le dictaba preguntas para que ella le plantease a su marido en el siguiente encuentro que tuvieran en la cárcel de Soto del Real. Eran preguntas un tanto insidiosas acerca del dinero que se habría podido utilizar para pagar supuestamente obras en el domicilio de algún dirigente del partido. Rosalía me explicó que ella tomaba nota de su puño y letra y que después el abogado lo fotocopiaba. Su sorpresa fue que esas copias aparecieron más tarde en un diario digital que estaba en connivencia con ese abogado. Comprobó de esta manera que el supuesto defensor estaba más por la agitación y el acoso a Mariano Rajoy que por la defensa de su marido.

El primer almuerzo que compartimos Marisa y yo con Rosalía Iglesias tuvo lugar en 2018. Ya había ocurrido el intento de secuestro de ella, el 23 de octubre de 2013, por parte de un supuesto cura que decía escuchar voces en su interior. Rosalía no se explicaba bien aquel suceso. También es cierto que decía que su abogado le aseguraba que habían entrado en su domicilio para llevarse documentación. Ella afirmaba que aquello era imposible. Todavía no había trascendido nada de la después conocida como operación Kitchen.

Pasados unos meses, volvimos Marisa Gallero y yo a comer con Rosalía Iglesias, pero esta vez en compañía de su marido, Luis Bárcenas. Los periodistas, y especialmente los directores, debemos trabajar todas las fuentes posibles. Nuestras comidas no suponían simpatía alguna hacia ellos. De hecho, Rosalía mantenía buena relación con varios conspicuos periodistas, entre ellos Raúl del Pozo, quien, gracias a la información que ella le aportaba, escribió memorables columnas sobre el caso.

Este segundo almuerzo, con más enjundia que el primero, tuvo lugar en el restaurante Tamara de Lorenzo, en el paseo de La Habana. Bárcenas contó poco y yo me reafirmé en mi opinión sobre el personaje: estaba derrotado, pero guardaba muchos secretos. Estaba resentido con María Dolores de Cospedal y sabía que tratar de implicar a Mariano Rajoy era el punto fuerte de su posible defensa, algo en lo que había insistido alguno de los abogados que trataron de defenderlo en el pasado. Pero Luis Bárcenas se guardaba otros nombres muy relevantes de la vida pasada del PP. Tal vez se lleve el secreto a la tumba. En todo caso, el periodismo de investigación volvía a estar en entredicho frente a mí. Jorge Trías había entregado unas fotocopias al diario *El País* y apenas había habido investigación alguna por parte de los periodistas de turno. Nosotros nos limitamos a contar lo poco que supimos. En el caso Bárcenas nos quedan por conocer todavía hechos trascendentes.

En situaciones como esta, los periodistas solo manejamos fragmentos de la realidad, y eso cuando esa realidad no se convierte en ficción interesada. El periodismo debería reconocer la incapacidad para poder reunir todos los datos. La reflexión crítica que hago es aplicable a muchos otros asuntos que abordamos los medios de comunicación, pero debe quedar fuera de toda duda que gracias a esa acción crítica y de perseverante fiscalización de la vida pública que los medios de comunicación ejercen, las democracias liberales son más confortables para los ciudadanos. El periodismo, sin más apellido que el de «libre», sigue actuando de conciencia crítica y de contrapoder.

La información de *El País* sobre los papeles de Bárcenas era impecable e irreprochable. Tampoco nosotros en *ABC* censuramos nada en ese sentido. Nos limitamos a contar la historia que nos llegó sobre cómo Jorge Trías decidió filtrar aquellas fotocopias al diario que en aquel momento dirigía Antonio Caño. Lo relevante era la información que el público obtenía a través de aquellos papeles, no el filtrador. Insisto, nada que objetar. Ni siquiera cuestionamos ese contenido, solo ofrecimos una nueva perspectiva acerca de quién y por qué había hecho llegar esos datos y sobre qué se escondía tras aquel hecho: un intento equivocado de Bárcenas de asustar a los dirigentes del PP. Nunca entenderé la estrategia de defensa de Bárcenas, como no entendí la de otros muchos protagonistas de escándalos de la época, que para defenderse ensuciaban a sus antiguos aliados, y a veces con falsedades.

En cualquier caso, la catarsis siempre viene bien y estoy convencido de que España no es un país más corrupto que Francia, Italia o Alemania. Lo que sí sabemos es que aquí se persigue con ahínco al corrupto y que las autocríticas globales de la sociedad vienen bien. Es cierto que mediáticamente suelen tener mucho más eco los escándalos de corrupción que protagoniza la derecha que los de la izquierda o los de los nacionalistas. En eso tiene mucho que ver la torpe estrategia que en materia de medios llevaron a cabo los gobiernos de Aznar y Rajoy.

Curiosamente, unas semanas después de aquello, llegó a mi despacho un sobre anónimo con unas fotocopias similares, que todavía conservo en mi poder, en las que se reproducían unas anotaciones a mano que pretendían ser una contabilidad paralela del PSOE. Se trataba claramente de una broma que, como tantas otras veces, desechamos. Las guardé en una carpeta en la que íbamos coleccionado todas las locuras que los lectores suelen enviar a los periódicos. A todas luces, era un disparate. Llegaron, sin embargo, otros documentos no tan disparatados, como unas copias de actas de Hacienda de los años noventa del siglo pasado que hacían referencia a ministros socialistas, pero cuyo contenido nunca pudimos confirmar en fuentes oficiales.

En realidad, entre lo que publicamos y lo que intuimos siempre hay una gran diferencia. Desde luego, yo nunca permití, bajo mi dirección, que se publicasen noticias cuyos datos no estuviesen convenientemente contrastados.

Vídeo de Irene Montero del 8M

En los últimos días del mes de mayo de 2020, llegó a nuestras manos un fragmento de un vídeo donde aparecía la ministra de Igualdad de la época. En él, Irene Montero, en conversación con una redactora de la televisión pública vasca, ETB, reconocía un día después del 8 de marzo de 2020, jornada de la manifestación del Día de la Mujer, que ya conocían la gravedad de la situación que generaba la COVID, pero que admitirlo en aquel momento habría sido un error. Según ella, «la bajada de cifras del 8M fue debida al coronavirus, pero no lo voy a decir». Era la demostración más evidente de que habían jugado con la salud de los españoles a sabiendas del riesgo que se corría y de que lo habían ocultado de manera consciente.

Estaban muriendo centenares de personas aquellos días y la información que *ABC* publicaba y que se desprendía de aquella conversación previa que no había salido al aire era muy relevante para la opinión pública española. Mi sorpresa vino cuando toda la izquierda mediática, en un ejercicio de cinismo que pasará a ser una página negra de la historia reciente del periodismo español, se alineó para atacar a *ABC* por hacer público ese documento. Centraron toda la polémica en el origen de la filtración, no en su contenido. Cómo había llegado aquel vídeo a *ABC* era menos relevante que lo que se decía en él.

La manifestación del 8M fue una bomba contaminadora, y la prueba es que un buen número de las políticas que portaban la pancarta se contagiaron de coronavirus. A pesar de que tenían información privilegiada, antepusieron una cuestión de adoctrinamiento ideológico a la salud del conjunto de los ciudadanos. La información nos llegaba en medio de la polémica acerca del número de muertos de aquellos meses. Era algo que los ciudadanos debían conocer. De nuevo, la hemiplejia moral de la opinión pública española, la doble vara de medir, funcionaba y en los programas de televisión y radio se ponía el acento en si se había hecho un uso correcto de aquel vídeo de ETB y su contenido. Lo tengo claro, actuamos correctamente y para servicio de quienes son nuestros verdaderos dueños: los lectores, la sociedad libre.

Evidentemente, estábamos ante un caso de periodismo de filtración. Un periodista amigo vio el contenido y con buen criterio entendió que había que hacer público lo que allí se decía. Insisto, estábamos en medio de un debate sobre los miles de muertos que se estaban registrando por la pandemia y una ministra reconocía que tenían datos acerca de la gravedad del asunto. De hecho, la OMS había lanzado la alerta global de la COVID el 30 de enero de ese mismo año, es decir, treinta y ocho días antes de aquella manifestación.

La sanción moral de la sociedad desaparecía en medio de una controversia retorcida y perversa de las terminales mediáticas de la izquierda: ¿cómo era posible que se filtrase ese vídeo?

El caso WikiLeaks

En 2010 saltó el caso WikiLeaks, otro asunto que permite reflexionar acerca del periodismo de investigación y de los límites legales a los que los periodistas tienen que hacer frente a la hora de conseguir información de interés para la opinión pública. El caso de Julian Assange es paradigmático. El periodista australiano fundador de WikiLeaks hizo público en 2010 el contenido de cerca de medio millón de documentos clasificados por los Estados Unidos como secretos que hacían referencia a las guerras de Irak y Afganistán y muy especialmente a los crímenes de guerra cometidos por los propios soldados norteamericanos.

En la primavera de 2005 tuve la oportunidad de coincidir en la ciudad alemana de Leipzig con el periodista norteamericano Seymour Hersh. Recibía un premio, el cual yo había recogido también dos años antes en nombre de *La Voz de Galicia*, por su nuevo y extraordinario trabajo sobre las torturas a las que los soldados norteamericanos sometieron a civiles iraquíes en el campo de Abu Ghraib. Hersh era un lobo solitario del periodismo. Uno entre un millón que lograba hacerse con noticias verdaderamente exclusivas y relevantes con un trabajo en el que se jugaba la vida. Algo parecido le ocurría a Anna Politkóvskaya, quien también estaba presente en aquel acto organizado por la Fundación de los Medios de Leipzig, que nos convocó en aquella primavera de 2005. Tuve la oportunidad de hablar con ambos y comprobé que eran periodistas de otra raza, infrecuentes. Ambos, cada uno por su lado, me reconocieron que el verdadero periodismo de investigación no tenía nada que ver con ser el colaborador activo de la fuente. Muy al contrario, Seymour aseguraba que en muchas ocasiones terminaba peleado con sus fuentes porque en realidad estas querían otra cosa bien distinta a que resplandeciera la verdad. La pobre Anna Politkóvskaya terminó asesinada el 7 de octubre de 2006, en Moscú. Se la veía triste aquellos días en Leipzig, como si ya intuyese lo que le podía ocurrir. Cuando tienes la oportunidad de hablar con dos buenos profesionales que se juegan la vida por su trabajo y por lo trascendente de la materia que manejan, aprendes a colocar en su lugar a los colaboradores de los filtradores de nuestros barrios vecinos.

Assange no tiene nada que ver con Hersh ni con Politkóvskaya. Lo que sabemos hasta ahora de él es que se trata de una persona de dudosa catadura moral, de ahí que uno también se plantee si ciertas prácticas puestas en marcha por algunos consorcios internacionales no tienen más que ver con la gran guerra de la desinformación que se juega en el concierto internacional que con un ejercicio honesto de periodismo al servicio de los ciudadanos. Es curioso que siempre sean documentos y correos de los Estados Unidos los que se filtran y nunca ocurra algo semejante con Rusia o China.

La organización de Julian Assange volvió a dar otro gran golpe en 2011. De nuevo, el público conocía el contenido de miles de informes secretos de las embajadas norteamericanas. A cada país le interesaban los referentes a sus propios políticos. Entre los más divertidos se encontraba uno de Hillary Clinton de su etapa como secretaria de Estado de su país. Según el documento, Hillary pidió que le informasen acerca del equilibrio psíquico de Cristina Fernández de Kirchner, la presidenta argentina, tras mantener una conversación con ella. En España lo más relevante fue lo que decía el embajador norteamericano de José Bono, entonces ministro de Defensa, al que situaba muy cerca de las simpatías de Hugo Chávez al mismo tiempo que lo calificaba de persona poco confiable.

Robar la correspondencia personal clásica albergada en un sobre de papel en un buzón solía ser delito. Entrar ahora en el correo electrónico de cualquier persona, de un político relevante, de un empresario o de un organismo público, ¿no debería serlo, o no lo es ya, según la Ley Orgánica de Protección de Datos, la de Secretos Oficiales o la de Secretos Empresariales?

Reconozco que tengo mis dudas al respecto y que es uno de los muchos debates que la profesión periodística tiene pendientes. La sociedad se ha transformado a velocidad de vértigo con la aparición de las tecnologías y el surgimiento de una nueva cultura. Ese inquietante afloramiento de nuevas pautas fue y sigue siendo muy acusado en el mundo de los medios de comunicación social. Por eso creo que ha llegado la hora de hacer una puesta al día moral, ética y deontológica de la profesión periodística. Los valores son los de siempre, pero hay cuestiones formales que convendría repensar para dotar de nuevo al oficio de una corriente de moralidad y buena voluntad de la que ahora mismo carece. Al mismo tiempo, especialmente en España, donde todos —y cuando escribo «todos» es todos— deberíamos tratar de abandonar las posiciones de sectarismo que tanto están lastrando la credibilidad de nuestra profesión entre los españoles y también fuera de nuestro país. Tres materias contribuyen a ese descrédito: el periodismo político; el periodismo económico, contaminado por el enorme poder de las compañías; y, finalmente, el mal llamado en España «periodismo de investigación», que ha sido durante mucho tiempo una herramienta de policías, jueces y fiscales que se aprovechan de los sueños húmedos de muchos periodistas que creen protagonizar cada mañana un Watergate mientras contaminan los propios sumarios en marcha y el ambiente de convivencia en España.

La transparencia

El ejercicio del periodismo está muy vinculado a la idea de la transparencia. A mí, personalmente, me gusta, aunque, como todo, en su dosis correcta. Un exceso de nitidez sobre nuestras vidas puede acabar en el suicidio de la propia sociedad. Todavía hoy la intimidad y la privacidad siguen siendo un oasis en una sociedad hiperconectada, tal vez los últimos paraísos que nos quedan. Es cierto, sin embargo, que la opinión pública de las sociedades avanzadas en las democracias liberales exige y solicita más transparencia de sus autoridades. De hecho, en España es el Gobierno de Mariano Rajoy el que pone en marcha el Portal de Transparencia de la Administración pública como una de sus medidas para combatir la corrupción. Y, curiosamente, es Pedro Sánchez y su entorno quien castra definitivamente ese nuevo organismo, impidiéndole informar, no atendiendo sus reclamaciones y convirtiendo nimiedades de su actividad en secretos de Estado.

La transparencia, a pesar de ello, a pesar de Sánchez y Pablo Iglesias, se ha convertido en un imperativo categórico de las democracias liberales. Me parece muy higiénico, por ejemplo, que los lectores, las audiencias, conozcan bien quiénes son los propietarios de los medios de comunicación. Como me parece fundamental conocer con detalle cómo y a qué se destina el dinero público que aportamos los ciudadanos a través de nuestros impuestos. Creo que la parte pública de las sociedades democráticas debe someterse a ese imperativo moral, pero no los particulares.

Nuestra vida privada no puede, no debe ser escrutada, y lo está siendo más de lo deseable. Pero nosotros lo ignoramos. Las autoridades poseen tecnologías que perforan la esfera de privacidad de nuestras vidas. Las grandes tecnológicas, bajo la envoltura del negocio y del ocio, así como de la excusa de —supuestamente— hacernos la vida más agradable y confortable, nos invaden y, de alguna manera, nos violan hasta en lo más íntimo. Byung-Chul Han es un filósofo de origen coreano afincado en Berlín que ha elaborado una luminosa teoría acerca del exceso de transparencia que padece nuestra sociedad. En su breve ensayo parte de los aspectos positivos de un mundo eminentemente transparente, pero expresa su temor a que pueda acabar sumido en el «infierno de lo igual». Se corre el riesgo, en ese caso, de que desaparezca, como ya dije en otras ocasiones, la capacidad de elaborar un pensamiento complejo y crítico. El exceso de transparencia, sostiene Byung-Chul Han, se lleva por delante los rincones íntimos del yo, convirtiéndolo todo en pornografía social. «Desaparecen las zonas sombrías del encuentro, los ángulos oscuros de la relación». Lo dice el filósofo coreano, no yo, pero comparto con él, tras cuarenta años de periodismo, que no siempre es bueno para una sociedad hacer un estriptis que pueda poner en riesgo un valor superior.

He aquí otro debate pendiente de la profesión periodística: ¿dónde comienza el interés real del público y dónde termina el derecho a la privacidad de determinadas personas, en especial de aquellas cuyas causas son finalmente archivadas, por no hablar de las que resultaron absueltas? La sociedad española en general y el periodismo en particular todavía no han logrado poner en marcha un mecanismo que permita restituir el honor a los afectados por informaciones falsas que, sin embargo, se mantienen en el tiempo por la connivencia de periodistas con fuentes tenebrosas que no persiguen ni la verdad ni la justicia, sino otros objetivos más perversos.

El caso Villarejo

Relacionado con la pauta que establece mi afirmación anterior está el caso Villarejo. El comisario José Manuel Villarejo, tras una temporada dedicado a la vida empresarial privada, se reintegró a la Policía española como agente encubierto, prestando sus servicios en la Secretaría de Seguridad del Estado, en el Ministerio del Interior.

Pronto estableció contacto con periodistas y con algún alto directivo de empresas editoras, incluido cierto director de periódico. Villarejo vio el filón que era tener periodistas de mano a los que filtrar informaciones, muchas de las cuales estaban torticeramente amañadas para hacer daño, chantajear y obtener beneficios económicos con el argumento de «esto te lo puedo arreglar yo». Por todo eso fue detenido el 17 de noviembre de 2017 y entró en prisión acusado de organización criminal, cohecho y blanqueo de capitales. Llegó a acumular un patrimonio que algunos estiman por encima de los treinta millones de euros, que no está nada mal para un funcionario de la Policía.

Villarejo se movía siempre en esa fina línea que separa lo legal de lo ilegal y algunos periodistas, como quedó demostrado en investigaciones policiales, colaboraron abiertamente con él. Me queda la duda de si se creían los Woodward y Bernstein del periodismo español o si eran conscientes de la manipulación a la que los sometía el propio Villarejo.

Muchas de las informaciones que el comisario Villarejo pasaba a sus periodistas amigos se movían entre la media verdad y la media mentira. Él exigía que se le comprase la mercancía sin contrastar nada. Durante los diez años que fui director de *ABC* me resistí constantemente a adquirir ese tipo de material informativo. La verdad es que ya me habían advertido de estas prácticas dos periodistas de contrastada honestidad y profesionalidad de la redacción de *ABC*, Cruz Morcillo y Pablo Muñoz. Ambos me explicaron en su día que Villarejo no les pasaba nada porque les reprochaba que contrastaran los datos que él filtraba, como debe ser y como mandan las buenas prácticas profesionales del periodismo en general y del de investigación en particular. Cruz y Pablo solían comprar con más entusiasmo lo que nos pasaban de la Fiscalía Anticorrupción, lo que los llevó en su día a estar a punto de ser procesados por el juez Andreu por una causa en la que estaban implicados, supuestamente, delincuentes italianos vinculados a la Camorra. Todos apoyamos, como no podía ser de otra manera, a Cruz y a Pablo, pero el tiempo me enseñó que las prácticas de algunos fiscales no son todo lo correctas que cabría esperar y, que tal vez, nuestros periodistas también eran utilizados y, por tanto, el diario *ABC* y yo. El caso del fiscal Moix, cuando fue nombrado jefe de la Fiscalía Anticorrupción, fue un buen ejemplo de cuanto digo. Sin pretenderlo, todos, de una u otra manera, provocamos la muerte civil de Manuel Moix, apoyando a una parte de los fiscales anticorrupción. Hoy creo que nos equivocamos y que Moix fue una víctima de sus propios compañeros y de los medios de comunicación que le hicimos la vida insoportable.

Hay, por tanto, una cultura de trabajo de periodistas en connivencia con policías y fiscales que, visto lo visto, debería ser replanteada por ambas partes para crear un ambiente más limpio en la sociedad española. Soy consciente de que a algunos colegas míos les sonará a pecado mortal esto que acabo de exponer, pensarán algo así como «estás cargando de municiones las armas de los enemigos del periodismo». Yo pienso exactamente lo contrario. Los periodistas no debemos tener límite alguno en la búsqueda de la verdad y en hacérsela llegar al gran público, a la ciudadanía que nos lee, nos escucha o nos ve. Pero lo que se ha hecho en algunos casos recientes es, en gran medida, justamente lo opuesto. Se colaboró en ocultar los datos ciertos o en contarla de manera tergiversada, perjudicando con ello a terceros.

El caso de la cuenta en Suiza del exalcalde de Barcelona Xavier Trías es otra demostración de todo cuanto vengo diciendo. A día de hoy no se ha podido probar la existencia de esa cuenta. La información se filtró a varios medios, entre otros *ABC*, la víspera del primer referéndum ilegal que convocó Artur Mas y que fue un fiasco notable. Nuestro experto en esta materia, Javier Chicote, trató de contrastar el dato y no lo logró, por lo que optamos por no publicarlo. El mismo día en que nos llegó la información *averiada*, tuve una conversación con el entonces ministro del Interior, Jorge Fernández. Él no daba por hecho que la información fuera cierta, pero afirmaba que podía atreverme a tirarme a esa piscina «porque seguro que hay agua». Finalmente, no lo hicimos, pero sí nuestros colegas de *El Mundo*. Por grabaciones que se conocieron después, Jorge Fernández se lamentaba con su interlocutor de que «no he logrado convencer al director de *ABC*». Una muestra más de lo que quiero denunciar como falso periodismo de investigación: una colaboración perversa con personas que no siempre buscan el bien común. Y no me refiero a Jorge Fernández, de cuya ingenuidad da buena prueba la colección de errores que cometió en un ministerio tan sensible como el de Interior. Es probable que Fernández creyese que la existencia de esa cuenta era cierta. Pasados los meses, Eugenio Pino, entonces DAO de la Policía, durante un almuerzo al que Ignacio Cosidó nos había invitado a Luis Enríquez y a mí, lamentó que *ABC* no se hubiese fiado de esa información y nos dijo que, cuando quisiéramos, nos acompañaban al banco en cuestión para comprobar el número de cuenta de Xavier Trías.

La propia Policía Nacional llegó a afirmar en varios informes que terminaron en manos del titular del Juzgado número 2 de plaza de Castilla, en Madrid, que existía una «red de periodistas afines» al excomisario José Manuel Villarejo cuyos miembros publicaban información «incierta o falsa».

El sistema de trabajo consistía, según el informe de la propia policía, en «la filtración interesada y coordinada de datos falsos» para enturbiar procesos o terminar con la vida civil de algunos personajes. Entre esas víctimas, por ejemplo, se encontraba Manuel Téllez, presidente del grupo de empresas Cuadrifolio. Se intentó presentar el asunto como la Gürtel del PSOE de Castilla-La Mancha. Entre los documentos que publicaron otros diarios —*ABC*, nunca— se encontraba un correo electrónico que evidenciaba la falsedad de la denuncia. Se trataba de un correo en cuya fecha el día de la semana no coincidía con el del mes de febrero de ese año. Era una prueba del montaje y un error del falsificador de pruebas.

La estrella del comisario Villarejo, que demostró no solo tener una red de periodistas a su servicio, sino también una estrecha relación con jueces y fiscales, se apagó un buen día de noviembre de 2017, cuando terminó con sus huesos en la cárcel. Villarejo fue tal vez el mayor productor de informaciones mal llamadas «periodismo de investigación». Su enfrentamiento con el director del CNI, el general Félix Sanz Roldán, pudo ser su mayor error. Como ya dije, él se movía en esa nebulosa entre lo legal y lo ilegal, entre el servicio público y el aprovechamiento privado, mientras los periodistas de su cuadra creían ser los gladiadores de la investigación, cuando no eran más que unos tontos útiles en unos casos y unas malas personas en otros.

Existe un mundo oscuro detrás de la seguridad de cualquier Estado del que los ciudadanos comunes tenemos pocas noticias. Hay funcionarios sin escrúpulos que se aprovechan de él, de la falta obligada de transparencia por razones de eficacia y discreción. Son la excepción. Tienen que ver con quienes manejan poderosas maquinarias del Estado para luchar contra la delincuencia. En ocasiones ellos mismos traspasan determinadas líneas. Por ejemplo, en algunos reservados de ciertos restaurantes de Madrid, con nombres sonoros y largas trayectorias —aunque alguno ya cerró—, la policía, en connivencia con algún empleado, grababa las conversaciones de los comensales. Sin orden judicial alguna. Eran prácticas ilegales o prospectivas. Otras veces, se chantajeaba al empresario de turno al que se grababa.

El CNI también utilizaba a personas y técnicas que bordeaban la legalidad, invocando con frecuencia a un bien superior. Estoy convencido de que en el 99 por ciento de los casos así es. La lucha contra ETA en España, y en los últimos tiempos la amenaza islamista, ha obligado a superar algunas fronteras legales, a sobrepasarlas con escasa cautela. Mientras se haga por la defensa del bien común, todavía hay una explicación para ello, aunque difícil. El problema surge cuando se trafica y negocia con esa información.

Mantuve con el general Félix Sanz Roldán una buena relación durante los años en que fue el máximo responsable del CNI y yo dirigía *ABC*. En todo ese tiempo tuvimos tan solo dos pequeños encontronazos. El primero de ellos fue cuando me llamó muy airado porque publicamos una información según la cual la policía había detenido en Madrid a un informático argentino que decía trabajar para el CNI. El general, ciertamente enfadado, me dijo que «nosotros no contratamos delincuentes». Como yo tenía en aquel momento muy buena imagen de él y nuestra relación se había caracterizado por la cordialidad, le ofrecí que me diese algún dato para poder rectificar la información, a lo que me contestó: «Yo no tengo nada que rectificar, usted haga su trabajo que yo haré el mío». Aprendí hace muchos años que en periodismo todo pasa. Solo necesitas ser fuerte durante las veinticuatro horas siguientes. Y aquello pasó.

Sería injusto terminar este capítulo sin rendir homenaje y reconocer el trabajo de otros profesionales del periodismo que sí hicieron y siguen haciendo auténticas labores de indagación y contraste. Yo tuve la suerte de tener bajo mi dirección a uno de ellos: Javier Chicote. Gran parte de sus descubrimientos, incluida la tesis plagiada de Pedro Sánchez, fueron trabajos concienzudos, que llevaron su tiempo y que pusieron en manos de la ciudadanía datos relevantes que políticos, empresarios o futbolistas querían encubrir. Ahí está, por ejemplo, todo el entramado fiscal de la familia del astro argentino Lionel Messi, quien, por cierto, nos llevó varias veces al juzgado, tal vez mal asesorado por sus abogados. Siempre perdió las causas.

Otras veces, algunas exclusivas eran simples coincidencias. Recuerdo que, en los últimos días de agosto de

2013, Javier Chicote estaba en la redacción de *ABC* cuando recibió un mensaje de un amigo que trabajaba en una agencia de viajes de Mallorca. Serían las cuatro de la tarde. Javier me leyó el mensaje: el juez Castro, instructor del caso Nóos —por el que Urdangarín iría a la cárcel—, y Virginia López Negrete, abogada de la acusación en esa causa, estaban en una terraza de Palma tomándose unas copas. Chicote le pidió inmediatamente una foto: «Hazles una fotografía con tu móvil». El amigo de nuestro periodista la hizo, pero estaba mal enfocada y no se distinguía muy bien a los protagonistas. Chicote insistió: «Hazla desde otro lugar». Así conseguimos una instantánea clara, donde se veía la confraternización entre juez y abogada en torno a una mesa con unas copas. En otro país con un sistema judicial más recto y de mayor calidad democrática, juez y letrada habrían sido apartados de la causa. Aquí, muy al contrario, el juez Castro tuvo más que decir, sacó pecho y afirmó que confraternizar con los abogados de las causas era habitual. Yo no me lo creo y además estoy convencido de que no es algo positivo. Los jueces deben mantener una distancia social adecuada con todos los implicados en los casos que llevan, ya sea en la fase de instrucción o más adelante. Para hablar sobre ellos están los despachos, con luz y taquígrafos, no las terrazas de los bares.

Lo curioso es que esa buena noticia fue fruto del azar, de la presencia del amigo de un redactor en un lugar concreto. Los apóstoles del supuesto periodismo de investigación, que además habían tomado partido contra Urdangarín, se ofendieron mucho con esa información y le achacaron al CNI la factura de las fotografías. No cabe duda de que había y hay mentes calenturientas. Uno de esos días me llamó el director del CNI, Sanz Roldán; se reía conmigo de que achacaran a sus hombres aquellas fotos de móvil de calidad notablemente mejorable. El documento gráfico había sido fruto de la casualidad: no había habido ni seguimiento ni investigación calculada. Solo azar.

Como este caso hay decenas a lo largo del año. El lector, en su derecho a imaginar, puede fantasear con situaciones rocambolescas, pero la inmensa mayoría de las veces todo es más sencillo. Es cierto, no obstante, que en España hay una escuela, procedente de un medio concreto, cuyos alumnos aventajados han jugado al infantilismo periodístico, excitados, seguramente, por las buenas películas norteamericanas o por aquella extraordinaria serie de *Lou Grant*. La vida imita al arte, pero suele ser más prosaica.

4

La vanidad de los columnistas. Las Terceras de *ABC*

La vida, efectivamente, puede ser, y de hecho es, más prosaica, y el ser humano también, como inelegante es una de nuestras necesidades primarias: ser escuchados... o leídos. En ese sentido, una de las cosas que más me llamaron la atención cuando llegué a la dirección de *ABC* fue el enorme interés que una parte de la sociedad española tenía por publicar sus artículos en la denominada Tercera. Intelectuales de todo pelaje, reconocidos escritores, historiadores, economistas, catedráticos, políticos de cualquier ideología, jurisconsultos, jueces, médicos, militares y, por supuesto, periodistas, todos querían publicar su artículo en la tercera página de *ABC*. No era para menos, por esa sección había pasado lo mejor del pensamiento español. Seguramente era, y sigue siendo, el momento de la verdad del diario y la página más noble. Gestionarla se las traía.

En 2010 se encargaba de ello, y lo venía haciendo desde muchos años atrás, José Miguel Santiago Castelo, un maestro en apaciguar los egos de los terceristas o de los autores de esos artículos de fondo que eran una de las señas de identidad del diario desde mucho antes de la Guerra Civil. Castelo, que era como lo conocíamos todos en la redacción, se jubiló y yo decidí llevar personalmente esa sección, lo que me permitió valorar todavía más, si cabe, la relevancia de la página.

A las muchas peculiaridades de *ABC* —formato, portada, grapa...— se unía el hecho de abrir el diario y encontrarse con un gran artículo de fondo, un artículo que a lo largo de la historia firmaron las más altas cumbres literarias. En la hemeroteca se pueden leer Terceras de Vargas Llosa, Camilo José Cela, Unamuno, García Márquez, Gregorio Marañón, José María Pemán y de tantas y tantas plumas que dominaban el articulismo. Muchos de ellos no eran escritores de periódico, eran magníficos literatos que hacían literatura en la prensa. Lógicamente, a lo largo de los años, de todo hubo. Mi experiencia es que los autores a los que solíamos acoger en esa página eran, en su mayoría, muy ansiosos. Enviaban su texto y lo querían ver publicado de inmediato.

La Tercera, así, escrito con mayúscula, contaba ya con toda una teoría detrás. Después de tantos años, la sección había ido creando unas pautas sobre ella. Debía ser un artículo bueno en la forma, pero mejor en el fondo, y su autor, una persona relevante. El texto valía en tanto en cuanto la firma era de alguien reconocido por el público lector. Se cumplía aquí aquella frase de Unamuno de que «no hay opiniones, sino opinantes». Y así era en la Tercera. Se trataba de ofrecer al lector un contenido de largo aliento en el debate de las ideas y que además estuviese bien escrito.

Otro de los rasgos requeridos a los artículos de esta página era que fuesen atemporales. Algún director anterior a mí puso mucho empeño en ello. A mí me parecía que era mejor ser flexible y que siempre que la actualidad exigiese una pieza pegada al día en esa sección sería bueno. Otros antecesores la convirtieron en su lugar de expresión dominical. Cada uno tiene su estilo. Personalmente, abusé muy poco de las Terceras, excepcionalmente solía publicar ahí; a lo largo de una década pude escribir cerca de una treintena. A mí me gustaba más crear mi «Astrolabio», de apenas doscientas palabras. Julio Camba, uno de los clásicos de *ABC*, solía decir que tenía «la suerte de escribir corto, que es lo que la gente lee». Y algo de eso hay. A él también se le asigna la frase de «Perdone, director, que no tuve tiempo para escribir más corto». En todo caso, si la genial ocurrencia para defender los tamaños pequeños en prensa no era suya, supo recrearla admirablemente.

La reiteración de los autores era también un asunto que discutíamos. En mi etapa procuramos que nadie publicase más de una Tercera al mes. Después, lógicamente, había algún compromiso contractual, como el de José María Carrascal, que contaba con dos inserciones mensuales. Esa periodicidad la llevaban muy mal los autores y algunos llegaban a mostrar su enfado sin rubor alguno.

Pero no quiero detenerme en personajes de la vida española que insistían en publicar sus artículos con una perseverancia digna de mejor causa.

Los más aburridos en sus textos solían ser aquellos que procedían del mundo del derecho y la justicia. Recuerdo a un magistrado del Tribunal Supremo que escribía con una ampulosidad y un barroquismo impropios de este tiempo y que, si su texto no aparecía en los diez días siguientes a su recepción, remitía un correo electrónico anunciando su retirada. La verdad es que me molestaba mucho ese tipo de comportamientos. Nosotros no habíamos pedido el texto y aun así teníamos que soportar su reproche. En un porcentaje muy elevado de los casos, no encargábamos esos artículos, nos llegaban de manera espontánea y no siempre tenían calidad para aparecer en la página más noble de «Opinión». Para eso creamos la sección «Tribuna Abierta». Allí acogíamos a todos aquellos que no podían ir en la Tercera, no siempre por razones de calidad, sino también por sentido de la oportunidad con respecto a la actualidad o por su extensión más reducida. De todo había.

En los días del confinamiento de marzo a junio de 2020, la recepción de artículos de personajes diversos de la vida española nos abrumó. Entre la Tercera y la sección «Tribuna Abierta» solo podíamos publicar dos al día, pero nos llegaban hasta diez diarios. No se puede imaginar el lector el número de enfados y de malas maneras que esos días tuve que soportar. Todos tenemos un artículo en algún bolsillo de nuestro intelecto y no damos crédito cuando alguien no nos lo publica o se retrasa en hacerlo.

Tanto en *ABC* como en otros diarios, el proceso es muy semejante. El articulista novel, no necesariamente por edad, trata de llegar al director del periódico por alguna vía. Seguramente ya había probado por otros conductos, incluido el más natural y habitual que es dirigir un correo a la secretaría de la redacción. Tras mucho tiempo insistiendo, accedes a publicar ese artículo. El argumento es muy poderoso: «Es que soy un experto en la Segunda Guerra Mundial». La sorpresa es que el mismo día que publicas esa pieza del supuesto experto, este ya te envía otra sobre la eutanasia, acompañada de una serie de comentarios que se hacen eco, según él, de los innumerables testimonios que ha recibido alabando su obra. Intentas ser generoso y publicar su segunda entrega más adelante y surge entonces la pregunta de si «este tipo de colaboraciones son remuneradas con algún tipo de estipendio». Es posible que en el pasado se abonase alguna cantidad a los que, de manera expansiva, pero nunca a petición del diario, enviaban sus textos. Ahora no. En realidad, en muchos casos era un honor y en otros una oportunidad para el lucimiento personal y profesional, con réditos indirectos. Cosa distinta eran aquellos a los que nosotros solicitábamos su opinión o los columnistas ya consagrados, con su sección diaria.

De cualquier modo, lo cierto es que la Tercera de *ABC* era una página muy codiciada. Todos querían publicar en ella. El motivo no era otro que el prestigio que había alcanzado a lo largo de los años gracias a los autores notables que en ella escribieron. Cualquier manual de historia del periodismo moderno español debería dedicarle un capítulo. Una prueba de su huella e influencia fue la iniciativa del diario *El País* que, en uno de sus rediseños, siendo director Javier Moreno, creó la sección «La Cuarta», a pesar de que iba colocada sobrepasada ya la mitad de la paginación. Allí se acogió durante años el artículo de fondo del diario de Prisa. Creo que pocos homenajes más sinceros hay como que tu competidor opte por llamarle a su artículo de opinión señalado del día «La Cuarta», en clara referencia a la sucesión ordinal a la tercera.

Los columnistas

Si algo fue *ABC*, fue la casa del columnismo, un género periodístico que vuelve a estar en boga como lo estuvo a finales del siglo XIX y principios del XX. En ello puso un notable empeño su fundador, y así continuaron sus sucesores, tanto los de sangre como los de gestión. La familia Luca de Tena quería que *ABC* fuese la casa de la buena escritura, y lo consiguieron. Ese afán, de alguna manera, explica el recorrido que a lo largo de más de cien años tuvo el diario. Desde doña Emilia Pardo Bazán, pasando por Blasco Ibáñez, Fernández Flórez, Camba, Campmany... hasta llegar a nuestros días con Manuel Martín Ferrand y algunos de los que le acompañaban en la sala de columnas del diario y que todavía continúan allí, convirtiendo el rotativo en una lectura obligada para poder interpretar y entender el acontecer y la actualidad.

También aquí habita la vanidad. Como ya escribí en otro capítulo de este libro, esta es el combustible de la inmensa mayoría de los periodistas y puede llegar a ser una enfermedad profesional. De hecho, a los periodistas, la mitad del sueldo se nos paga en vanidad. Cuando la evidenciamos, solemos hacer el ridículo, pero no hay nadie a nuestro alrededor que nos lo diga. Es frecuente también entre escritores. Unos y otros creemos que todo el mundo nos admira. Para mí fue una enorme lección de humildad mi experiencia anual en la Universidad San Pablo-CEU, donde durante muchos años impartí clase. Solía preguntarles a los alumnos qué opinaban sobre determinados columnistas de distintos diarios y me encontraba con que no conocían a ninguno y, por tanto, no los leían. Mal por los alumnos, que deberían leer mucho más los diarios, sobre todo si querían dedicarse al periodismo. Pero además era una muestra del distanciamiento que había entre la prensa, ya fuera en soporte papel o digital, y la juventud. Aunque sobre este asunto hay mucho que hablar y reflexionar. Que los jóvenes no lean solo evidencia el fracaso del sistema educativo español y muy especialmente del universitario.

Este debate sobre la juventud y sus lecturas y sobre la edad de los columnistas fue un caballo de batalla durante mi época como director de *ABC*. Desde el Área de Gestión se me insistía mucho en la necesidad de renovar a algunos columnistas porque eran muy mayores y, según ellos, esa era la causa por la que los jóvenes no leían periódicos. Pésimo análisis por parte de quien se atrevía a expresarse así. Los jóvenes no leen por otras razones, así que, en todo caso, habría que afeárselo a ellos.

Cuando se me argumentaba que la edad de nuestros columnistas era muy avanzada, yo solía recordar a Indro Montanelli, quien escribió casi a diario hasta los noventa y dos años. Lo relevante no son los años que se han cumplido, sino lo que se dice y escribe. Si Aristóteles viviese hoy y tuviese ochenta años, dado lo que sabemos de su capacidad de discernimiento y discurrir, ¿no lo estaríamos leyendo con fruición?

La edad de los columnistas es uno de los falsos paradigmas del periodismo español, algo con lo que tuve que batallar bastantes veces con quienes tuve enfrente, no solo en *ABC*, sino también en otros medios. Nunca acepté el culto a la juventud, ni siquiera cuando yo era joven. Es una idea tóxica según la cual ser mayor es una maldición que te excluye en todas partes. También ocurre eso en los periódicos. Es cierto que la profesión de periodista envejece mal. Las redacciones están llenas de jóvenes, ahora mismo porque resultan más baratos. Sin embargo, es una pena desechar el conocimiento y la memoria de un buen sénior. En el caso de los columnistas es más grave. La edad no les ha mermado creatividad. Es falso decir que un columnista es viejo.

En varias ocasiones se me propuso cambiar a veteranos por valores emergentes. Lo peor de estos últimos era que no eran tan buenos como ellos se creían y se limitaban a hacer análisis muy simplones basados en si algo era o no divertido. Para nada se paraban a pensar en si era bueno o malo para el conjunto de la ciudadanía. Formaba parte todo ello de la banalización de la sociedad y, por tanto, de los susodichos emergentes, a los que otro colega calificó como «los estupendos» o algo similar.

Me tomé en serio argumentar en mi anterior casa periodística sobre este asunto. Pienso que era una obligación moral que tenía, defender a determinadas personas. Creo además que en el fondo era una forma de molestarme. Era la gota china, que yo sobrellevaba con cierta resignación galaica. La sorpresa vino cuando comencé a ver la edad de nuestros competidores. Eso me permitió debatir y contraargumentar el tópico despectivo de que en *ABC* «escriben viejos».

ABC mantenía —y creo que mantiene— un equilibrio similar a los demás diarios. Por supuesto, una cabecera con más de cien años cuenta con algunos veteranos, alguno incluso puede calificarse de ilustre veterano. Por ejemplo, Antonio Mingote dibujó casi hasta su muerte, con noventa y dos años. Ojalá tuviésemos vivo a Mingote. Todavía hoy nadie lo ha superado en cuanto a fino humor y capacidad de editorializar con una sola viñeta. En todos los periódicos la opinión la escribe gente veterana, lo cual es lógico, pues son los que tienen experiencia y conocimiento, además de lograr gran eco entre el público gracias a poseer una dilatada trayectoria.

En el momento que escribo estas líneas, en el año 2021,

El Mundo suele abrir su página 2 con gente mayor: Luis María Anson (86), Jiménez Losantos (69), Arcadi Espada (63). En la última, como fijo, Raúl del Pozo, con 84. Carmen Rigalt estuvo escribiendo hasta los 70 y espero que lo siga haciendo muchos años más; talento y sabiduría le sobran. Santiago González, 60; Iñaki Gil, casi. Solo rejuvenecen el plantel Bustos (38) y Landaluce (39). Pero en nada serán cuarentones, si bien es cierto que las transformaciones de la vida en el mundo desarrollado nos permiten decir que los 40 de ahora son los 30 de hace dos décadas.

Fijémonos en *El País*. Tampoco se puede decir que sea un campamento de juventudes: Vidal-Foch (69), Bassets (71), Manolo Rivas (64), Elvira Lindo (59), Antonio Elorza (77), Fernando Vallespín (67), Ricardo de Querol (54), Diego Manrique (70), David Trueba (51), Antonio Caño (64); hasta el joven valor Jabois ya tiene 43. Pero ¿es que alguien va a poner en duda el magisterio de Mario Vargas Llosa, a pesar de sus 85 años? Ahí está, destilando sabiduría y magnífico estilo literario cada domingo en *El País*.

Si nos detenemos en los diarios digitales, nos encontramos con Jesús Cacho (77), José Antonio Zarzalejos (68), Antonio Casado (77), Francesc de Carreras (79) o Rubén Amón (51).

Pero es que en la gran prensa internacional se repite la pauta.

He aquí la relación de los columnistas estrella del mejor periódico del mundo, *The New York Times*: Krugman (67), Thomas Friedman (67), Maureen Dowd (68), Ross Douthat (63), Roger Cohen (65), Frank Bruni (55). No hay, por supuesto, ni un treintañero ni un cuarentañero, salvo David Leonhardt, que tiene 47.

En cuanto a *The Times*, Londres, sus columnistas estrella son Matthew Parris (71), David Aaronovitch (66), Jenni Russell (60), Daniel Filkelstein (58), Rod Liddle (60) y Ben Macintyre (56). En *Le Monde*, Francia, y ya para terminar, su columnista más célebre, Sylvie Kauffman, tiene 64 años.

En el *ABC* de mis tiempos había de todo, pero nos empeñamos en sacar nuevos valores y yo promoví a algunas mujeres de la redacción, que estaban en la cuarentena, como fueron los casos de María Jesús Pérez o Ana Isabel Sánchez. Nosotros teníamos más mujeres que otros medios, pero tengo que insistir en que nunca promoví a ninguna redactora por su género, sino por su talento. No era una cuestión de cuotas. Seguíamos la estela de los primeros años del rotativo, cuando descollaban los escritos y crónicas de Emilia Pardo Bazán y Sofía Casanova. Este dato histórico me hace cuestionar la razón por la que la bandera del feminismo se la arroga una parte del espectro ideológico. Paradojas de esta España tan banalizada, como banal y simple es la cuestión acerca de la edad de los columnistas.

Lo que más me molestaba de los columnistas era el *yoísmo*. Eso de hablar permanentemente de sí mismos, como si su vida y sus peripecias nos interesaran a todos... Lo único que conseguían con ello era restringir el interés de los lectores. Pensarán ustedes que a lo largo de todo este libro no hago otra cosa que hablar de mí. La verdad es que lo que pretendo es reflexionar sobre el periodismo partiendo de una experiencia personal de cuarenta años. Otra cosa distinta es contar en cada columna una anécdota de la vida propia, lo cual, como escribí antes, termina limitando los seguidores del columnista a un reducido club de fans.

En el columnismo hay todo tipo de perfiles y estilos. Está, por ejemplo, el que se dedica a analizar al más puro estilo anglosajón, sin conceder un palmo de tierra a la recreación literaria o al culteranismo. Buen ejemplo de este modelo es José María Carrascal. En España esto es infrecuente. También están los que dominan el lenguaje admirablemente, como Ignacio Camacho o Juan Manuel de Prada, o quienes, con una versión más actual, tienen un estilo más ecléctico, con un lenguaje desenfadado, pero que siempre analizan aportando datos, como es el caso de Luis Ventoso, tal vez uno de los mejores columnistas del momento.

El *yoísmo* suele ser insoportable, salvo que esté aderezado con cierta dosis de humor y uno convierta ya su peripecia vital en carnaza para una sociedad especialmente cotilla como la nuestra. Eso ocurre en las televisiones, en los *reality shows*, pero no en las columnas. Siempre me pareció fundamental que la primera norma de estilo del periodista sea la claridad; en los artículos de opinión también. Quienes disfrutan ornamentando en exceso los textos los oscurecen y esconden, en realidad, o una incapacidad para ordenar sus ideas o un pecado mayor: la vanidad de evidenciar lo mucho que saben, aunque los demás no los entendamos.

Un buen ejemplo de este último prototipo lo conocí en los últimos meses de mi dirección en *ABC*. Un conspicuo miembro del plantel fijo de colaboradores presumió de haber plagiado un artículo de Pemán y de que nadie en la redacción ni, por supuesto, el director se habían percatado de ello. El personaje se calificó por sí solo con ese comportamiento y su posterior revelación.

Un director tiene muchas tareas desagradables que hacer. Sobre todo, tiene que saber decir no. No a una información inconveniente; no a una fotografía inadecuada; no a un titular que no se ajusta al texto; no a cientos de artículos que se agolpan en las bandejas de archivo de nuestros ordenadores. Son muchos noes. Los más arduos y complicados eran los dirigidos a los opinadores. Todos se creen en posesión de la verdad y están convencidos de que sus artículos mueven montañas, aparte de legiones y legiones de lectores. Recuerdo cuando un tercerista habitual me llamó para quejarse de la demora en la publicación de uno de sus textos. Mientras yo trataba de argumentar las dificultades con las que nos encontrábamos, sentenció: «Los cientos de miles de lectores que tengo no pueden llevarse una decepción al no encontrar mi artículo». Le respondí: «Ojalá eso fuese cierto».

El artículo es un género periodístico que recoge la opinión de alguien. La gente común, y no tan común, tiende a llamar «artículo» a cualquier información que aparece en un diario. En realidad, esas son noticias, informaciones, reportajes o crónicas, estas últimas a caballo entre la información y la opinión. Desgraciadamente, cada vez es más habitual redactar informaciones con una carga opinativa absolutamente impropia. Es más, es un atentado a las buenas prácticas periodísticas. De todos modos, es cierto que con el titular, la orientación, el tamaño o la colocación de la información ya se está editorializando. Esto resulta más patente en los soportes de papel que en los digitales.

Otro de los inconvenientes con los que me tocó lidiar en este peculiar mundo del articulismo fue el de los autores que querían publicar en todas partes, por más que trataba de explicarles que el periodismo es negocio de competencia: las cabeceras se disputan unas a otras el interés de los lectores y, por tanto, hay que poner acento en la diferenciación. Muchos de ellos no lo entendían o no querían entenderlo. Recuerdo dos casos que viví de cerca. Cuando me incorporé a la dirección de *ABC* intenté recuperar para nuestra Tercera a dos excelentes plumas —muy mayores, por cierto, pero muy sabios al mismo tiempo—: al escritor y pensador José Jiménez Lozano y al catedrático y filólogo Francisco Rodríguez Adrados. De convencer a Jiménez Lozano se encargaron Gabriel Albiac y Alfonso Armada. Jiménez Lozano estaba encantado de volver a escribir en *ABC* pero, por supuesto, «seguiré colaborando en *La Razón*». Más curiosa fue la respuesta de Adrados: «Pero ¿qué problema tiene usted con que yo escriba en *ABC* y en *La Razón* si son dos periódicos primos hermanos?». Estaba claro que en su beatífica visión de la vida, Adrados no acaba de advertir la furibunda batalla competitiva en la que todas las cabeceras estábamos inmersas por aquel tiempo.

A pesar de la enorme cantidad de publicaciones acerca del peligro que acecha al escritor —la vanidad—, sigue siendo necesario hacer un ejercicio de introspección para buscar nuestras carencias. Tras esas ansias de reconocimiento público suele ocultarse una baja autoestima en algún aspecto personal, aunque no seamos conscientes de ello. Por otra parte, los halagos de los lectores no siempre son absolutamente sinceros. Resulta muy difícil decirle a alguien que su creación literaria es mejorable. A menudo nos vence el deseo de evitar el conflicto o incluso la enemistad.

En el lenguaje periodístico han de primar la concisión y la claridad de las ideas expuestas. Debemos despojar el texto de circunloquios innecesarios, de giros imposibles, de estructuras sintácticas rebuscadas y farragosas, de vocablos obsoletos... En nuestro afán por alcanzar la excelencia, la calidad literaria, podemos caer en la pedantería. La inmensa mayoría de los lectores empatiza con la sencillez y la naturalidad. Dejémonos editar. Pidamos opinión a un amigo, a un familiar, a un compañero que no tema decirnos la verdad. Puede que así consigamos equilibrar vanidad y humildad y seamos merecedores del aplauso sincero que tanto estimula, por una parte, y recompensa, por otra, cualquier obra humana.

5

Todos querían ser premio Cavia

Equilibrio entre vanidad y humildad..., nada menos. Los premios suelen alimentar el ego de la mayoría de los mortales. Hay quien es justo merecedor de ese reconocimiento público, pero a menudo la vanidad —una vez más— puede hacernos creer que nuestro trabajo es de una calidad excepcional cuando no deja de ser correcto o incluso mediocre. Pero los galardonados con el Premio Cavia han sido siempre dignos de él. Los Cavia, así, solo con el apellido, son los premios periodísticos más importantes en lengua española. También son, casi seguro, de los más antiguos de Europa. A los muchos rasgos distintivos de *ABC* hay que añadir la organización de estos galardones que nacieron de una forma un tanto peculiar. La historia es conocida entre los que trabajamos en aquella casa, pero no entre el común de los lectores. Es un ejemplo de elegancia y refinamiento intelectual por parte de quien tomó la iniciativa de crearlos, que no fue otro que

Torcuato Luca de Tena, el fundador de *ABC*, un hombre prolífico en ideas e iniciativas que sumó a sus muchos aciertos la instauración del premio más celebrado del periodismo español. Un reconocimiento que ha distinguido a más de cien intelectuales, escritores, periodistas... En su palmarés hay nada menos que cuatro premios Nobel de Literatura —Jacinto Benavente (1922), Camilo José Cela (1989), Octavio Paz (1990) y Mario Vargas Llosa (2010)— y once premios Cervantes. En su historia conviven Pérez de Ayala, Ferlosio, Gabriel Miró, Pemán, Alberti, Salvador de Madariaga, Gimferrer, Trías, Savater, Edwards, Garci... Ellos representan el pensamiento que se ha escrito en lengua española que, como decía el propio Cavia, «es tan sagrada como la bandera».

Seguramente el creador de este galardón no alcanzó a ver la importancia que a lo largo de cien años lograría el premio que él instituyó allá por 1920. Para mí, como director de *ABC* durante una década, fue siempre un orgullo apoyar la organización de tal evento y colaborar en ella. Afirmo, sin cometer ninguna indiscreción, que pude comprobar de cerca la vanidad que acompaña a tantos y tantos autores y pensadores que se creían acreedores de este premio. Las presiones y sugerencias que recibí no merecen ser contadas aquí, pero fueron muchas a lo largo de este periodo. Afortunadamente, los jurados actuaron casi siempre con una imparcialidad y profesionalidad admirables.

Mariano Francisco de Cavia Lac estaba considerado, en los primeros años del siglo xx, como el mejor periodista de España y, desde luego, era el mejor pagado de la época. Como Julio Camba, era un tipo *genialoide*, excesivamente singular. El columnista gallego compartió con Cavia la peculiaridad de vivir en un hotel hasta su muerte, así como una acendrada soltería. Despreciaba los honores y no sentía aspiración alguna por figurar en ningún cuadro de honor. Es curioso. Paradojas de la vida, su apellido terminó dando nombre a uno de los mayores reconocimientos del periodismo en lengua española cuyo acto de entrega se convirtió en una fecha luminosa del calendario cultural de nuestro país.

Se solía decir de Mariano de Cavia que su obra era inferior a su talento. Pudo escribir libros, pero se quedó con los artículos, que conformaron su admirada obra periodística, aunque muchos recuerdan que Larra fue más importante que él y Fernández Flores, más ingenioso. El periodista argentino Soiza Reilly escribió en *Caras y Caretas* en 1908: «Cavia, en el periodismo de España, es un maestro. Sin embargo, cuando en sus monólogos habla de periodismo, nótase la agudeza del odio hacia la fragua que calcinó lo mejor de su vida». Otro periodista más con cierto resentimiento a la profesión. No era el primero, tampoco fue el último, que padecía esa enfermedad profesional, junto a la vanidad.

El propio Mariano de Cavia llegó a escribir: «¡Pobres y vanidosos periodistas! Artículos que en determinados momentos lograron feliz éxito, y hasta hicieron ruido, son inservibles muchas veces para formar un libro...». Prestaba su pluma en ese momento en *El Imparcial* de Madrid.

En *ABC*, Mariano de Cavia apenas publicó un par de artículos. Su consagración está en el diario *El Sol*, de Ortega y Gasset. El propietario y director de *ABC*, Luca de Tena, le ofreció en reiteradas ocasiones incorporarse a su rotativo, no le importaba que Cavia fuera de ideas republicanas siendo él un defensor a ultranza de la monarquía. Don Torcuato, como era mentado entre sus más cercanos colaboradores, poseía esa liberalidad, además de una inteligencia que le apuntaba que el éxito de su diario dependía de la contratación de los mejores periodistas del momento. Por eso acogía en sus páginas todas las opiniones dentro de «una honrada intención y respeto mutuo».

Es conocida la anécdota de un destacado personaje de la vida pública madrileña que reprochó al fundador de *ABC* que contratase a Azorín, seudónimo de José Martínez Ruiz. «Don Torcuato —le dijo el interpelante—, ¿cómo tiene en su redacción a Azorín, si todo el mundo sabe que tiene la melena roja, el paraguas rojo y las ideas rojas?». A lo que el propietario de *ABC* respondió: «A mí lo que importa de Azorín es cómo escribe».

Luca de Tena siempre quería a los mejores con él y durante toda su vida puso especial interés en que el valor de la buena escritura estuviese presente en las páginas de su periódico. Inoculó esa sabiduría y anhelo a sus descendientes, que mantuvieron viva, a lo largo de más de un siglo, la pasión por la escritura de calidad. De ahí su empeño en incorporar a su nómina a Cavia. No fue posible. Cavia nunca escribió en *ABC*. Lo hizo en la competencia. Por eso posee un especial valor la decisión del propietario del diario monárquico de crear, al día siguiente a la muerte de Cavia, el 14 de julio de 1920, el primer premio periodístico de España con el nombre del célebre periodista aragonés para, de esta forma, rendirle homenaje y guardar su nombre en la memoria de futuras generaciones.

Ese talante liberal de Torcuato Luca de Tena siempre me pareció admirable. Cuando uno se acerca al estudio de la figura del fundador de *ABC*, se sorprende del talento y del ingenio de aquel hombre. Supo asignar inmediatamente al recién creado concurso literario una serie de atributos que lo hicieron único. Lo dotó, desde la primera edición, nada menos que con cinco mil pesetas de la época, cuando cualquier trabajador cobraba unas mil ochocientas al año. Era, por tanto, una cantidad nada despreciable. El jurado estuvo presidido desde la primera convocatoria por el director de la Real Academia Española. Fue precisamente Antonio Maura quien se encargó de dirigir al grupo de intelectuales encargado de escoger al primer ganador de entre 123 periodistas y 450 trabajos. Y ahí, de nuevo, afloró el talante liberal de la casa de *ABC*. El ganador de la edición inicial fue un republicano federalista, Dionisio Pérez, famoso por su lucha contra el caciquismo andaluz, admirador de Joaquín Costa y que pasaba por ser el negro literario del presidente del Gobierno, José Canalejas.

Casi diez años después, en 1929, el hijo de don Torcuato, Juan Ignacio, instaura el Premio Luca de Tena en memoria de su padre. Aquel galardón se destinaba a un artículo anónimo, mientras que el Cavia era para uno con firma. Con el paso de los años, sirvió para premiar una trayectoria profesional en el campo de la comunicación social. Más adelante, en 1966, se crea el Premio Mingote, que reconocía cada año a un humorista gráfico o a un fotógrafo. Se consolidan así los conocidos Premios de Periodismo Mariano de Cavia, una iniciativa que nació de la generosidad y de la exquisitez de pensamiento y comportamiento de Torcuato Luca de Tena y sus descendientes.

A aquel pionero se le debe la modernización del periodismo en España, a base de profesionalizarlo y dignificarlo con buenos salarios y buen trato a los mejores en cada momento. Fue el primero en introducir el concepto de «independiente en política» en medio de un contexto de oferta periodística marcada entonces por el proselitismo.

Al creador de los Premios Cavia, don Torcuato, lo caracterizaba una elegante sencillez que fue una de sus normas de vida hasta su fallecimiento, en 1929. Tuvo el humor, y al mismo tiempo el arrojo, de redactar su esquela de su puño y letra para que fuera publicada en su propio periódico, que más tarde se haría famoso, entre otras muchas razones, por la tradición de insertar en sus páginas algunas de las más sonadas y sorprendentes comunicaciones mortuorias. El fundador de *ABC* habría podido colocar debajo de su nombre desde títulos nobiliarios hasta otros relevantes cargos que ocupó a lo largo de su vida; no obstante, escribió una sola palabra: «Periodista». Podría parecer que fue un acto de humildad, sin embargo, quienes lo conocieron de cerca, especialmente su hijo, aseguran que fue todo lo contrario. Su legítimo orgullo fue haber ejercido la profesión periodística de manera tan fecunda y haber creado uno de los diarios más influyentes del último siglo español.

La cena de los Cavia

Desde el principio, se quiso dotar de una gran solemnidad al acto de entrega del galardón al periodista distinguido con el Cavia. Las primeras entregas se celebraron en el hotel Ritz de Madrid y todos los invitados asistían ya con la gala marcada por el esmoquin y el vestido largo. Más tarde se organizaría la cena —en alguna edición llegó a ser almuerzo, pero en pocas ocasiones— en la biblioteca de *ABC*, en la calle Serrano. En 1989, ya en la nueva sede del diario, cuando se abandonó el emplazamiento original para ocupar el complejo de la calle que llevaba el nombre del hijo del fundador, camino del aeropuerto de Barajas, la cena de los Cavia adquirió todavía más brillantez.

La ceremonia de entrega y la cena posterior de estos premios se convirtió en uno de los actos más relevantes y elegantes del calendario madrileño, un momento mágico, según confesarían muchos de los premiados. El propio José Luis Garci, premiado en 2017, reconoció que el Cavia para él fue tan importante como el Oscar de 1983, «por eso volví a disfrazarme de Bogart» con esmoquin blanco.

Efectivamente, en la biblioteca de *ABC* tuve la oportunidad de encontrarme con lo más granado de la sociedad española. Desde rimbombantes títulos nobiliarios, pasando por los más grandes banqueros, hasta empresarios exitosos, modelos guapísimas o escritores de moda, sin que faltasen académicos, políticos y colegas periodistas de diversos ámbitos. No solía fallar ningún invitado. A diferencia de otros medios, según pude saber por comentarios de ministros y otros personajes, nosotros no presionábamos a nadie para asistir. Al parecer, algún editor y algún que otro director suelen exigir de manera poco cuidada en las formas la asistencia a sus actos de políticos o empresarios de primera fila. En los años en que yo estuve en *ABC* jamás obligué a nadie a responder afirmativamente a una invitación nuestra.

La familia Luca de Tena logró, desde la reinstauración de la monarquía en 1975, que aquella mágica noche la presidiese siempre alguien de la familia real. Por supuesto, el más asiduo al acto fue el rey Juan Carlos, quien mantuvo siempre una estrecha y franca relación con Guillermo Luca de Tena. Cuando él no podía acudir, solían sustituirlo su mujer o su hijo. Desde 2014, Felipe VI y la reina Letizia no han fallado nunca, excepto el 26 de octubre de 2017, año en que, dados los acontecimientos de Cataluña, el rey prefirió no ausentarse de la Zarzuela y su lugar en la cena fue ocupado de manera admirable por su esposa, la reina. Doña Letizia leyó el discurso con la solvencia y la seguridad que la caracterizan en este tipo de situaciones.

La reina Letizia siempre se tomó muy en serio este acto, algo que le agradecíamos especialmente. De hecho, sus looks estaban siempre muy calculados y eran objeto de comentarios positivos. En 2016 llegó a causar un verdadero impacto con su vestido y su peinado que fueron muy comentados por su elegancia e innovación en un buen número de medios internacionales, especialmente en los diarios británicos, que publicaron fotografías de doña Letizia en la entrega de los premios de *ABC*.

En esas cenas, la reina departía con la mayoría de los invitados y solía mostrarse muy habladora y participativa en la mesa presidencial, en la que yo también estaba por ser el director del diario. A ella le correspondía siempre sentarse al lado el ganador del Cavia. Carlos Herrera, que lo recibió en 2015, cuenta que la crema de verduras que se había servido en la cena —solía hacerlo el catering de Zalacaín— estaba francamente bien y que la reina pidió repetir, «para que luego digan que la reina no come», apuntilló después Herrera.

Catalina Luca de Tena, tras la muerte de su padre en 2010, asumió la tarea de ser la anfitriona. La tradición marcaba que al final de la cena, ya con todos los presentes de pie, Catalina, como antes su padre, levantaba la copa de champán y brindaba con un «¡Viva el rey!». Es curioso, porque la presidenta editora de *ABC* me confesaba cada año que sufría muchísimo a la hora de hacer aquel brindis. No había ninguna razón especial para ello, ya que estaba más que arropada, pero cada uno está adornado por su carácter y a Cata, que era como la conocíamos todos en el periódico, se le hacía muy cuesta arriba aquel brindis, no por el contenido, sino por una timidez que afloraba inevitablemente y que ella siempre superaba.

La organización de los Cavia era uno de los cometidos que más agradaban a Catalina Luca de Tena en su condición de editora de *ABC*. Ella se encargaba, entre otras cosas, de escoger el jurado. Como dije, la tradición desde la primera edición era que el jurado estuviese presidido por el director de la Real Academia Española. Hubo, sin embargo, una larga temporada en que lo hizo Antonio Mingote, pero él mismo pidió dejarlo cuando cumplió los ochenta y cinco años. El resto del jurado eran siempre personajes relevantes de la vida cultural y periodística de España. El director del diario nunca participaba, para garantizar así la más absoluta neutralidad de la institución organizadora. El periódico estaba presente con un solo miembro, que durante muchos años fue el inolvidable José Miguel Santiago Castelo. Tras su muerte, ese cometido lo desempeñó Ramón Pérez Maura, salvo cuando ganó el Premio Gregorio Marañón, pues ese año fue Luis Ventoso.

Cambiar cada año a la mayoría del jurado garantizaba que no se pudiera influir en su decisión. Por ello Catalina ponía mucho empeño en su composición. Para mí fue una sorpresa, una vez que asumí la dirección de *ABC*, el enorme número de llamadas que cada año recibía de personajes destacados de la vida española preguntándome si era posible que se les diese el Cavia a ellos. Me resultaban muy violentas aquellas conversaciones, ya que yo no tenía ninguna capacidad para garantizar que se le otorgase el Cavia a nadie. Les explicaba que la decisión partía del jurado. Recuerdo que un renombrado historiador me reprochó mi incapacidad de influir: «Me vas a decir a mí cómo se gestiona un jurado».

Al lector le sorprendería cuántas y qué tipo de personas llamaban para pedir que se les concediese este galardón. Insisto en que aquellas conversaciones para mí eran muy incómodas. ¿Cómo decirle a alguien que no lo merecía, o que no era posible dárselo, o simplemente que yo no tenía capacidad para ello? Mi respuesta solía ser que el jurado era soberano y tomaría la decisión tras la lectura de los trabajos presentados. Algunos de esos personajes me preguntaban entonces quiénes formaban el jurado ese año. Siempre les decía lo mismo: «Sé que lo preside el director de la Academia». Y así era. Durante mi década de director el jurado lo presidieron José Manuel Blecua, Darío Villanueva y Santiago Muñoz Machado. Yo solía recordar, en aquellas llamadas, a Raymond Poincaré, quien fuera presidente de la III República Francesa, que acostumbraba a decir que «las condecoraciones ni se piden, ni se rechazan, ni se portan». Algo parecido ocurre con los premios en general, pero con los literarios en concreto: no se piden.

Aun así tuve algún que otro desencuentro. El año que se le concedió el Cavia a Carlos Herrera, otro colaborador, habitual autor en la Tercera de *ABC*, envió una carta de doce folios a Catalina Luca de Tena protestando por el hecho de que no se le hubiese dado el premio a él. Hubo tensiones entre el intelectual y la casa que acogía generosamente sus artículos todas las semanas. No volvió a presentarse nunca. Otro destacadísimo intelectual de la actualidad española me aclaró que solo se presentaría si se le garantizaba el galardón. También un magistrado del Alto Tribunal preguntaba, un año sí y otro también, que cuándo se le daría el Cavia. Y un jurisconsulto de lo más conspicuo de la capital insistió hasta que lo consiguió. Él asegura que se llevó una sorpresa, pero me temo que miente y que seguramente habló con algún miembro del jurado de aquella edición. Un año, un catedrático me preguntó: «¿Qué tengo que hacer para que me den el Cavia?». Podría escribir un largo rosario de casos, ya no de nombres, porque tampoco creo que haya que desvelarlos.

Lo único que quiero aportar al lector es la reflexión acerca de la vanidad que acompaña al hombre en todo momento, y muy especialmente en el campo de las letras y del arte, y, por supuesto, en el periodismo. Hay un caso, sin embargo, que sí me gustaría reseñar, el de Gabriel Albiac. Gabriel se presentaba todos los años con dos artículos y jamás llamaba ni decía absolutamente nada, hasta que mucho tiempo después de presentarse, guardando ese discreto y elegante silencio, el jurado consideró que su artículo sobre la Barcelona herida por el independentismo merecía ser reconocido como el mejor de los presentados.

En los diez años en que fui director de *ABC* el jurado reconoció con el más destacado de los tres galardones, el Cavia, a Manuel Martín Ferrand, Fernando Savater, Jorge Edwards, Francisco Vázquez, Carlos Herrera, Francesc de Carreras, José Luis Garci, Gregorio Marañón, Gabriel

Albiac y Arturo Pérez-Reverte. Sin duda, un elenco de lujo. De ellos, tres fueron reconocidos por artículos publicados en *El País*. Una vez más, *ABC* demostró más elegancia, estilo y liberalidad que otros diarios madrileños cuyos premios jamás reconocieron ya no a un colaborador o a un columnista de *ABC*, sino prácticamente a ningún español. No hay reproche en mis palabras hacia los colegas, pero, entre las reflexiones de este libro, tengo para mí que falta más altura de miras y más generosidad entre periodistas. Muy al contrario, pertenecemos a una profesión cainita como pocas, instalados siempre en un resentimiento poco saludable. Más que reconocer al rival, nos dedicamos al ajuste permanente de cuentas.

La primera entrega de estos premios a la que asistí, siempre enfundado en el riguroso esmoquin, fue a la de julio de 2009, en la que recogía el Cavia el filósofo Eugenio Trías. Eduardo Sánchez Junco, director y editor de *Hola*, era a su vez distinguido con el Luca de Tena a toda una trayectoria profesional y el humorista asturiano Neto, con el Mingote. Esa noche me di cuenta de la historia y la tradición que allí se albergaba. Me percaté de que *ABC* era más que un diario, era una institución de España. El acto, como era habitual, lo presidían los reyes don Juan Carlos y doña Sofía, y el brindis de cierre lo hizo Guillermo Luca de Tena, que dijo: «Como es costumbre en esta casa y en esta cena, ¡viva el rey!». Fue su último Cavia, el viejo patrón de *ABC* moriría en abril del año siguiente. Esa fue para él la última edición.

En el turno de intervenciones, me llamaron la atención la dificultad para expresarse de Eugenio Trías, ya muy enfermo del cáncer que se lo llevaría, y las palabras de Eduardo Sánchez Junco, quien afirmó que «muchos empresarios aseguran que no debe dejarse a los hijos la empresa familiar. Eso lo dirán —insistió él— los que no tienen un buen hijo a quien dejarle los mandos de la nave; yo se la dejaré a mis hijos».

Al año siguiente, el Premio Cavia recayó en Ignacio Camacho, un columnista que domina el idioma admirablemente y que posee, sin duda, un estilo personal y culterano que agrada, y mucho, a los lectores. Ignacio, que había sido director de *ABC*, recibió el premio de manos del rey Juan Carlos, nuevamente presente en la cena. En aquella ocasión, octubre de 2010, el marco donde se desarrolló el ágape fue el Museo de Ilustración Gráfica de *ABC*, en la calle Amaniel de Madrid. Era mi primer Cavia como director. En el cóctel previo a la cena tuve la oportunidad de hablar largo y tendido con el inigualable y admirado Antonio Mingote. No olvidaré nunca aquella conversación. No dejó de darme consejos. El primer día me había recibido con un precioso dibujo que encontré en la mesa de mi despacho al llegar aquella mañana del 14 de septiembre de 2010. Debajo del dibujo, que lo representaba a él quitándose el sombrero, se podía leer: «Bienvenido, director». Mingote me insistió mucho en la necesidad de contratar a un buen caricaturista. Yo apunté que ya le teníamos a él, a lo que me respondió tajante: «Yo no soy caricaturista». Tenía razón. Antonio Mingote era un ser especial, inteligente y con una bonhomía infrecuente. Solía decirme: «Yo no sé cómo puedo vivir de hacer chistes, si no soy nada gracioso».

Triste centenario

En 2020 se cumplía el centenario de este premio. Era una efemérides redonda y tanto a Catalina Luca de Tena como a mí nos hacía una enorme ilusión organizar un gran evento. Creo que no hay en todo el mundo un premio periodístico que tenga cien años ininterrumpidos de vida. Estábamos ilusionados y el equipo directivo de Vocento también entendió la importancia del centenario y del galardón.

Como consecuencia de la magia que tenía aquella fecha redonda, se decidió que en esa ocasión la entrega se haría en el Teatro Real y se estimaba que podríamos llegar a invitar a unas cuatrocientas personas frente a las habituales ciento cincuenta. Además, a alguien se le ocurrió que ese año debíamos cambiar excepcionalmente el jurado, aunque seguiría estando encabezado por el presidente de la Real Academia Española. El resto de los componentes seríamos los directores de *El País*, *El Mundo*, *La Vanguardia* de Barcelona, *El Correo* de Bilbao y yo, como director de *ABC* y anfitrión. Me correspondió, además, llamarlos a todos para invitarlos a participar. Aceptaron encantados, pero especialmente gratificante me pareció la respuesta de Sol Gallego, directora a la sazón de *El País*, que no solo aceptó, sino que hizo grandes alabanzas a los premios y a su prestigio.

Cuando tomamos la decisión de darle un especial relieve al centenario, todavía no había tenido lugar el confinamiento de marzo de 2020 por culpa de la COVID. A partir del 13 de marzo de aquel año cambiaron muchas cosas y lo que iba a ser un gran acontecimiento cultural y social quedó despachado en una mediocre ceremonia en el patio trasero de la nueva sede de Vocento, en la calle Josefa Valcárcel. Una pena.

Es curioso que el centenario de los Cavia se limitase al acto más pobre en muchos años. Lo presidieron los reyes, sí, y los premiados no desmerecían a los de ediciones anteriores, pero faltaron la pompa, el rito y el ambiente tan propio de la gala anual. Inevitablemente, tuvo que ser una ceremonia al aire libre y con una distancia de metro y medio entre comensales. El trío de galardonados —Arturo Pérez-Reverte con el Cavia, por un artículo en el *XL Semanal*; Maruja Torres, de *El País*, con el Luca de Tena; y Dani Duch, fotógrafo de *La Vanguardia*, con el Mingote— volvieron a evidenciar la tradición de liberalidad y el talante de la casa de *ABC*.

6

Las portadas de *ABC*

Otro de los rasgos que singularizan y distinguen a *ABC*, además del formato y la grapa, es la portada. Hacer portada, y no primera página, es especialmente complejo, y lo digo desde la experiencia de haber estado diez años tratando de acertar cada día con la noticia y de encontrar su solución gráfica idónea; aunque cuando me hice cargo de la dirección, diseñábamos una extraña mezcla de portada con varios sumarios. Pocos meses antes, en abril de 2010, se había estrenado un rediseño del diario llevado a cabo por el equipo de Alfredo Triviño. Sin renunciar al estilo de acusada personalidad que *ABC* poseía desde antaño, el resultado fue magnífico y duró más de una década.

Entre los atributos que conformaban esa singularidad se encontraba la portada. Manuel Martín Ferrand, de cuyo magisterio profesional soy especialmente deudor, me sugirió un día que recuperásemos la de página entera y que contratara a un portadista de libros. Durante los primeros meses traté de valorarlo; de hecho, en ocasiones puntuales nos atrevimos con la portada monotema. El consejo de Martín Ferrand me rondaba por la cabeza. Se trataba de rescatar una seña de identidad de la publicación. Lo había comentado varias veces con los gestores de la casa, hasta que un buen día, allá por 2014, Luis Enríquez, a la sazón consejero delegado del grupo, me sugirió el nombre de José Juan Gámez Kindelán. Fue un acierto total. Gámez, que procedía del Grupo Recoletos y había hecho muchas portadas del deportivo *Marca*, era muy creativo y captaba con agilidad las ideas que la redacción le daba cada día, pero además tenía un destacado sentido de la estética y la belleza. Durante esos años se hicieron portadas francamente buenas en lo informativo y en lo gráfico. Pero ese género del periodismo, a caballo entre ambos enfoques, me dio también bastantes quebraderos de cabeza.

Hacer una portada es bastante más difícil que una primera página. La mayoría de la prensa opta por la segunda opción. Resulta menos complicado equivocarse poniendo siete u ocho noticias, aunque una de ellas sea la que mande sobre las otras, lo que se llama en nuestro argot «abrir con...». La prensa no siempre utilizó la primera página. Esa es una idea de los diarios del siglo XIX, que tenían muy poco papel y aprovechaban todo el espacio físico para insertar texto. El periodismo moderno es, más que nunca, apuesta. Solemos decir que cuando quieres darlo todo, no das nada. De ahí el valor de jerarquizar el caos de la actualidad a través del código periodístico, donde la portada y la primera página juegan un papel fundamental como brújula del acontecer.

ABC es hijo del semanario *Blanco y Negro*, que ya apostaba desde su nacimiento por la ilustración y por ofrecer portadas muy llamativas, algunas realizadas por los mejores dibujantes y pintores de la época. Eso influyó decisivamente en el fundador, que además fue director del diario durante veintiséis años, hasta su muerte. Su apuesta por la fotografía y por la portada monotema explota con el desarrollo de la Primera Guerra Mundial. Torcuato manda confeccionar nada menos que 1.061 portadas dedicadas a la guerra para otros tantos días, entre agosto de 1914 y noviembre de 1918. Esas portadas eran de una belleza estética extraordinaria y se conjugaban con una crudeza informativa impactante. Nadie en el Madrid de entonces hacía nada similar. De hecho, en aquellos años, *ABC* se convirtió en un fenómeno periodístico, social y empresarial no solo en España, sino también en el resto de Europa.

Entonces se editaban en la capital más de una treintena de diarios. Sobresalían entre ellos *La Correspondencia de España*, *La Época*, *El Imparcial*, *El Liberal*, *El Globo*, *El Siglo Futuro*, *El Día*, *El Heraldo de Madrid* o *El Sol*, entre otros. Ninguno de ellos confeccionaba portada. Todos hacían unas primeras páginas abigarradas, llenas de texto y sin apenas elementos gráficos. Lo recoge en una notable tesis doctoral Juan Manuel Barceló Sánchez, uno de esos sabios del diseño que se esconde en la redacción de *ABC* y que logró su doctorado en la Complutense con un estudio de enorme rigor acerca de las portadas de *ABC* en conflicto bélico como fuente documental y fotoperiodística. En la reunión de portada de la tarde, solía decirles a mis compañeros, mientras discutíamos acerca de nuestra oferta del día siguiente, que pensáramos que esa portada sería estudiada y analizada dentro de cincuenta años. Esto nos hacía pensar tanto en el inmediato día siguiente como en el futuro, con cierto sentido de la historia desde una institución de la prensa como era el periódico en el que trabajábamos.

ABC se convirtió, tras la Primera Guerra Mundial, en el diario referente de España y muchas de sus iniciativas fueron seguidas, cuando no copiadas, por la competencia. Nada nuevo bajo el sol: «Periodistas del mundo, copiaos los unos a los otros», solía decir un antiguo jefe mío. Tras la Guerra Civil, muchos diarios comenzaron a abandonar el modelo «primera página» y algunos se atrevieron con la portada, como fue el caso del diario *Ya* o el diario *Arriba*; otros optaron por una solución más ecléctica: la «portada mosaico» o «escaparate». En este último caso, la apuesta era gráfica, con varias fotografías y titulares enormes que vendían un buen número de noticias que desarrollaban en el interior. Hasta que apareció *El País*, en 1976. Entonces, como en tantos fenómenos de la vida y de las modas, los diarios españoles regresaron al estilo de los rotativos anglosajones, siguiendo los pasos del diario de Prisa, y dejaron a *ABC* con su personalidad original de hacer portadas. Y esto fue así hasta que en la década final del siglo pasado se decidió hacer también primera página. Era rara la solución gráfica, debido, precisamente, al otro rasgo distintivo, su tamaño. Mantuvimos ese estilo, pero con una gran fotografía que dominaba en la parte superior, hasta que ya, a finales de 2013, volvimos a la portada de una sola noticia que, como mucho y en raras ocasiones, admitía un friso en la parte superior de la página para insertar algún que otro contenido.

Merece la pena detenerse en el nacimiento del diario *El País*. Lo habían alentado, básicamente, elementos moderados del franquismo como José María de Areilza, Pío Cabanillas, Barrera de Irimo o el mismo Manuel Fraga. Lo reseño aquí porque mucha gente desconoce el dato. Lo más curioso es que Guillermo Luca de Tena, presidente y editor de Prensa Española, la editora de *ABC*, le cedió a Darío Valcárcel, uno de los primeros subdirectores del nuevo diario y agente promotor del mismo, un despacho en su sede de la calle Serrano para que desde allí se pudiesen dar los pasos de puesta en marcha del nuevo competidor. Probablemente, Guillermo Luca de Tena no esperaba el éxito que finalmente tuvo *El País*.

Caso distinto fue el de *La Razón*. También utilizaron despachos de la sede de *ABC*, ahora ya en la nueva ubicación de la calle Juan Ignacio Luca de Tena. Las leyendas urbanas que corrían por la redacción de *ABC* contaban que algunos de los promotores llegaron a llevarse bolsas con fotografías e ilustraciones de especial valor. Era un rumor recurrente en los primeros años de mi dirección. En todo caso, es curioso que haya sido la casa de *ABC* la que haya dado cobijo, de manera voluntaria en un caso e involuntariamente en el otro, a dos de sus competidores.

Hay toda una teoría sobre las portadas. Solía decirles a Chus Aycart, nuestro director de Arte, y a José Juan Gámez Kindelán que deberíamos escribir un libro acerca de cómo se hace una portada en el que, sobre todo, explicásemos que su mayor complejidad es encontrar el óptimo resultado gráfico. Cuando teníamos fotografía de actualidad, el día estaba resuelto, pero cuando la noticia que destacábamos como más importante necesitaba una solución conceptual, el debate era complejo.

Fueron precisamente esas portadas conceptuales las que más ampollas levantaron, no tanto entre nuestros lectores habituales como entre aquellos que practicaban el odio al que no pensaba como ellos. En algunos canales de la izquierda mediática, cuyos propietarios son multimillonarios o compañías cotizadas por cientos de miles de accionistas —como Telefónica de España—, solían utilizar nuestras portadas para hacer chistes fáciles en una demostración de intolerancia, simpleza e incultura.

En junio de 2018, Buenafuente, que ya nos había insultado con un empeño digno de mejor causa, llegó incluso a manipular una portada nuestra, ridiculizando a los tres candidatos a presidir el PP —Sáenz de Santamaría, Cospedal y Casado—. La gracieta hueca y la denigración siempre van del mismo lado. Nunca entendí a los que se ríen *de* los demás y no *con* los demás. Lo cierto es que nuestra queja obligó a Buenafuente a pedir disculpas, aunque dudo de su sinceridad. No le resto ni un ápice de talento al cómico catalán, pero sería mejor si respetase las opiniones ajenas.

No cabe duda de que las portadas siempre se prestan a comentarios diversos, salvo que sean anodinas. Una buena reflexión sobre las portadas de los diarios, de las pocas que se hacen, por cierto, la realizó Simon Kelner, director de *The Independent*. En 2008, cuando renunció a su cargo, declaró que la fórmula de portada era «muy exagerada» y que tal vez deberían replantearse el modelo. Kelner llegó a afirmar que «somos muy honestos con nosotros mismos, pensamos que de vez en cuando nuestra primera plana puede ser aburrida. A veces no funciona, pero cuando lo hacemos bien, lo hacemos muy bien». En otra ocasión, dijo que, de siete días de la semana, «me salen una bien y seis mal». Es el riesgo de apostar por algo impactante.

La historia de las portadas de este rotativo londinense es muy ilustrativa de la singularidad de esta página de arranque. Conviene que nos detengamos en ella por lo que tiene de aclaratorio para entender el dilema diario al que el director de *ABC* tiene que enfrentarse. En abril de 2005, *The Independent* rediseñó sus páginas y renovó su estilo y les pareció positivo emular a *Libération*; en realidad, ambos estaban imitando a *ABC*, incluso para imprimirle una personalidad e impronta más europea. Para ello, apostaron por la portada de tema único. A partir de ahí, se hicieron muy conocidas y fueron muy comentadas, sobre todo por lo poco ortodoxas y lo llamativas que solían ser. Utilizaban, como no podía ser de otra manera si querían impactar en el público, imágenes, gráficos o listas en lugar de titulares tradicionales y contenido de noticias escritas. Ese mismo año, el editor de dicho diario —en su lenguaje; al mismo cargo aquí se le llama director—, Simon Kelner, fue nombrado editor del año en los premios What the Papers Say. A la hora de justificar el galardón, los jueces argumentaron que era el reconocimiento a sus «diseños de portada a menudo llamativos e imaginativos».

En *The Independent*, un buen día decidieron dejar de hacer portadas y pasar al concepto de primera página. Cuando apuestas por algo impactante, o al menos intentas que lo sea, corres riesgos, pero no cabe duda de que te singulariza, te hace distinto. Las estrategias ganadoras consisten en hacer cosas diferentes a los demás y mantenerlas en el tiempo.

Desde aquellas espectaculares portadas de la Primera Guerra Mundial a las de hoy va un trecho largo y el mundo ha cambiado en muchos aspectos, pero la esencia es la misma. Retomando el consejo de Manuel Martín Ferrand, volvimos a apostar fuerte por la portada de tema único, a pesar de que nos podía ocurrir lo mismo que al director de *The Independent*: conseguir una buena frente a seis malas. En enero de 2015 dimos un paso adelante que consistió en ofrecer a los lectores una primera página en la página 2. Lo paradójico era que, antes de decidir la portada, podíamos emplear más de media hora debatiendo sobre diez o doce alternativas que Aycart y Gámez nos presentaban, sin embargo, las seis o siete noticias de nuestra primera, que iba en la 2, no nos entretenían más allá de diez minutos. En esa primera falsa, que así podríamos llamarla, estrené en ese 2015 mi sección «El Astrolabio», un pequeño billete que procuraba vincular al tema de portada, de ahí que lo escribiese hacia las ocho de la tarde, después de que hubiésemos elegido el asunto informativo con el que abriríamos aquel día.

ABC se hizo famoso por sus portadas a lo largo de la historia. Sin duda, estas portadas merecen muchos estudios similares a la tesis doctoral de Juan Manuel Barceló Sánchez. Cada etapa de su historia cuenta con una característica. Por ejemplo, cuando el diario fue incautado por el Gobierno de la Segunda República, el estilo gráfico pasó a ser netamente soviético. Luego, cada director ha tratado de darle su impronta: Luis Calvo, Anson o los propios hermanos Luca de Tena, Torcuato y Guillermo. Cuando pasen los años, se estudiarán para entender algunos fragmentos de la historia de España. Por eso suelo decir que *ABC* es mucho más que un diario.

Mención aparte merece la portada del 1 de junio de 1906, que recoge el momento justo en que el anarquista Mateo Morral lanza la bomba a la comitiva nupcial de Alfonso XIII en su boda con Victoria Eugenia de Battenberg. Es una historia que refiere con rigor y amenidad Víctor Olmos en su libro *Historia del ABC*, que se editó con motivo del centenario del rotativo, en 2003. En él cuenta cómo Torcuato había ofrecido veinticinco pesetas a quienes trajesen una fotografía del recorrido de los novios regios por Madrid; periodismo ciudadano, ya inventado entonces. Lo que no se imaginaba era que en la calle Mayor, frente a Casa Ciriaco, el anarquista Morral lanzaría un ramo de flores con una bomba al carruaje en el que viajaba el futuro matrimonio. Un estudiante de Medicina, apellidado Mesonero Romanos, captó con su cámara ese preciso instante. Una joya del periodismo que ilustró la portada de *ABC* de aquel 1 de junio. Torcuato le dio al joven universitario nada menos que trescientas pesetas de la época. El fundador de *ABC* demostró siempre una proverbial generosidad con colaboradores y trabajadores. Esa fue, entre otras, una de las razones de su éxito. Todo el mundo, como explicaría más adelante Wenceslao Fernández Flores, quería escribir y trabajar en *ABC*. Todos menos Mariano de Cavia que, salvo alguna colaboración esporádica, se mantuvo en la competencia, a pesar de las ofertas y requiebros del propietario de *ABC*.

Las portadas tienen su técnica y no todo el mundo entiende el concepto, por eso han sido controvertidas en tantas ocasiones. De hecho, era lo que más notoriedad nos solía dar en el debate público, lo cual evidencia la superficialidad de la sociedad en que vivimos. No se leían los textos, se quedaban con el reclamo del arranque de la portada y sobre eso construían todo un discurso de acoso a nuestro diario. A veces los comentarios eran de una enorme simpleza.

Un caso concreto lo vivimos en los últimos días del encierro por la COVID. La información hacía referencia a la salida de la gente tras el confinamiento y utilizamos una imagen del paseo de Zurriola de San Sebastián. Fue una de las últimas polémicas que tuve que sufrir siendo director de *ABC*. Ocurrió en la primavera de 2020. Un tipo con nueve mil seguidores en Twitter que debía de creerse el mayor semiótico de España acusó a *ABC* de manipular la foto que publicó en su portada del domingo 27 de abril. A partir de ahí, comenzó a circular en Twitter un vídeo conspiranoico que pretendía probar una supuesta manipulación por nuestra parte. El semiótico aficionado intentaba demostrar lo que decía acusándonos de trocear la fotografía para dar a entender que la gente era irresponsable y que había grandes aglomeraciones, cuando, según él, la distancia real no se apreciaba adecuadamente en la imagen. Eran ganas de perder el tiempo y de ver lo que no había. Otros incluso llegaron a afirmar que la instantánea ni siquiera había sido tomada en San Sebastián. Los hechos fueron los siguientes: la foto no la tomó *ABC*, era de EFE, la agencia estatal y gubernamental, que la mandó con este pie: «SAN SEBASTIÁN, 26/04/2020—. Vista del paseo de Zurriola de San Sebastián este domingo, durante el primer día en el que los menores de catorce años salen a la calle acompañados de un adulto y durante una hora, después de más de cuarenta días de confinamiento debido al estado de alarma decretado para combatir la pandemia del coronavirus. EFE/Juan Herrero».

Dado que la portada de *ABC* es vertical, lo único que hicimos fue cortarla para adaptarla al formato, como se hace cientos de veces. No había ningún ánimo de manipular nada, pues, en efecto, había mucha gente. Ese domingo se habían llenado un buen número de lugares de

España. A mí me habían enviado una imagen del paseo marítimo de A Coruña en la que se veía a muchísimos transeúntes y en la que la distancia de más de un kilómetro no era percibida en la perspectiva que la instantánea ofrecía. Algo semejante ocurrió en Barcelona y en otras muchas ciudades cuando se permitió la salida de los niños, era algo general. Un buen número de diarios se hicieron eco con fotografías semejantes, pero el aficionado semiótico se lanzó a la red y le pareció que había descubierto la manipulación del siglo, donde todo era obvio e irrefutable.

El análisis era tan carente de rigor que solo desde la llaneza —por no decir estupidez— que sobrevuela las redes sociales se puede explicar aquel minirrevuelo que apenas duró unas horas. En el microcosmos de Vocento se pusieron nerviosos, demostrando una vez más la falta de criterio que en ocasiones acompaña a consejeros o accionistas. La explicación era sencilla, pero además no existía mala voluntad alguna. La tendencia a la sobrerreacción es otra característica de nuestro tiempo.

En las redes sociales las portadas de *ABC* solían tener fortuna desigual, claro está, pero generaban muchos comentarios, en especial en Twitter. El batallón de acosadores de Podemos solía acudir como jauría a la carne fresca cada vez que una portada los cuestionaba. Para desacreditar la información, reproducían una portada con el rostro de Hitler dibujado, queriendo demostrar así que quien hacía una frontal presencia de un personaje como ese estaba descalificado para ejercer el periodismo. Se daba la circunstancia de que quienes hacíamos *ABC* esos años tuvimos muy poco que ver con el nazismo, entre otras razones porque ni habíamos nacido, pero es que además semejante invocación era tan acientífica desde el punto de vista periodístico que solo servía para darle alcohol a las vísceras de los podemitas.

Las redes sociales, de todos modos, se han convertido en la nueva jauría de nuestro tiempo. Un buen número de personas que habitan y circulan por ellas equivalen a las masas que acudían a ver las ejecuciones en la Bastilla en plena Revolución francesa. El olor a sangre les excita. En ocasiones se montan polémicas absolutamente artificiales, entre otras razones porque, como muy bien describió Umberto Eco, en las redes sociales se otorga el mismo valor a un anónimo, a veces analfabeto funcional, que a un prestigioso científico. En los medios sociales ha desaparecido el valor del opinante y vale cualquier cosa con tal de que viaje por ahí. De ello se han aprovechado muy especialmente la extrema izquierda y los populismos.

Cuando se hace el ejercicio de consultar la hemeroteca de *ABC*, «la colección de los números publicados», como se le llamaba antiguamente, se puede comprobar que hay todo tipo de portadas: buenas, muy buenas, malas y hasta muy malas. Es inevitable, como toda obra de hombres. En ellas se recoge la relevancia histórica que atesora *ABC*. En ellas caben todo tipo de personajes y todo tipo de acontecimientos y no siempre son de gran relevancia, ya que no todos los días ocurren cosas extraordinarias, diría yo que afortunadamente. Se puede constatar, además, que cuando funciona una portada, resulta impactante. Las hay rotundas, emocionantes y algunas, como ya escribí, premonitorias.

En las portadas de *ABC* está la historia reciente de España, pero también del mundo. Y, sobre todo, está una interpretación de esa historia. Durante los diez años de mi dirección hicimos alguna francamente buena. Como ya conté también, procuré que fuesen siempre una obra de equipo, un trabajo coral, y pedí la opinión de mucha gente sobre ellas, ya que en el periodismo moderno hay que saber trabajar en equipo. La idea buena no siempre es la del jefe, la idea buena es la buena, la tenga quien la tenga.

Una de la que estoy especialmente satisfecho es de la que publicamos el 3 de mayo de 2011, al día siguiente de que un comando norteamericano lograse matar a Bin Laden, el líder de Al Qaeda. Chus Aycart nos presentó una serie de alternativas, todas con fotografías de Bin Laden. Mientras las veíamos en la pantalla de la sala de reuniones, yo manejaba entre mis manos varias caricaturas y le propuse a Aycart que probase con una de ellas. El resultado fue genial. Titulamos «Jaque mate». Era una síntesis perfecta para explicar diez años de guerra de los norteamericanos contra el yihadismo.

Por eso insisto en que las portadas de *ABC* son una singularidad inteligente del periodismo.

7

La presencia de la mentira en el periodismo

La portada de *ABC* siempre ha tratado de condensar estética, información y verdad. Verdad. Así debería titularse este capítulo, pero en realidad lo que más se maneja en los últimos tiempos en la sociedad de la sobreinformación es justamente la mentira. Los periodistas tenemos que tratar de discernir entre una y otra cada día. Las fuentes son siempre interesadas y las filtraciones suelen tener un objetivo perverso. Como ya conté, el mal llamado «periodismo de investigación» es en realidad la mera recepción de documentos filtrados por actores a los que no siempre animan objetivos nobles. No digo que los periodistas no sean honestos, lo son en su inmensa mayoría, pero resultan presas fáciles de engañar y en ocasiones solemnizan obviedades. Sin duda alguna, los periodistas, los españoles al menos, tenemos pendiente una gran reflexión acerca de qué papel jugamos en la sociedad de la desinformación, donde las noticias falsas, las medias verdades y los objetivos espurios campan a sus anchas. Los profesionales de la información casi siempre somos tontos útiles, personas bienintencionadas a las que se nos manipula con relativa facilidad. A veces también crueles actores.

Este libro iba a llevar un título distinto al de *Contar la verdad*, pero al final acepté la sugerencia de mi editora. Puede parecer un tanto pretencioso —conozco bien mis limitaciones, tal vez sea una de las pocas virtudes que me adornan—, pero yo no estoy contando más verdad que la que he visto. Lo cierto es que la verdad, como la realidad, está llena de visiones encontradas y nosotros tan solo manejamos fragmentos de ella. La actualidad es compleja y sus últimos recovecos nunca llegan a revelarse del todo. Aunque nada permanece oculto para siempre, como informador y como director de periódicos puedo decir que contar la verdad es especialmente dificultoso. No tanto porque no se quiera, sino por la manera en que la realidad logra emboscar sus originales y primigenios motores y motivos. Por eso, me disculpará el lector lo, repito, pretencioso del título. De lo que sí puede estar seguro es de que, siendo este un debate eterno en la profesión periodística, está ahora de más actualidad que nunca y la reflexión sobre ello parece más pertinente ahora que en otro tiempo.

Ministerio de la verdad

Hoy en día, la mayor máquina de desinformación son los propios gobiernos. Es chocante que en noviembre de

2020, desde la Moncloa, con Sánchez y Redondo de promotores, se crease una oficina para combatir las noticias falsas. Lo primero que tendrían que hacer es una introspección y después un recorrido por los despachos de ese complejo. Así se ahorrarían mucha labor. De todos modos, semejante iniciativa es una aberración democrática. Se puede entender que un gobierno trate de defenderse de bulos y mentiras desde los servicios de inteligencia extranjeros cuando tengan que ver con asuntos estratégicos del país, entroncados en su mayoría con la integridad física del territorio, la defensa o las grandes estrategias en materia de energía o comercio. Pero de ahí a poner una oficina para escrutar lo que escriben o dicen los periodistas va un trecho, el que diferencia a la España de la Ley de Prensa de Fraga de la España democrática que nace en 1977.

Con las prácticas habituales y ortodoxas de los gabinetes de comunicación y el rigor de la actual legislación en esta materia, que sirve para alentar la acción de la Justicia en un Estado democrático y de derecho, sobra. No es necesario un «Ministerio de la Verdad», al estilo orwelliano. Sería mejor aplicarse en elaborar una ley que penase a quien filtra información desde los juzgados —fundamentalmente fiscales y policías—; con eso contribuirían a crear un estado de opinión pública más sereno y más justo con las víctimas que sufren la *pena de telediario* y más tarde son absueltos. El tratamiento de los datos en España es un cachondeo, a pesar del rigor de la ley. Una vez más, en los propios juzgados se cometen muchos delitos que suelen quedar impunes y dejar víctimas destrozadas.

Me inquieta especialmente cuando, desde los estamentos políticos, desde los gobiernos, desde organismos estatales, se quiere controlar *la verdad*. En una sociedad libre y avanzada el Estado no posee legitimidad alguna para imponer lo que es verdadero o falso en ciertas esferas. Por ejemplo, en la de la historia. Lo que se pretende hacer en España con la denominada «Ley de Memoria Democrática» es una aberración legal y científica, pero sobre todo es un ataque deliberado a la libertad en general, no solo a la de expresión. Es más, este es un buen ejemplo para entender que la idea de libertad no admite divisiones. Como escribió Hugo Grocio: «La libertad es indivisible, es única».

Ningún gobierno puede establecer lo que es mentira o verdad en determinados ámbitos como pueden ser el religioso o el filosófico. La propia Constitución española consagra el derecho individual a poseer las creencias religiosas que cada uno estime oportunas. Lo que pretende la izquierda actual de España, con una demostración de indigencia intelectual notable, es un retroceso democrático que nos lleva directamente al totalitarismo. De nuevo, aparece el peor rostro de la izquierda. Un Parlamento, por muy democrático que sea, carece, como ya he dicho, de legitimidad para disponer verdades absolutas en campos como la ciencia o la historia. El Parlamento no puede legislar para que las ballenas dejen de ser mamíferos y pongan huevos, para que el día sea noche o para que el pasado haya discurrido de manera totalmente distinta a como en realidad fue. Cuando pretende hacer eso, pierde su esencia democrática. Está claro que con iniciativas de esa índole, en realidad están tratando de manipular la realidad presente.

La disrupción tecnológica que se deriva del extraordinario desarrollo del mundo digital pone en serio peligro la verdad. Es entendible, por tanto, la estrategia de muchos países de luchar contra la desinformación que imponen determinados regímenes autoritarios. La crisis catalana de 2017 es un buen ejemplo. Fue un ensayo que, de haber salido bien, podría repetirse en otras regiones de la Unión Europea. Afortunadamente, fracasó. Pero la desinformación estuvo presente. Rusia es la campeona en este terreno, seguida muy de cerca por China, si bien este último país pone más interés en sus cuestiones internas y en sus vecinos asiáticos que en países occidentales, como sí hace Rusia. El profesor Philip N. Howard, de la Universidad de Oxford, en su último libro titulado *Máquinas de mentir: cómo salvar las democracias de los ejércitos de trolls*, alerta a las democracias de las campañas de desinformación que padecen. Se estima que unos setenta países tienen una definida estrategia en este campo y que el 28 por ciento de los mensajes que de una u otra manera recorren el planeta proceden de *bots* o robots.

La mentira triunfa sobre la verdad. La mitad de los datos que se mueven alrededor del mundo son falsos. Como decía más arriba, la crisis catalana del otoño de 2017 fue un buen ejemplo de cómo se puede actuar con desinformación y datos falseados de manera masiva, invasiva o abrasiva. No eran ciertos los datos que se ofrecían para justificar una inexistente diferenciación entre Cataluña y el resto de España ni tampoco las historias de heridos, maltratos y demás manipulaciones que el independentismo hizo girar por el concierto internacional. David Alandete, quien fuera director adjunto de *El País* y más tarde corresponsal de *ABC* en Washington, escribió un libro de interés excepcional titulado *Fake news: la nueva arma de destrucción masiva*. En él, Alandete explica, de manera muy documentada, cómo se utilizan las noticias falsas y los hechos alternativos para desestabilizar la democracia, en especial en los países occidentales; también expone cómo se expandió el protagonismo ruso a través de las redes en aquellos días. La desinformación ha sido siempre una herramienta para hacer tambalear a determinadas sociedades y para las propias guerras.

Que las redes sociales y ciertos comportamientos periodísticos pueden estar desgastando a las democracias —a las nuevas y a las más antiguas— es algo que la comunidad académica y cultural mundial ha comenzado a evidenciar, al mismo tiempo que expresa su preocupación por ello. De ahí viene la trampa de algún gobierno, como es el caso del español. Bajo la disculpa de luchar contra ese riesgo, se combate, en realidad, la fresca corriente de libertad de expresión que caracteriza a esos mismos regímenes liberales.

La democracia es un régimen de opinión pública y esa opinión pública es especialmente sensible a la información que le llega. Se puede comprobar en los procesos electorales en España. Algunos partidos, muy especialmente los de izquierdas, manejan esas herramientas mejor que los de centroderecha. La democracia fracasa entonces, pues la ciudadanía está desinformada y toma decisiones desde esta posición de ignorancia. El periodismo tiene ahora, más que nunca, la obligación de tratar de ser lo más veraz posible. Los medios de comunicación, si responden a su primigenia vocación, deben convertirse en las columnas de la democracia.

«La verdad tiene difícil sustituto», como dijo el filósofo español Leonardo Polo. Es una de las características de la condición humana, junto con el amor. Ambas son cuestiones que ocupan al ser humano desde que comenzó a hacerse preguntas en la noche de los tiempos acerca de lo que hacía aquí, en la Tierra. En el siglo VI a. C., Parménides escribía: «Preciso es que te enteres de todo: tanto del corazón imperturbable de la verdad bien redonda como de las opiniones de los mortales en las que no cabe creencia verdadera». Casi contemporáneo, pero en latitudes bien lejanas a Grecia, Confucio enseñaba: «El buen dirigente sabe lo que es verdad; el mal dirigente sabe lo que se vende mejor». También Baltasar Gracián, aunque muchos siglos después, solía decir: «La verdad se ve, la mentira se escucha». En definitiva, si algo define al género humano es la verdad y la necesidad de combatir la mentira. Pues, pese a ello, la mentira se impone.

Los periodistas nos hemos empeñado en presentarnos como un poder —el cuarto— o como un contrapoder. Ya lo dije antes, deberíamos ser unos humildes trabajadores de la verdad para contribuir a ser ese contrapeso que todo poder tiene, el democrático, el más legítimo de ellos, o el omnímodo de las dictaduras. Esa idea de servicio me parece más conveniente y valiosa para la ciudadanía, para la ciudadanía, para las audiencias. Un servicio a la verdad que necesitamos para vivir, para relacionarnos con los demás, para saber quiénes somos, en qué lugar del mundo estamos y hacia dónde nos dirigimos.

La crisis económica y el cambio de paradigma empresarial, es decir, las dificultades ciertas del negocio, pueden poner en peligro el periodismo. Agudizan el trance que ahora vivimos, pero nuestras amenazas más firmes están en otro lugar, no solo en el ámbito económico. Espero que, aunque vaya variando sus formas, nunca ocurra: el periodismo solo podría llegar a desaparecer si abandonásemos la pretensión de verdad que nos legitima y nos convierte en servidores de los lectores. La verdad nos eleva a la cima del servicio y nos catapulta hacia la historia.

En octubre de 2003 tuve la oportunidad de conocer en Oviedo a Ryszard Kapuściński. Había leído sus libros y lo admiraba desde la lejanía. El trato personal de aquellos días no me decepcionó, aunque después de su muerte, algunos, incluido su secretario, trataron de embarrar su biografía precisamente dudando de la veracidad de sus relatos. Aquel sí era un mito viviente, además de una persona humilde. Él ya estaba preocupado por este debate acerca de cómo la mentira se impone a la verdad y su reflexión no puede ser más oportuna para la España de ahora mismo: «En la segunda mitad del siglo xx, especialmente en los últimos años, con la revolución de la electrónica y de la comunicación, el mundo de los negocios descubre de repente que la verdad no es importante, y que ni siquiera la lucha política es importante: que lo que cuenta en la información es el espectáculo. Y, una vez que hemos creado la información-espectáculo, podemos vender esa información en cualquier parte. Cuanto más espectacular es la información, más dinero podemos ganar con ella». ¿Necesitan que les ponga algún ejemplo de cómo se banaliza desde las televisiones la información trascendente, que finalmente termina creando matrices de opinión entre los españoles? Dejo a la inteligencia y perspicacia del lector los nombres propios de canales, programas y periodistas enzarzados en ese camuflaje de la verdad a través de la espectacularización de la información.

Insisto, en España los periodistas y los empresarios editores tenemos pendiente una gran reflexión acerca de cómo darle más calidad a nuestro trabajo a fuerza de responder a la verdad y de guardar un comportamiento coherente con respecto a lo que defendemos y creemos. Entre las más urgentes consideraciones está el respeto y cuidado del honor de las personas, el cual queda maltratado y malherido con informaciones interesadas, pues la mayoría de las veces son medias verdades o, si lo prefieren, medias mentiras.

Releyendo a Robert Schmuhl para escribir estas líneas, no pude dejar de subrayar y anotar la disertación que en su libro *Las responsabilidades del periodismo* Kurt Luedtke hace a su redacción: «De sus juicios discrecionales penden reputaciones y carreras, sentencias de cárcel y precios de mercaderías, espectáculos de Broadway y suministros de agua. Ustedes son el mecanismo de la recompensa y el castigo, los árbitros de lo justo y lo injusto, el ojo incansable del juicio cotidiano. Ya no moldean simplemente la opinión pública, sino que la han suplantado». Schmuhl insiste en que «nosotros, los del negocio de las noticias, ayudamos a proporcionar a la gente información que necesita para conformar sus actitudes o, en todo caso, para autorizar o ratificar las decisiones sobre las cuales descansa el bienestar de la nación. No nos da tal condición ninguna categoría oficial o semioficial, pero en la medida en que la nación esté bien o mal informada, nosotros colaboraremos en esta tarea». De nuevo, le pido al lector que haga el esfuerzo de trasladar esta reflexión al momento actual de España.

Nadie es poseedor de la verdad absoluta. Los periodistas menos. Trabajamos, como ya he dicho, con fragmentos de la realidad. Solo la honestidad y la buena voluntad nos pueden acreditar para desempeñar nuestro papel, el de tratar de contar con honestidad lo que vemos. Sabemos que cuando lo hacemos manoseamos el honor de las personas, los intereses de los pueblos, el estado de ánimo de la sociedad..., y podemos contribuir a que esa sociedad sea mejor o peor. Pero honestidad y buena voluntad no siempre están presentes en las redacciones de los medios. Muchos periodistas, en especial cuando se encuentran en la cima de su carrera, parecen dispuestos a todo. Se instala entonces el cinismo, cuando no la inmoralidad y la ausencia absoluta de reglas. El éxito, la audiencia, lo justifican todo.

David Jiménez, quien fuera director de *El Mundo* entre abril de 2015 y mayo de 2016, escribió en su libro *El Director* que el clima reinante en su redacción, consecuencia de la personalidad de sus antecesores, era «un ambiente donde todo valía en la búsqueda del *scoop*, se eludía cualquier debate moral sobre los métodos y existía una gran tolerancia moral ante las trampas, ya consistieran en colocar a un enviado especial en la noticia cuando todavía estaba en casa, en publicar informaciones antes de que hubieran sido suficientemente contrastadas o en birlar las primicias a la competencia sin citarla». Ese ecosistema informativo y esa cultura se expandieron por muchas redacciones y se inocularon en periodistas, directivos y jóvenes estudiantes, que encontraban en la mentira y en las malas prácticas un juego divertido. Coincidían con esa ingente masa a la que tienden a gustarle más las noticias falsas porque las verdaderas son aburridas. Pésimo servicio al buen periodismo y a la propia sociedad española.

La mentira está, pues, presente en las diversas formas de entender la información: cuando se hace espectáculo, cuando todo se subordina a tener audiencia o cuando exclusivamente se quiere hacer proselitismo. Cualquiera de las tres es una prostitución del noble afán que alienta el periodismo, que no debe ser otro que ayudar a que las sociedades sean libres y responsables.

La objetividad no existe en el periodismo. El único objetivo que hay en una redacción está en la cámara del fotógrafo. Los periodistas son hijos de un entorno, de una extracción social, de un ambiente familiar, de sus experiencias, de sus lecturas. Yo creo en la honestidad del periodista. A Salvador Allende, el presidente chileno asesinado en 1973, se le atribuye una frase en uno de sus discursos a la nación, en el que aseguraba que «la objetividad no debería existir en el periodismo, porque el deber supremo del periodista de izquierdas no es servir a la verdad, sino a la revolución». Hay que reconocer que el periodista con credo izquierdista es siempre más activo y está más instalado en el proselitismo que el de derechas. Tal vez porque en la esencia ideológica de un profesional de derechas hay un componente liberal que tiende a tolerar al contrario.

Las nuevas tecnologías han venido a agravar el cinismo que históricamente acompañó al periodismo. Aparecen así las nuevas concepciones de la verdad. En 2014 lo expresó nítidamente Neetzan Zimmerman, exempleado de Gawker y especialista en historias virales: «Hoy en día no es importante si una noticia es real. Lo único que importa de verdad es si la gente clica. Los hechos han terminado; son una reliquia de la era de la prensa de papel, cuando los lectores no tenían elección». Y añadió: «Si una persona no comparte una noticia, en esencia es que no es una noticia». En más de una ocasión me rebelé contra la dictadura de la audiencia por la audiencia. En esa estrategia no había un criterio que se mantuviese más de quince días ni una táctica que no fuese equivocada a la vuelta de seis meses. En la era digital es más fácil que nunca publicar información falsa que se comparte y es tomada por verdadera rápidamente, como con frecuencia vemos en situaciones de acontecimientos traumáticos, cuando las noticias se dan en tiempo real. Hay quien se jacta de dar una noticia cinco minutos antes que otros medios. En la cultura de la red, determinados valores que servían en el periodismo de papel, desaparecen, y no necesariamente para bien. Más de una vez, esa ansiedad y precocidad llevaron al medio a mentir o a dar una información inexacta. Sigo insistiendo en que en la era de internet es más importante dar bien la noticia que ser el primero en subirla a la red.

La viralidad

La desinformación crece por la viralidad. Es un rasgo de los nuevos tiempos de la comunicación. En un estudio publicado en *Science* se apunta que las noticias falsas contienen significativamente más novedades que las verdaderas; además, generan sorpresa, mientras que las verdaderas, tristeza. En el fondo de todo ello se encuentra una sociedad que no quiere enfrentarse a su realidad. También está la capacidad de destrucción que el género humano posee desde su nacimiento. La solución no está en la tecnología, que seguirá creciendo y ofreciéndonos todo tipo de oportunidades para el mal y para el bien, sino en el comportamiento humano, en la ética de los periodistas, de los editores y, sobre todo, de las propias audiencias. Cuando los medios y periodistas que abusan de las mentiras sean rechazados por el gran público, habremos operado la transformación deseada. De momento, nada parece apuntar hacia ese camino. En lo que llevamos de siglo XXI, el mal periodismo en España no tiene castigo y el bueno no recibe recompensa.

Hay otras maneras de informar que no necesariamente comportan mentir. Son legítimas y legales. Entran dentro de la libertad que un editor o un periodista tienen en una sociedad libre. Con frecuencia podemos comprobar que un medio apuesta más por un asunto que por otro. En España se ve muy claramente en las informaciones sobre corrupción política. Todos los canales de televisión en España tienen una óptica desde la izquierda, por eso se centran de manera insistente en los casos que afectan al Partido Popular, mientras que los casos del PSOE o del nacionalismo catalán, y recientemente los de Podemos, apenas ocupan tiempo en la escaleta de los programas, ya sean informativos o de análisis. No importa que algunos casos, como los ERE, representen cientos de millones de euros usurpados al erario o que los cuatro trajes de Paco Camps —presidente de la Generalitat valenciana absuelto repetidas veces por los tribunales— fuesen una anécdota ante las decenas de millones del caso de la familia Pujol. No importa. Ahí no es necesaria la objetividad. Ni siquiera la buena voluntad.

Tras cuarenta años de profesión, uno ya puede relatar muchas situaciones vividas. Conservo nítido el recuerdo de una conversación en un despacho de mi anterior empresa acerca de la verdad. Manteníamos mi interlocutor y yo una discusión epistemológica sobre el concepto. Él creía que había una sola verdad y que, ante ella, «si España se tiene que hundir, que lo haga, pero antes la verdad». Entonces le expliqué que, para mí, entre la verdad —siempre cuestionable si parte de un fragmento de la realidad— y el valor moral que representa tu país, tu patria y tu nación en pie, me quedaba con esto último. Porque yo entiendo que los periodistas no somos todopoderosos y no estamos para redimir a la sociedad, pero podemos ayudar. Entre esa certeza y un daño mayor, no me costaría nada silenciarla. ¿Se miente cuando se oculta algo? Seguramente sí. Cada situación y cada contexto merecen un análisis diferente. Por eso el periodismo no es una ciencia exacta.

La «verdad por encima de todo» suscitó la polémica entre Immanuel Kant y Benjamin Constant. Fueron dos cumbres del pensamiento. De ahí que nuestras reflexiones y controversias sobre la existencia del deber incondicionado de no mentir sean algo casi tan antiguo como el mismo ser humano y nosotros poca originalidad podamos aportar. Yo, tras una larga experiencia vital, me inclino más por la tesis de Constant. Los periodistas estamos obligados a contar la verdad, pero en ciertas ocasiones ¿se puede silenciar una noticia? No digo mentir, tan solo silenciar, si con ello se alcanza un bien superior, en contra del mandato de Kant de decir la verdad a toda costa. En su contra, escribía Vladimir Jankélévitch, en su *Tratado de las virtudes*: «¡Malditos sean los que ponen por encima del amor la verdad criminal de la delación! [...] ser veraz pase lo que pase o, como escribía Kant, sea cual sea la consecuencia que de ello se siga, [...] es responder brutal y abstractamente, con un sí o un no, a las cuestiones planteadas por la conjetura moral». ¿Se puede justificar la mentira en algún momento? Y en todo caso, ¿es obligatorio informar de algo que puede finalmente crear un daño a la sociedad en general, por el simple hecho de que sea verdad?

Este debate acompaña al periodismo desde su nacimiento. Piensen ustedes en la época que quieran, de una u otra forma, siempre existió en el fenómeno de la comunicación. De nuevo, las relecturas obligadas para documentarme sobre tan vital cuestión me llevaron hasta Leo Sigal y su clásico tratado sobre periodismo donde escribió que «la inseguridad acerca de lo que significan las noticias confunde en forma similar a los periodistas y a sus críticos. Incluso en una era relativista, dos puntos que es necesario enfatizar son la subjetividad de todo conocimiento y la inevitabilidad del conflicto acerca de qué es la verdad. [...] Consecuentemente, cada periodista confronta un enigma epistemológico no muy diferente al del historiador o científico social que busca establecer la validez de su interpretación de los acontecimientos. La forma en que cada uno realiza esa tarea determina lo que cada uno *sabe*». Llegados a este punto, repito las palabras del viejo Kapuściński, «los cínicos no sirven para este oficio» y vuelvo a reivindicar los valores de buena voluntad y honestidad para esta profesión de contador de historias que es el periodismo.

«Durante los quinientos años posteriores a Gutenberg, la forma dominante de información fue la página impresa: el conocimiento se transmitía básicamente en un formato fijo, que animaba a los lectores a creer en verdades estables y asentadas», escribió el profesor Serrano Oceja. Existían unos códigos que se decodificaban de manera espontánea entre el lector y el emisor y facilitaban la creación de estados de opinión no siempre nobles. También en el papel se mintió y, desde luego, se ha hecho mucho proselitismo. Serrano Oceja continúa diciendo: «Ahora estamos atrapados en una serie de confusas batallas entre fuerzas opuestas: entre la verdad y la falsedad, el hecho y el rumor, la amabilidad y la crueldad; entre los pocos y los muchos; entre los conectados y los alienados; entre la plataforma abierta de la web como sus arquitectos la concibieron y los jardines cerrados de Facebook y otras redes sociales; entre el público informado y la muchedumbre equivocada».

Lo que estas luchas tienen en común —y lo que hace que sea urgente resolverlas— es que todas implican un decreciente estatus para la verdad. Esto no significa que no exista, sino que parece que no podemos ponernos de acuerdo sobre cuál es esa verdad. Y cuando no hay consenso sobre ella ni manera posible de alcanzarlo, el caos no tarda en llegar, máxime en una época donde las emociones florecen, se fomentan, y en la que *mi* verdad se identifica no pocas veces con *lo que yo siento*. De ahí que las grandes maquinarias de producción cultural, en vez de volcarse en transmitir la verdad, estén empeñadas en producir sensaciones y sentimientos. Ocurrió y ocurre en España con las cuestiones planteadas por el nacionalismo periférico, tan dado a invocar emociones y a orillar la racionalidad. Cuando aportas toda la información y desmontas sus mentiras y mitos, cuando la realidad los sitúa contra las cuerdas, acuden a la vibración emocional. Sucede que cada vez que en la historia los sentimientos se impusieron a la razón, el ser humano firmó páginas negras y sangrientas, y solo consiguió avanzar desde la concordia y a la luz de esa racionalidad.

«La verdad —como escribieron Peter Chippindale y Chris Horrie en su historia del periódico *The Sun*— es una afirmación sencilla que cada periódico publica por su cuenta y riesgo». Normalmente, sobre cada tema hay varias verdades en conflicto, pero en la era de la imprenta las palabras quedaban fijadas, fueran ciertas o no. La información parecía verdad, al menos hasta que el día siguiente trajera una actualización o una corrección, y todos compartíamos una serie común de hechos.

La pantalla más influyente

En la España de nuestros días la televisión es el medio más influyente. A los diarios clásicos les queda, eso sí, la centralidad del debate. Todavía hoy los principales asuntos que aborda un programa de análisis político vienen marcados y señalados por informaciones elaboradas por las redacciones de las grandes cabeceras. No se construyen ni ahorman los valores de una sociedad exclusivamente con información. La huella de los contenidos audiovisuales en el momento presente de nuestro país es irrefrenable. La denominada «televisión basura» alcanza grandes cotas de popularidad y éxito por una sencilla razón: la gente la consume, la disfruta. Por tanto, una parte de responsabilidad recae sobre la ciudadanía. Bien es cierto que si la televisión hubiese jugado un papel de servicio público como el que nos imaginábamos que podría tener RTVE, la oferta podría estar algo compensada, poco, pero algo. La constatación de los hechos nos evidencia que esa situación no se da en España. RTVE ha dejado de ser un servicio público para ser un gran aparato controlado por un grupo de profesionales que alardean de su falta de neutralidad.

Giscard d'Estaing había señalado de manera optimista a principios de los setenta, en un breve ensayo sobre la televisión, que esta podría ser una extraordinaria arma para la democratización de las sociedades. Decía el notable aunque soberbio político francés que la televisión permitiría que cualquier ciudadano pudiese disfrutar de una obra teatral de Molière o escuchar una ópera de Verdi. Lo que no sabía es que la moneda mala siempre expulsa a la buena del mercado —según la Ley de Gresham— y que, finalmente, los *realities* no dejarían hueco ni a Molière ni a Verdi. El despotismo cultural no es posible. Se impone el despotismo incívico. Pan y circo. No nos engañemos: la gente prefiere leer noticias falsas. Un elevado porcentaje de lectores asegura que les gustan más las mentiras que las verdades. La gente se divierte más con *La isla de las tentaciones* que leyendo una buena novela. Ya no digamos el desprecio por el conocimiento de nuestra propia historia. Así, también en el fenómeno de las *fake news*, la ciudadanía tiene una enorme responsabilidad.

Los populismos triunfan porque sus votantes quieren derribar los poderes que ellos consideran tradicionales y extractivos. Las noticias falsas se aceptan y florecen —en la red, en los programas de televisión, en la radio, en las universidades e incluso en el seno familiar, donde se adoctrina con tanta facilidad— porque la gente las utiliza de manera apremiante para que los caminos más difíciles puedan recorrerse por atajos. Mienten los periodistas, como los políticos o los profesores, pero siempre hay alguien dispuesto a comprar esa mentira. Invocando el atractivo de la modernidad y la libertad, crece en el mundo desarrollado, y en España de manera especial, una ola expansiva de estupidez y banalidad que puede hacer inviable nuestro modelo democrático. De ahí la enorme preocupación que deberíamos sentir todos porque una sociedad como la nuestra estuviera bien informada y supiera discernir y separar el grano de la paja. Esa podría ser la misión más noble y urgente, además de justificadora de su labor, del periodista moderno y contemporáneo. Vivimos en la era de la sobreinformación, como en la de la sobrealimentación, pero más que nunca estamos mal informados y mal alimentados. Al cuerpo social le sobran kilos de mentiras, grasa de demagogia, colesterol del malo y ácido úrico que actúa de manera abrasiva sobre la convivencia.

Entre las nobles intenciones de los editores y promotores de canales —un buen ejemplo es Telefónica de España— debería estar no solo adoctrinar o narcotizar a las audiencias, sino también darles herramientas de calidad para el cultivo de inquietudes culturales de mayor nivel. Seguramente les ayudaría que hubiese respuestas más numerosas a esas ofertas. Las audiencias, sin embargo, usted y yo, tendemos a externalizar nuestro discernimiento y conciencia en profesionales de la mentira.

Existe, de todos modos, un riesgo en el movimiento global que se está poniendo en marcha por parte de los gobiernos contra la información falsa. Es muy golosa la tentación de controlar los medios desde el poder para supuestamente defender a la ciudadanía de las mentiras. No cabe duda de que internet, con sus retos, su capacidad de amenazar nuestra privacidad y seguridad, necesita respuestas legales que deben salir cuanto antes de la actividad legislativa de los distintos parlamentos democráticos. Parece también claro que la preocupación por este desafío se encuentra ya en los calendarios de los gobiernos de la mayoría de los países y de las organizaciones internacionales. Pero es difícil legislar sobre la estupidez. La batalla cultural está en la agenda de todos los partidos y solo el reconocimiento mutuo del derecho a discrepar puede asegurarnos un contexto legal de lucha contra la mentira, ya que, de lo contrario, este movimiento global contra la desinformación, tal como se nos plantea, puede convertirse en una disculpa para hacer exactamente lo opuesto. Solo hay que ver lo que desde la Moncloa pretende el entorno de Sánchez. Deberíamos confiar algo más en la conciencia y la inteligencia democrática de los ciudadanos.

Desgraciadamente, vivimos en una sociedad en la que poca gente se detendrá a leer una reflexión acerca de la verdad y la mentira en el periodismo. Entre otras razones, porque el pensamiento elaborado y mínimamente complejo desalienta la lectura. Si todavía está usted leyendo esto, siéntase orgulloso, porque con toda certeza la oferta de entretenimiento que posee es enorme, mientras que su tiempo libre, como el mío, es escaso. Ahí reside gran parte de este problema: la voluminosa oferta derivada del extraordinario desarrollo tecnológico, un signo de nuestra contemporaneidad.

Tal vez no debiera expresar esta cuestión de manera tan negativa, como si todo lo que viaja por la red o vemos en la televisión o leemos en el periódico fuese mentira. El solo hecho de plantearnos este debate es ya un paso adelante. No debemos ser ingenuos, pero tampoco debemos dejar en el territorio de la desesperanza la posible mejoría en este campo. Ocurre como con el valor límite en matemáticas, lo relevante es tender hacia esa mejoría, aunque nunca se alcance. Santa Teresa de Jesús escribió en una de sus cartas: «La verdad padece, pero no perece». Me gustaría dejar claro que o los periodistas nos convertimos en «la resistencia de la verdad» o pereceremos.

8

Deleites y suplicios de ser tertuliano

Otro de los foros donde he podido cristalizar mi vocación periodística es la tertulia. Llegué al tertulianismo creo que de manera bastante precoz para la época. En septiembre de 1987 tenía yo treinta años recién cumplidos. A muchos les parecerá ahora una edad normal, pero entonces los consagrados tenían, salvo alguna excepción, edades ya considerables. En todo caso, meter la cabeza en el tertulianismo desde una emisora de Antena 3 de radio en A Coruña tenía su mérito. O, al menos, yo siempre se lo otorgué.

La responsable de mi incorporación al mundo de la tertulia radiofónica y del análisis político fue Consuelo Sánchez Vicente. En aquellos días, Consuelo ocupaba la Dirección de Informativos y Programas de Antena 3. Ella, como otros muchos oyentes, escuchó el desencuentro que tuvimos Antonio Herrero y yo en directo a propósito de nuestra discrepancia en cuanto a la situación política que se vivía en Galicia a raíz de la moción de censura que los socialistas, junto a nacionalistas y escindidos de la vieja Alianza Popular, habían presentado. En realidad, Antonio Herrero y yo estábamos de acuerdo en lo sustancial, pero sus formas eran casi siempre despóticas. En un momento determinado, me atreví a contradecirlo en antena y, como era habitual en él, perdió los nervios y terminó cortando mi intervención de una manera grosera y poco convencional en la radio. Aquella misma mañana recibí un buen número de llamadas de amigos y compañeros solidarizándose conmigo, entre ellas la de Consuelo, que en esa ocasión hizo honor a su nombre.

José Luis Balbín

Consuelo me propuso dos cosas. La primera, hacer un programa especial aquella semana para explicar lo que estaba ocurriendo en la vida política gallega, donde el parlamentarismo era de un altísimo nivel, como reconocieron todos los que hasta allí se acercaron a escucharlos. Eran tiempos en los que no había más que una televisión pública e internet no existía. Su segunda propuesta me hizo todavía más ilusión: participar en la tertulia que dirigía José Luis Balbín, entre las diez y media y las doce de la noche, titulada *Hora Cero*. En aquel momento era, sin duda, el programa de análisis político más atractivo de la radio española. No en vano así fue reconocido en la edición de los Ondas de 1991. A la acusada personalidad de Balbín y al muy alto nivel de sus otros tertulianos —Márquez Reviriego, Chicho Sánchez Ferlosio, Luis Ángel de la Viuda, Antonio López, Federico Jiménez Losantos, Luis Herrero, Luis Foix, José Luis Orosa, Pablo Sebastián y hasta el propio Manuel Martín Ferrand— se unía el hecho de que se emitía justamente antes del programa deportivo de José María García, líder de audiencia en aquella época. La *Hora Cero* de José Luis Balbín era un éxito y a ello contribuía como nadie el propio Balbín con su estilo, su manera de llevar el programa, su cultura y su personalidad arrolladora, además de esa capacidad poco frecuente entre las estrellas de radio y televisión como es la acogida del otro. Con Balbín siempre estabas cómodo. Era muy tolerante con la opinión de los demás y no solía montar números, a diferencia de otros muchos. Ahí comencé yo con mis primeras armas *tertulianescas*, en expresión excelente del maestro Antonio Burgos.

Desde entonces y durante más de treinta años no he dejado de participar en programas de todas las cadenas de España, excepto la SER. Aunque todo se andará, no lo dudo. En ellas he coincidido con buena parte de los periodistas más habituales en este tipo de espacios, algunos auténticos profesionales en ese terreno. Tal vez se podría decir también que yo soy uno de ellos, aunque a mí siempre me movió, tanto en mi etapa de director de *La Voz de Galicia* como después en *ABC*, el aprovechar esos espacios radiofónicos y televisivos para amplificar los contenidos del diario en el que trabajaba. La verdad es que eso funciona muy bien, a pesar de lo cual en más de una ocasión me encontré con el reproche de algún directivo por participar en este tipo de espacios. Creo que era una cuestión de ceguera. En mis primeros tiempos en Vocento, como director editorial de los diarios regionales del grupo, hacíamos una reunión semanal de seguimiento de nuestros periodistas presentes en programas de radio y televisión a instancias del consejero delegado, José Manuel Vargas. Se trataba de darle más relieve a nuestro trabajo, a nuestra información. En algunos momentos de mi etapa de *ABC*, me resultaba incluso agotador acudir a todos esos compromisos, pero estaba claro que era positivo para el diario.

Escuchar la tertulia radiofónica se ha convertido ya en un hábito de los españoles. No hay cadena de radio o televisión que no ofrezca un programa de estas características. En la televisión es muy frecuente, tanto en España como en otros países. Y en la radio podemos decir que fue en nuestro país donde se implantó. Entre Luis del Olmo y Manuel Martín Ferrand terminaron de redondear el modelo. España sí tiene un modelo de radio. Así como en prensa y en televisión hemos copiado otras formas de hacer y otros formatos extranjeros, en radio, sobre todo Manuel Martín Ferrand, Tomás Martín Blanco y Luis del Olmo, junto con la singularidad de José María García, crearon un modelo español de radio que ha sido secundado con notable éxito en otros lugares, especialmente en Hispanoamérica.

Los programas televisivos de tertulia y análisis son muy baratos. Solía decir Pepe Abril, uno de los sabios de la televisión en España, que «la saliva cuesta poco dinero». No hay programa de menor coste en televisión que el que sienta a cuatro señores en torno a una mesa para hablar de lo divino y lo humano.

Ese es el mayor reproche que se nos suele hacer a los que participamos en tertulias: que sabemos y hablamos de todo. No es exactamente así, pero puede parecerlo. Hay muchos tipos de tertulianos. Los más osados, los que más se atreven a hablar con un concepto universal de la sabiduría, los *todólogos*, no suelen ser periodistas. Los profesionales del periodismo tendemos a dar más datos y a callarnos cuando no dominamos una materia. Al menos, es lo que yo suelo hacer. Para mí es primordial argumentar con datos. La opinión es libre, pero debe fundamentarse en hechos o estadísticas ciertas. Los periodistas, tal vez por nuestra experiencia, solemos intercalar la información que da pie a un análisis bien fundamentado. No todos lo hacen y quizá algunos colegas son excesivamente vehementes. Sobre todo los más jóvenes, que se han vuelto más sectarios en sus planteamientos.

Curiosamente, quienes más se atreven a dar todo tipo de opiniones, al menos en mis treinta años de experiencia, son los catedráticos, los economistas, los políticos en activo y los expolíticos. Por alguna razón, son menos prudentes que los profesionales de la información. Algunos porque, efectivamente, tienen un enorme caudal de conocimientos; otros porque se sienten obligados a no quedarse callados; y otros porque les va mucho en ello. Yo presumo de haber dicho en más de una ocasión que no podía aportar mi criterio sobre una determinada cuestión porque no conocía a fondo el asunto o la materia.

Aun así, este tipo de ofertas, tanto en radio como en televisión, suelen convocar grandes audiencias. Existen porque hay millones de personas en toda España dispuestas a ver y escuchar en cualquier franja horaria ese tipo de encuentros, o desencuentros más bien. Cuanto más lío se arma, más éxito, si bien suele ser temporal. Reconozco que alguna vez he llegado a perder la serenidad en algunas de esas discusiones y no me siento orgulloso de ello. Cuando pierdes las formas en una confrontación de ideas, pierdes la batalla de la comunicación. Ya no llegas al público. Te conviertes en otra cosa. A los programadores les gusta ese perfil combativo, a mí me aburre. Más de una vez le expliqué a algún compañero que a mí no me pagan por ir a enfadarme con él, sino por dar mi opinión sobre un asunto, punto y final. No hay más ni debe haber más. La espectacularización de este tipo de programas, en especial en los canales televisivos, hace un flaco favor a la convivencia de los españoles. En ocasiones, parecemos más crispados los tertulianos que los ciudadanos de la calle o los propios políticos.

Los gladiadores

En el pasado, especialmente en los años de la Transición, se solía hablar de «Parlamento de papel» para referirse al debate político que se suscitaba en la prensa, sobre todo en la escrita. La discusión y la disputa política se han trasladado del papel a los medios audiovisuales y se han popularizado en las redes. Es un cambio de paradigma del que todavía no conocemos su verdadera capacidad de transformación de la sociedad, aunque algo atisbamos y no parece bueno. Ahora la dialéctica parlamentaria semeja haberse mudado lejos del Congreso de los Diputados. En España parece que la hemos usurpado los periodistas, pero con la diferencia de que la cortesía parlamentaria que le es propia a esta noble actividad está prácticamente desaparecida. Los periodistas nos enfrentamos de manera desproporcionada, principalmente en las formas. Parecemos gladiadores que quieren vencer a cualquier precio. Tendemos a la sobrerreacción. Hay como un desplazamiento de funciones e identidades entre políticos y periodistas. La diferencia es que los últimos no suelen asumir la responsabilidad que sí le concierne al hombre que desea dedicarse a la vida pública. Hay muchos periodistas que quieren estar cerca de los políticos para influir, para obtener situaciones ventajosas para sí mismos, para su empresa o para sus amigos. Es más frecuente de lo que se cree.

Los programas de debate y análisis, las tertulias o como el lector quiera denominarlos, además de entretener y ponernos al día, contienen en sí mismos un elemento perturbador que solo puede corregirse cuando hay una pluralidad en la oferta. Curiosamente, en España esta casi ha desaparecido al entregar los gobiernos del PP la mayoría de los medios a empresarios con ópticas de la izquierda. De esta manera, vemos cómo la lupa amplifica los problemas según la ideología de cada canal, algo habitual si no fuese por la desigual correlación de fuerzas que hoy se da en España en esta materia. Casi tres cuartas partes de los medios de comunicación de nuestro país les ofrecen a los ciudadanos una visión de la sociedad y de los asuntos de actualidad desde la perspectiva de la izquierda. La realidad se desdibuja, se simplifican los análisis y el pensamiento elaborado se esfuma. Triunfan los periodistas que más gritan y los que están dispuestos a mantenerse en un plató a pesar del mal cuerpo que se le queda a uno después de un agrio enfrentamiento dialéctico con otro colega.

Un buen ejemplo de esa doble vara de medir lo tenemos en cómo se contó a la sociedad española la crisis económica de 2008, la gestión que de esta hizo el socialismo de Zapatero y sus posteriores consecuencias. Cuando Mariano Rajoy llegó a la presidencia del Gobierno, los medios españoles comenzaron a ofrecer la imagen de una España destartalada, sumida en la ruina y angustiada por los recortes y por la austeridad de Angela Merkel. Todo era malo en aquel país y en aquellos años. Entonces yo estaba al frente de *ABC*, donde, sin restar un ápice a la crudelísima situación, tratamos siempre de aportar una visión más optimista del país y, desde luego, creo que más ajustada a la realidad; en definitiva, más ponderada.

En ese ambiente nació y creció el populismo de la extrema izquierda de Podemos. Era raro el día en que su líder, Iglesias Turrión, no aparecía en uno de los canales privados de la televisión clamando venganza, con su denuncia justiciera de las calamidades que estaban padeciendo los españoles. La situación objetiva del país no era mucho mejor en medio de la pandemia de la COVID. Al contrario, empeoró. La depresión económica se llevó por delante a una de cada cinco empresas y el número de parados ronda ya los cuatro millones, con un millón de trabajadores encubiertos en ERTE. Desde las organizaciones humanitarias aseguran que jamás habían vivido algo semejante, con colas y colas de personas que llegan a desbordar su capacidad de atención. Colas en los bancos de alimentos. Toda una generación de jóvenes ve imposible incorporarse al mercado laboral. Las finanzas del Estado están peor que nunca y la debilidad de la musculatura económica española es extrema. ¿Qué cuentan de todo ello las televisiones y las radios de la izquierda? Nada.

Es cierto que estos contenidos no son exclusivos de las tertulias. Hay otros muchos espacios en los que se da cuenta de todo ello. Parece fuera de toda discusión la enorme influencia que hoy tienen en la sociedad española. El circo mediático influye especialmente en una audiencia poco formada que, además, le otorga a la televisión y a la radio una legitimidad que hace que todo cuanto allí se dice se tome como verdadero. Por eso sigo otorgándole una relevancia especial a este tipo de programas en los que he participado durante más de treinta años. En varias ocasiones estuve a punto de no volver. Tanto el esfuerzo físico como el emocional pasan factura. Los enfrentamientos con otros tertulianos, a veces compañeros, algunos incluso amigos, terminan erosionando las relaciones. Y todo por ese afán de ser gladiadores de la palabra en lugar de periodistas serenos.

Luis del Olmo

José Luis Balbín no fomentaba ese tipo de encontronazos. Todo lo contrario. En su programa podíamos pasar de hablar de Felipe González y de todo lo que de prosaico pudiese tener la vida política de entonces a la sublime poesía del desamor. Tanto hablábamos de la perestroika como de cine. Ese era el carácter de un programa que marcó una época. Balbín dejaba a su talento, a su capacidad de improvisación y a la iniciativa de los participantes en el diálogo, la dinámica del programa. Luis del Olmo era distinto. Se ajustaba mucho más al guion, si bien es cierto que los asuntos que debatíamos los proponíamos los propios tertulianos. Eran estilos diferentes.

Luis del Olmo fue sin duda una de las grandes cumbres de la radio española. Yo comencé a participar en su tertulia en 1996, cuando él dirigía y presentaba su programa *Protagonistas* en Onda Cero. Seguí allí cuando llegó Carlos Herrera y también colaboré en el espacio nocturno que conducía Victoria Prego. Volví con Luis del Olmo años más tarde, cuando lanzó, junto con el grupo Vocento, la cadena Punto Radio. Allí también pude intervenir en tertulias dirigidas por Félix Madero, Melchor Miralles e Isabel San Sebastián, como también hice en otros programas de COPE y RNE. De entre todos los presentadores destacaría de manera especial a Juan Pablo Colmenarejo, cuya serenidad ante el micrófono, además de su capacidad para hacer el casting perfecto cada noche, me pareció siempre un lujo. En este tipo de programas funciona muy bien el entendimiento y respeto entre quienes participan. Se nota y los oyentes lo perciben positivamente.

Carlos Herrera, por ejemplo, procura acertar en la alineación. Su problema es que la plantilla de opinadores es cada vez mayor. Recuerdo que cuando decidió ir de Onda Cero a COPE, estuvimos comentando posibles nombres, en especial los de algunos colaboradores de *ABC*. Me confirmó entonces que de Onda Cero se llevaría a Nicolás Redondo, a Joaquín Leguina y a José María Fidalgo que «son de derechas, aunque ellos no lo saben». Sin duda, Herrera es ahora mismo el gran comunicador. Tal vez sea el periodista más influyente. Ha logrado mezclar como nadie el comentario de nivel con el gracejo popular que tanto lo acerca a la gente. No es fácil alcanzar ese equilibrio. Carlos muy pocas veces discrepa de sus propios contertulios y suele ser proverbialmente amable con sus entrevistados e invitados. Se demuestra así que no es necesario forzar los encontronazos para conseguir audiencia. De hecho, es el líder de la radio de la mañana en España.

Federico Jiménez Losantos es otro de los comunicadores más destacados y conspicuos. Primero lo fue en COPE y más tarde en su propio proyecto EsRadio. A mí me gusta especialmente participar en su programa porque incluso supone cierto reto profesional. Federico es un hombre muy culto y seguirlo en esa estela resulta sumamente atrayente. Además de poseer esa cultura extraordinaria, cuenta con una personalidad que lo hace único en el panorama mediático español. Él suele hablar más que sus contertulios, pero suele hacerlo bastante mejor que ellos. Cuenta también con un sentido del humor cargado de ingenio, en especial a la hora de buscar sobrenombres a los protagonistas de la actualidad. Con Federico es inevitable tener algún desencuentro, pero para mí siempre fueron menores y perfectamente llevaderos, gracias, entre otras cosas, a su buen carácter, por increíble que a algunos les pueda parecer, y a su carencia de rencor.

Tanto Herrera como Jiménez Losantos son ahora mismo los únicos contrapuntos a la monotemática visión izquierdista del resto de los medios audiovisuales, incluida de modo muy relevante la compañía pública de RTVE, secuestrada por una minoría al conjunto de la ciudadanía que la mantenemos con nuestros impuestos.

En TVE viví algunos momentos ciertamente curiosos. Recuerdo que en 2017, en plena crisis del independentismo catalán y bajo una dirección que se suponía próxima a los postulados del PP, en un programa de *Los Desayunos de TVE* se entrevistó a cuatro portavoces del independentismo catalán y solo a un constitucionalista. Yo no daba crédito a ese tipo de situaciones. En ocasiones lo comentaba con los propios responsables. Ya no era una cuestión de estar a favor de un partido u otro, sino de guardar un equilibrio elemental entre quienes defendíamos la Constitución y la unidad de España y quienes querían golpear el bien moral de un valor democrático como el que nosotros defendíamos. Lo insólito era que la televisión pública se mostraba más proclive al servicio de los partidarios rupturistas.

Más adelante, ya con otra dirección en TVE, seguí acudiendo a esos programas. Allí la proporción de participantes era siempre de tres simpatizantes del Gobierno socialcomunista frente a uno que representaba otra visión, no necesariamente vinculada a un partido concreto. La independencia nunca estuvo bien vista en periodismo, por increíble que parezca. Algunos creen que la independencia profesional de un periodista es la equidistancia, pero mi experiencia de muchos años me dice que ante determinadas cuestiones no se puede ser neutral.

En las cadenas privadas la alineación de tertulianos puede ser a gusto de la dirección del canal. ¡Faltaría más! Es la libertad. Lo que no entiendo es el desequilibrio que se ha llegado a crear en España en favor de la izquierda. Un día me atreví a comentarlo públicamente en los desayunos del Foro Nueva Economía. Recibí unas cuantas cartas airadas de directivos de esos canales reprochándome el comentario y requiriéndome que me abstuviese de opinar sobre su línea editorial. Incluso la patronal de las televisiones privadas me envió una... a la que respondí.

Mi mayor experiencia en televisión, además de en los programas de TVE y Antena 3, donde, por cierto, trabajé en nómina nada menos que cinco años, fue en Trece TV. En este canal, propiedad de la Conferencia Episcopal, siempre me sentí cómodo. No cabe duda de que trabajaba en territorio amigo. En otros, sin embargo, me di cuenta de que era el tonto útil del programa, un elemento para justificar una pluralidad ficticia.

Entre las personas con las que compartí programa de

debate en Trece TV estaba Pedro Sánchez, entonces parlamentario. Como contertulio, el dirigente socialista era muy combativo y sanguíneo en la expresión. En esos días —año 2012—, Alfonso Merlos presentaba el programa nocturno. El criterio para elegir tertulianos era que fuésemos dos de un lado y dos del otro. Solían acudir dirigentes socialistas muy aguerridos como, por ejemplo, Amparo Valcárcel, José Cepeda o Antonio Carmona. Ninguno de ellos llegaba en su vehemencia argumental y formal al nivel de Sánchez. Aquel programa y sus formatos siguientes tenían una enorme acogida en la audiencia, aunque tal circunstancia no siempre era recogida en los medidores y sus estadísticas del día siguiente.

Creo que las audiencias en España no se miden bien. Las de radio entrañan gran dificultad y el Estudio General de Medios lleva años siendo cuestionado, entre otras razones porque no tiene en cuenta la tasa de rechazo, que es el número de personas que se niegan a contestar la encuesta. La medición de espectadores de los programas de televisión no es rigurosa porque hay poquísimos audímetros. Los expertos en mediciones aseguran que debería duplicarse el número de aparatos para tener un fiel reflejo de las demandas reales de contenidos. Claro que en este asunto el duopolio televisivo que el PP consagró bajo la presidencia de Rajoy se juega todos los años millones de euros, que finalmente no van a sus competidores. Trece TV, cuya escasez de recursos sin duda le resta atractivo, parece tener una mayor audiencia que la que los audímetros le otorgan. En todo caso, esto viene a evidenciar que existe una clara demanda entre los españoles de contenidos más centrados y moderados que los que otros ofrecen.

Los tertulianos más antipáticos

Los tertulianos generamos antipatías y simpatías entre la audiencia, es inevitable. De alguna manera reflejamos la pluralidad que habita en la sociedad española. Entre los rasgos que más irritan a los oyentes o televidentes están el sectarismo, las malas formas y la soberbia del que cree saber de todo. Igualmente, el oyente termina sintiendo casi siempre una corriente de simpatía hacia determinados tertulianos.

Es curioso también cómo la edad y el paso del tiempo van esculpiendo personalidades muy atractivas con las que terminas encontrándote en ese tipo de programas. No quiero significarme con ninguno, ya que la lista es enorme, pero en estos programas de radio y televisión conocí a algunos de los personajes más interesantes no solo del periodismo, sino también de la vida pública española. Me atrevo, de todos modos, a realizar una excepción con la figura de Francesc Sanuy. Solía ser un fijo de la alineación de tertulianos de Luis del Olmo, estuviese este en la cadena que estuviese. Yo coincidí con él tanto en Onda Cero como en Punto Radio. Paco Sanuy era un tipo muy interesante, catalanista acérrimo, que tal vez hubiese llegado a postulados independentistas si hubiese vivido en estos tiempos. Nunca lo sabré. Sanuy, además de haber sido un magnífico *conseller* de Comercio de Jordi Pujol, fue uno de los impulsores de IFEMA en Madrid, que finalmente acabó ganándole la batalla a la Fira de Barcelona. Siempre mantuve con él una excelente relación y las pocas veces que yo viajaba a Barcelona compartíamos café o almuerzo. Era extremadamente amable. En los debates defendía a capa y espada a Cataluña y, sobre todo, se quejaba del maltrato fiscal que recibía su autonomía. De vez en cuando se descolgaba con una inaudita erudición en materia internacional. Conocía, o decía conocer, a presidentes de países exóticos y tenía un conocimiento sorprendente del equilibrio de fuerzas en Pakistán o de cómo en Panamá se imponía un partido al otro. Le gustaba mucho aportar datos y estadísticas, algo que a mí también me parece muy atrayente, ya que con ello se apuntalan los argumentos.

Pero ocurrió que en los últimos tiempos Sanuy se había radicalizado en su defensa de Cataluña, aunque solía ser muy hostil con la Caixa de entonces y sus posibles monopolios, según decía él. Cuando citaba estadísticas, solía invocar como fuente de autoridad al *Financial Times*. Un día me atreví a decirle en antena, con el micrófono abierto: «Creo, Sanuy, que tú inventas los datos que das». A lo que me contestó con una agilidad e inteligencia indudables: «Es cierto, ¿cómo te has dado cuenta?». Tal vez es así cómo los tertulianos somos inventores de una realidad en función de quienes quieren escucharnos.

9

Los cuatro noes a los que jamás debe renunciar el director de un periódico

Lo que no es una invención, sino una rotunda certeza, es que el día que no te presione un político es que tu medio está muerto, pero hay que saber decir que no en el momento preciso. En periodismo, el sentido de la oportunidad es estratégico. El lector que haya tenido la paciencia y el interés de alcanzar este nuevo capítulo habrá leído ya, al menos dos veces, mi lamento acerca de no saber decir no y de la importancia de expresar esa oposición a algo indebido o inadecuado. El director de un medio de comunicación tiene entre sus obligaciones más desagradables el decir no. Se le atribuye a Trajano la frase de «Ya puedo gobernar el Imperio, he aprendido a decir no». Si no es suya, merecería serlo. En todo caso, es una síntesis perfecta de una virtud fundamental en la dirección de cualquier empresa, por grande y ambiciosa que esta sea. Decir no es ejercer el poder y, después de muchas jornadas en una redacción, me atrevo a decir que desgasta más no ejercerlo, teniéndolo, que hacerlo. Con frecuencia se da un conflicto de intereses entre lo que el director del medio debe decidir y lo que se encuentra enfrente, ya sea un redactor o el protagonista de una noticia, cuando no los gestores económicos del propio medio.

Suele ser muy estresante la pretensión de querer contentar a todos. Es imposible. Una cosa hay que aprender pronto en la vida: no le vas a caer bien a todo el mundo. Nadie obtiene la unanimidad en ninguna materia. No pocas veces tus decisiones van a generarte enemigos y tus opiniones van a ser confrontadas por muchas personas. El tiempo te ayuda a entender esa limitación humana, como también te forja una fibra de resistencia moral ante los ataques y las descalificaciones de los oponentes, tan frecuentes en un sector como el de la comunicación, proclive al ajuste de cuentas y a la acción cainita entre medios que rivalizan en el mercado.

Sabiendo lo que ya sabemos y conociendo la condición humana, un director de periódico tiene que estar siempre preparado para decir cuatro noes que pueden costarle el puesto. Por supuesto, el catálogo de situaciones en las que se enfrentan la fortaleza moral de creer que estás haciendo lo conveniente frente a lo que otros te piden, cuando no te presionan, es amplísimo. Pero me centraré en las cuatro que, de alguna manera, pueden sintetizar ese abanico.

El primer y más recurrente no es a las intromisiones del área gerencial del medio. Es un tira y afloja muy común. Esa zozobra puede tener origen en disparidad de criterios económicos que afectan a la cuenta de resultados. Cuando es así, la razón suele acompañar al gestor. Los periodistas tendemos a comprometernos poco con el resultado final del ejercicio económico de la compañía que nos permite trabajar, editar y publicar. Lo aprendí muy pronto, ya que en los primeros medios en los que trabajé me tocó vivir la crisis económica del final de los setenta y el martirio y muerte que muchos diarios sufrieron en los años de la Transición. Entonces me eduqué en la austeridad empresarial y comprendí que también los periodistas teníamos la obligación moral de contribuir a que el medio fuese rentable, pues en ese beneficio final estaba nuestra libertad. Insisto en que esa tensión en torno al gasto de papel o a destinar más presupuesto para contratar nuevos servicios o para la mejora salarial de periodistas y colaboradores es algo habitual y fácilmente explicable y hasta justificable.

Otra cosa bien distinta es la que ocurre cuando el gestor intenta dirigir la línea informativa, tentación presente a nada que descubra el atractivo y cierta erótica derivada de la capacidad de influir, e incluso la plataforma que ello supone para hacer amistades u obtener determinados beneficios derivados de la posición que ocupa. Por supuesto que la empresa editora y sus propietarios son los que marcan la línea editorial del medio, sea este en el soporte que sea. El director, salvo casos excepcionales, no es el propietario y debe ajustarse a las directrices que traza la empresa, ya sea a través de la figura del editor, del consejo de administración o de algún comité editorial creado para ello.

Ahora bien, el discurrir diario se delega en el director y la intromisión permanente en su labor resulta inadecuada; y lo que es peor, ineficiente. Esa intrusión llega en ocasiones a generar situaciones ridículas como algunas que viví yo. Una vez, un gestor vino a decirme cómo debía ser el esquema de juego de un equipo de fútbol, un asunto absolutamente menor y que además no le correspondía a él, casi ni siquiera a mí, que solía delegar esas cuestiones en el experto de turno.

Como ya expliqué en el segundo capítulo, en un periódico se trabaja con el principio de confianza. Ningún directivo, del tipo que sea, puede estar tutelando permanentemente a unos doscientos redactores como, por ejemplo, tuve a mi cargo en *La Voz de Galicia* o en *ABC*. La comprobación empírica de que eso es así me permitió trabajar muchos años con cierta tranquilidad y sin ansiedad de ningún tipo. Yo confiaba en los redactores, en su trabajo, en sus conocimientos y en su conducta. Por eso los defendía siempre cuando eran cuestionados por sus informaciones, salvo en alguna ocasión en la que pude comprobar que el redactor de turno no tenía razón, aunque eso no siempre era fácilmente detectable.

Hace ya muchos años, en el arranque de la primera década de este siglo, me atreví a decir en una conferencia en el Fórum de Barcelona que una de las causas de la crisis del periodismo era el papel excesivo y preponderante del Área de Gestión frente a los periodistas. Como era de esperar, aquello me granjeó las iras de muchos directivos. Sigo pensando lo mismo y creo que me quedé corto. En España se ha evidenciado la falta de talento en el campo de la gestión de los medios en general y hasta el día de hoy no he encontrado, salvo alguna excepción, cabezas privilegiadas al frente de la gerencia de las empresas informativas. Todos han ido malviviendo, cuando no planteando un conflicto de intereses entre ellos y la propia compañía, cobrando sueldos desorbitados mientras las redacciones malviven.

Falta en España una escuela o centro que forme a gestores de medios de comunicación. Creo que la Universidad de Navarra tuvo alguna incursión en este terreno, pero menor. En esos centros debería sensibilizarse a los futuros directivos sobre las diferencias notables que caracterizan a una empresa informativa frente a la gestión y peculiaridades de otros sectores. Aquí trabajamos con materiales delicados, no son tornillos ni zapatos, ni automóviles ni aspiradoras, ni peras ni manzanas, ni setas ni relojes. En los medios de comunicación se trabaja con la actualidad, con hechos, con sensibilidades ideológicas, con visiones del mundo, con cultura, con un esfuerzo intelectual diario y con el estado de ánimo de una opinión pública, de un país, de una nación. Eso sí, con la épica justa para no tener una visión mesiánica de nuestro trabajo o una actitud infantil, creyéndonos siempre los protagonistas de una serie de televisión.

Esa falta de formación específica para gerenciar un medio de comunicación hace que lleguen a esos puestos personas a las que deslumbra la actividad propia de este sector. De repente, un muchacho de algo más de treinta años, que ha estudiado Económicas, Derecho o Administración de Empresas y que ha hecho sus primeras armas profesionales en una auditora o en una cooperativa olivarera, es contratado, mediante una agencia especializada en selección de personal, para gerenciar un diario local. Al poco tiempo de ocupar el cargo, ve cómo el alcalde de la ciudad o el presidente de la Diputación Provincial lo distinguen, a la vez que aprovechan para deslizar insidias contra el director editorial del periódico en cuestión. A partir de ahí, el antiguo auditor se siente importante y además comprueba que puede salir en fotografías del periódico. Eso debe de gustarle mucho a su mujer y el nuevo gerente comienza a exigir aparecer cada dos por tres. Está demostrado que la aparición en fotografías de los directivos de medios es inversamente proporcional a la confianza en sí mismos. Cuanto más inseguros se sienten, más piden salir. Finalmente, el joven, o no tan joven, directivo comienza a enfrentarse al director editorial, que quiere decidir sobre los contenidos del medio, y aquello, dependiendo de la personalidad de su oponente, termina como el rosario de la aurora. Por eso es muy importante dejar claras desde el principio las competencias de cada uno y el director debe saber decir no desde el primer momento. Se ahorrará más de un quebradero de cabeza.

Si no te presiona un político, es que tu medio está muerto

De una manera muy especial hay que saber decir no al político de turno, sobre todo si está ejerciendo el poder, pero, por supuesto, también cuando está en la oposición. Los políticos son los que más presionan al director de un diario, aunque no siempre lo hacen directamente. Han surgido esos intermediarios llamados «secretarios de Comunicación», que son los que se atreven con todo: desde pedirte que no publiques una información hasta que reorientes otra o que saques a la luz miserias de sus oponentes, cuando no de compañeros de su propio partido.

Cuando trabajaba como director de *La Voz de Galicia*, al llegar al despacho cada mañana, la secretaria me daba una lista de llamadas de personas que decían sentirse agraviadas por alguna noticia publicada ese día. La mayoría eran políticos. Esos mismos dirigentes, líderes o no, solían también llamar para pedir opinión y, a veces, consejo. A veces me atrevía a dar alguna recomendación a petición de ellos para comprobar días después que hacían exactamente todo lo contrario a lo que yo les había sugerido. Estaba claro que mi influencia personal era menor, no así la del diario. Una vez más, «el medio es el mensaje», como nos enseñó McLuhan.

En *ABC* las situaciones eran más complejas e intensas, pero en ambos casos me encontré con la pretensión de algún estrecho colaborador del presidente que pretendía dictarme titulares y sobre todo decirme lo que tenía que llevar en primera página o en portada. El 18 de febrero de 2019, Iván Redondo, a la sazón jefe de Gabinete de Pedro Sánchez, me envió un mensaje en el que decía: «Bieito, un tema. El presidente ha dicho textualmente (incluirlo todo *please*): "No descarto entenderme con los independentistas como tampoco con Ciudadanos, Podemos o el PP"». Se pueden imaginar que ni contesté ni le hice caso. Pero a los pocos minutos ese era el titular de un nativo digital a cuyo promotor se le llenaba la boca con palabras como «independencia periodística» y demás lindezas. Siempre me sublevó esa falta de coherencia entre el dicho y el hecho, tan frecuente ahora en la vida política y periodística española. Pero no todos somos tan contradictorios. Unamuno solía decir que «quien no se contradice alguna vez a sí mismo es que no ha dicho nada», pero entre lo sublime y lo ridículo hay un paso. Ese sometimiento a las indicaciones de los aledaños del poder deja en muy mal lugar al periodismo, que tanta autocrítica tiene que hacer en el momento actual de España.

Como el caso de Iván Redondo, se pueden imaginar que hay cientos, incluido algún mensaje por escrito de cierto presidente del Gobierno que me guardaré para incrementar el tesoro más preciado, que son mis silencios.

Merece la pena, sin embargo, detenerse en la muy habitual tentación en que caen los políticos de solicitar la cabeza de algún periodista que les resulta incómodo. Una vez tuve que enfrentarme a esa petición y, lógicamente, negarme a ello. Me ocurrió al poco tiempo de asumir la dirección de *La Voz de Galicia*: el presidente de una institución pública de enorme peso en la vida de la ciudad me pidió que cesase a un determinado redactor como responsable de la información portuaria, pues, al parecer, les resultaba especialmente incómodo. Recuerdo que le dije: «Lo siento, pero acabas de confirmarlo en el puesto por un largo periodo de tiempo; si atendiese tu petición, habría firmado mi pena de muerte profesional». Algo parecido me pasó en otras dos ocasiones en *ABC* y en ambos casos respondí lo mismo. Como cuando un grupo de redactores vino a mi despacho a pedirme que no nombrase a una determinada compañera responsable de la sección. También entonces hice caso omiso. Un director de periódico tiene que mantenerse firme y saber decir no. Aunque no siempre es fácil o posible.

No hay que otorgarle, sin embargo, épica alguna a esto ni convertirlo en un momento estelar de la heroicidad periodística como algunos pretenden. Cuando eres director de un diario, tienes que acostumbrarte a que te llamen, te presionen, te descalifiquen, te calumnien... Va en el cargo. Pero no hay que olvidar que el mérito es de la institución, de la cabecera del diario centenario que ha superado todo tipo de avatares históricos y que sigue influyendo en la vida de España, aunque es bien cierto que son las personas quienes hacen triunfar o fracasar a las instituciones.

Los jueces están hechos de hombres

Otro de los noes que un director de un medio de comunicación debe aprender a decir es a manipular la realidad para lograr titulares sensacionales que al final no se sostienen con hechos. Yo lo tuve como una seña de identidad en mi trayectoria profesional. Lo he dicho muchas veces, no quiero presumir de ser el más honrado, porque no lo soy, solo quiero ser el que siempre fui, y nunca me gustó retorcer los hechos ni fabricar titulares que no se correspondían con el texto ni con la realidad.

En más de una ocasión me encontré discutiendo, con redactores unas veces y con directivos otras, sobre determinadas informaciones. Solía tener que recordarles, sobre todo en la intimidad de algún despacho significado de la organización en la que trabajaba, que al final el que acabaría sentándose ante el juez por una información que no se ajustaba a la realidad sería yo.

A lo largo de los años me senté varias veces en los tribunales de Justicia para defender las publicaciones que dirigía y, por supuesto, a los redactores que habían elaborado las informaciones objeto de la querella. Tengo que confesar que siempre acudí relajado. Me ayudaba a ello la conciencia tranquila y la certeza de que estábamos haciendo lo correcto. En realidad, estaba defendiendo la libertad de expresión. Gracias a ello, podía exponer con serenidad los argumentos ante el juez de turno y tengo que decir que, salvo raras excepciones, siempre me encontré con personas muy sensatas y equilibradas en la silla de los magistrados. En todos estos años, tan solo conocí dos derrotas frente a un enorme número de victorias. Una, cuando estaba en *La Voz de Galicia*, en la que me condenaron a mí y a la publicación a una rectificación en una edición local del norte de Lugo; y otra en *ABC*, cuando un diplomático logró que no siguiésemos indagando en el origen de su fortuna sobrevenida.

Si algo aprendí a lo largo de todo este tiempo es que los

jueces son personas normales, como usted y como yo, con sus familias, sus entornos y todas las limitaciones que la condición humana impone. Están hechos de hombres. Por eso, la inmensa mayoría de las veces, suele imponerse el buen sentido. Los jueces son sensibles a la necesidad de la sociedad de estar informada y saben también que un buen número de los casos que hasta ellos llegan en esta materia suelen estar a favor de los periodistas. En Galicia me enfrenté a varias causas que nos presentaron, curiosamente, proxenetas y narcotraficantes. En Madrid tuve que lidiar, sobre todo, con personajes afectados por casos de corrupción que creían tener derecho a defenderse. Caso aparte fue el de la Fundación Messi, que nos presentó tres querellas, las cuales perdió. La que nunca nos llegó fue la que anunció Pedro Sánchez cuando en *ABC* mostramos los párrafos plagiados de su tesis. Debió de pensárselo mejor.

Aunque el público no lo crea, las redacciones acogen diariamente un debate permanente sobre la conveniencia o no de publicar determinados contenidos. El director suele tener, por regla general, la última palabra. A mí me solían pedir que los diarios que yo dirigía fuesen más agresivos, algo que nunca entendí. Los medios deben informar, no acosar. Debemos facilitar a la opinión pública elementos que le permitan conformar una idea de lo que acontece, incluso llegar a facilitarles interpretaciones de la actualidad, pero no somos la ventanilla de un juzgado o de una comisaría. Podemos informar, formar, divertir, analizar, investigar, adelantar, opinar, interpretar, descubrir..., pero no somos ni policías ni fiscales. Esa no es nuestra labor.

Y, sobre todo, debemos ajustarnos al Estado de derecho y ser muy respetuosos con el honor de las personas y su intimidad. Si los ciudadanos de a pie supiesen lo mucho que las leyes los protegen en esta materia, tal vez los periodistas no seríamos tan ligeros dando algunas informaciones.

Los hechos son sagrados, pero en ocasiones pueden desvirtuarse. Desde luego, el mismo acontecimiento o suceso admite enfoques distintos y, por supuesto, está en la libertad del medio darle mayor o menor relieve, hasta incluso ignorarlo. Serán las audiencias las que se ocupen de premiar o castigar ese tipo de prácticas.

Me irritaba con frecuencia cuando algunos compañeros de redacción querían descubrir grandes casos de corrupción, y, por tanto, de interés informativo, en asuntos absolutamente menores o que formaban parte de la más estricta privacidad de las personas. Para ellos, yo no arriesgaba, no era un director agresivo. Sé que yo tenía razón y no voy a entrar en más consideraciones sobre el infantilismo profesional que afloraba en esas situaciones.

Los periodistas no saben contar

Otra de las cosas en las que solía insistir era en el rigor en el número de asistentes a las manifestaciones o grandes acontecimientos. También esa manía de inflar las cifras nos restaba credibilidad. El 1 de diciembre de 2002, con motivo de la crisis derivada del *Prestige*, en Santiago de Compostela se celebró tal vez la mayor manifestación de la historia de Galicia. Fue ciertamente multitudinaria, pero allí no había medio millón de personas, como defendían algunos compañeros. En la plaza del Obradoiro caben unas doce mil, a tenor del cálculo que se deriva de multiplicar los metros cuadrados de la plaza por las tres personas que caben, en actitud promiscua, en un metro cuadrado. En la discusión, les concedí a mis compañeros el hecho de que hubiesen pasado hasta cinco oleadas de gente por la plaza y que gran parte de los aledaños de esta estuviesen atestados. Aun así, tan solo se conseguía sumar sesenta mil personas, digamos cien mil, pero nunca medio millón. Finalmente, titulamos «Marea humana contra la marea negra». Las autoridades calcularon que había ciento cincuenta mil asistentes; los organizadores, doscientos cincuenta mil. Si fuésemos rigurosos y serios, seguramente serían sesenta mil. Pero hemos entrado en una cultura en la que el rigor y la seriedad se ven eclipsados por la corriente buenista que nadie se atreve a contradecir. Ni en las manifestaciones de la Diada en Barcelona hay dos millones de personas, ni a las Misas de la Familia acude un millón.

Por último, debo detenerme en el cuarto no del catálogo de negativas que un director debe ejercer. Se plantea cuando te proponen incumplir la línea editorial del medio que diriges. Te están obligando a traicionar a tu audiencia y los principios que alientan al periódico, pero resulta que esos son los cimientos de la comunión entre un diario y su comunidad de lectores. Es curioso, pero se da con más frecuencia de lo que parece. En ocasiones esas presiones las protagonizan directivos de la propia compañía, que entienden que hay que ensanchar la base de lectores. En España, los diarios regionales, que suelen estar muy bien hechos y son muy potentes, son publicaciones que, salvo excepciones, acogen distintas sensibilidades ideológicas. Es más, su secreto para sobrevivir es estar instalados en la transversalidad de credos políticos. No ocurre lo mismo con los diarios denominados «nacionales», como puede ser *ABC*. En este caso, se trata de un periódico de refuerzo ideológico y la postura editorial es estratégica.

Al director de un periódico hay que darle indicaciones claras y precisas y después dejarlo trabajar, no entrometerse en su quehacer cotidiano. La empresa editora debe garantizar que la redacción del diario pueda ejercer su labor periodística con independencia, ateniéndose siempre a los principios editoriales de la publicación, pero sin interferencias en cuanto a los contenidos periodísticos por parte del Área de Gestión. Cuando no ocurre así, el fracaso, de una u otra manera, está garantizado.

Joseph Pulitzer, que tiene el doble mérito de haber sido periodista y más tarde empresario editor, confesaba que desde el día que pasó a ser editor no volvió a pisar la redacción. Guillermo Luca de Tena, que también ejerció el periodismo y hasta fue director de su diario, tampoco regresó a la redacción, salvo el día que murió don Juan de Borbón, al que le unía no solo el cariño y la admiración, sino también la amistad; pero nunca antes y nunca después. Así que cuando veas al gestor o al empresario dejar las huellas de sus zapatos sobre el suelo de la sala de noticias, desconfía, algo está saliendo mal.

10

Nunca creas que un político es tu amigo

La conclusión final del capítulo anterior es que el verdadero periodismo debe estar libre de injerencias, aunque los intentos de intromisión vengan vestidos de amistad. «Amigo» es una palabra que hay que aplicar con mucho cuidado. En la vida solemos tener muy pocos amigos. La amistad es una manifestación de afecto que surge de manera espontánea y que no debe obedecer a ningún interés concreto, y menos si el atractivo de la otra persona es meramente material. Si es así, esa relación, más tarde o más temprano, fracasa. Por eso suele decaer la conexión entre un político y un periodista. Uno de los dos calcula un mayor provecho en ese supuesto vínculo fraternal. José María Carrascal, que superó los noventa años escribiendo columnas diarias de análisis político, solía decir que «a los políticos hay que tenerlos lejos para poder controlarlos de cerca». Pero la inmensa mayoría de los periodistas suele sucumbir a la seducción del dirigente de turno; en ocasiones, por ese inevitable atractivo personal que suele adornar a las personas con pulsión al liderazgo. Otras veces se esconden motivos más prosaicos y materiales derivados de la capacidad de influir sobre un determinado gobernante para obtener un beneficio en alguna dirección concreta.

A los periodistas, sobre todo cuando ya ocupamos cargos de cierta responsabilidad, nos suelen cortejar políticos y empresarios. Estos últimos acostumbran a ser más leales que los primeros. Una vez que se abandona el cargo, es más fácil y verosímil mantener una buena relación de amistad con un empresario que con un político.

En el sendero hacia la cumbre del éxito, aquellas personas que aspiran a gobernar las comunidades, los países, las ciudades, al género humano al fin y al cabo, suelen dejar muchos cadáveres. Hay una pregunta obligada a cualquier gobernante: ¿cuántos amigos dejó en el camino? Los periodistas no estamos para ayudar a nadie en ese ascenso, estamos para contar la verdad o, al menos, intentarlo y para defender valores que se asocian al bien común y al interés general. Por eso debemos evitar el roce excesivo con la clase política, pues este puede terminar siendo obsceno desde el punto de vista de la ética profesional.

Solemos caer en la superficialidad de calificar como amigas a muchas personas a lo largo de la vida, pero amigos de verdad tenemos muy pocos. Lo que más los caracteriza a son dos cosas: que te quieren a pesar de conocer tus defectos y que les puedes confiar tus miserias y tus derrotas. Y es difícil que se establezca una corriente de afecto semejante entre un gobernante —o un político aspirante a ello— y un periodista.

Tampoco querría yo, ni en este capítulo ni en el resto del libro, aparentar lo que no soy y dar lecciones a mis colegas. En una sociedad tan plural como en la que vivimos, donde el relativismo se ha instalado de una manera corrosiva, encontramos un amplio abanico de situaciones que nos ayudan a entender e interpretar las relaciones entre los profesionales de la comunicación y los gobernantes. Mi experiencia, seguramente, se podrá encuadrar en uno de esos escenarios. La verdad es que nunca me mostré muy cercano con los políticos en general, pero tampoco traté de ser en absoluto una persona hostil frente a ellos. Inevitablemente, como ocurre en todas las relaciones humanas, terminas simpatizando más con unos que con otros, pero ni siquiera por compartir las mismas ideas, sino por carácter.

Evitar los prejuicios

Si quieres ser un buen profesional de la información, debes, entre otras muchas cosas, tratar de desprenderte de los prejuicios y acercarte a las personas y a los hechos desprovisto de clichés elaborados previamente. Es difícil, lo sé. De hecho, en muchas ocasiones son los propios dirigentes de los distintos partidos los que te descalifican antes de conocerte. Hay una explicación para su actitud. Para la de los periodistas no. Estamos obligados a escuchar a los protagonistas de la actualidad por muy mal que nos caigan.

Es inquietante la falta de matices intelectuales que las jóvenes generaciones de redactores evidencian cuando empiezan a trabajar. La juventud de hoy en día es mucho más prejuiciosa y sectaria que, por ejemplo, los universitarios que estábamos en las aulas durante la Transición. Su análisis es muy simplón y se reduce todo a blanco o negro. El empleo de la palabra «fascista» para cualquier persona que no está de acuerdo con ellos es la mayor evidencia de la escasa formación que poseen en materia de ideas políticas, pero también ratifica una actitud empobrecedora, incapaz de entender que la otra persona puede aportar nuevos ángulos a cualquier debate y que la verdad está hecha de mil matices. Solo comprendiendo eso puedes ejercer el periodismo de una manera equilibrada y serena.

La buena práctica de quien se dedica a informar y a ayudar a la opinión pública a hacerse una idea exacta de cuanto acontece y le afecta debe basarse en una relación de respeto hacia los protagonistas de la actualidad. No hay que mostrarse genuflexo ante el gobernante ni despreciativo con quien no comparte nuestras ideas. Hay, pues, un punto intermedio entre el periodista servil y el que convierte su actividad en acoso y desprecio por la acción pública de determinados dirigentes.

Es inevitable, de todos modos, que la chispa de simpatía que surge entre las personas se apague. Por regla general, en la relación entre un político y un periodista esa chispa no suele ser sincera, salvo en casos muy singulares. Algunos hubo y algunos hay, pero normalmente es una relación desigual en la que el político tiende a aprovecharse del informador.

La ruptura, y, por tanto, la evidencia de que no había una relación amical sincera, se produce cuando uno de los dos abandona el cargo. Es cierto que los periodistas solemos jubilarnos tras cuarenta años de trabajo mientras que la alternancia en democracia obliga mucho antes al mandatario a pasar a un segundo lugar. Por eso, a lo largo de nuestra vida, los profesionales de la información vemos pasar a muchos prepotentes que no se percatan de que algún día serán, como todos, ex. Lo sabían los romanos, por eso les recordaban a sus generales y a sus gobernantes que eran mortales. Esa relación con el poder es tan tóxica como antigua. Yo siempre desconfié de quienes nos quieren gobernar. Entiendo la política como una noble tarea y me parece admirable cuando se hace desde la honestidad y desde la firme convicción de servicio a los demás. Desgraciadamente, en los últimos años, ninguno de esos atributos adorna a quienes se acercan a la política, al menos en nuestro país.

Aquella frase de Pío Cabanillas que decía que «el rasgo más llamativo de abandonar el poder es que el teléfono deja de sonar» es aplicable a cualquier situación semejante, no solo a la política. Cuando abandonas el cargo de director de un diario, ocurre algo similar y es entonces cuando tienes la evidencia de algo sobre lo que ya habías reflexionado en muchas ocasiones: los políticos no son tus amigos. Yo, de todos modos, y desde mi experiencia, no me puedo quejar. Entre otras razones, porque establecíamos pocas relaciones de amistad con políticos y los que tenía lo siguen siendo.

Una de las situaciones más difíciles de manejar al estar al frente de un medio de comunicación es la que se da cuando recibes una información que afecta negativamente a un amigo tuyo que ejerce de político. Depende, claro está, de la gravedad del contenido. Cuando son críticas objetivas sobre asuntos del discurrir de la acción del Gobierno o de la vida orgánica del partido, el asunto se zanja con una sonrisa, algún intercambio de puntos de vista y la petición de algún consejo por parte del político. Otra cosa bien distinta ocurre cuando la noticia tiene que ver con irregularidades graves o con casos de corrupción. Es en ese momento cuando se pone en valor tu fibra periodística y, al mismo tiempo, el concepto de amistad bien entendida. Si cedes ante el político porque es tu amigo, dejas de cumplir con tu deber y él demuestra no ser tan amigo tuyo, porque te está pidiendo que te suicides profesionalmente. Por eso es más sano no acercarse mucho a ellos. Es aplicable aquí la frase que se le atribuye a Aristóteles, que cuenta con muchas versiones en la historia de la filosofía y que tantas veces les repetí a los redactores en mis distintos trabajos: «Amigo de Platón, pero más amigo de la verdad». Pues lo mismo, el informador puede ser amigo de algún personaje público, pero la verdad debe imponerse, aunque no siempre ocurre.

Aun así, cuando conoces de cerca al protagonista de alguna información compleja y trascendente, si de verdad tienes una cierta empatía, lo sueles pasar mal. Quien diga lo contrario miente. Yo he publicado noticias que me desasosegaban porque sabía que iban a tener un impacto negativo en personas allegadas o que conocía lo suficiente como para tener la certeza de que se sorprenderían por esas publicaciones. Pero no podía hacer otra cosa. Existe una voz interior que te insta a cumplir con tu obligación de informar a pesar de las consecuencias que pueda sufrir algún conocido tuyo. Es una cuestión de ética. Cuando determinadas personas, incluso colegas, te piden que no publiques algo, suelen colocarte en un dilema moral que debes vencer inclinándote en favor del interés general de los lectores y no del particular de un individuo.

Me consta que hubo directores de medios que protegieron a amigos suyos de situaciones perversas y que en esos casos existió un mutuo beneficio. Ni unos ni otros han merecido nunca el aplauso de los lectores ni de la sociedad en general. Por supuesto que ha habido relaciones y connivencias reprobables entre destacados comunicadores y personajes relevantes no solo de la política, sino también de la economía, las finanzas o el deporte. Lo curioso es que a algunos de esos periodistas, conocidos aunque nada ejemplares, se les llenaba la boca invocando la honestidad y la profesionalidad.

Jugar a influir

Algunos directores de diarios, especialmente en Madrid, pero también en otros lugares de España, jugaron a ser actores influyentes en la vida política. Uno de ellos, el más cínico y tóxico de todos, solía decir que ese papel de influir en determinados personajes públicos era como «hacer política sin asumir ninguna responsabilidad». Me consta que con dos presidentes no logró absolutamente nada, por eso los zahirió mientras pudo, una forma muy extraña de concebir el periodismo desde una posición personalísima. Tuvo, sin embargo, más predicamento con otros, justamente los menos recomendables, como Rodríguez Zapatero y Pedro Sánchez. Pero eso tampoco se puede calificar de amistad. Era una relación antropofágica que no hablaba nada bien de ninguna de las partes.

El periodismo tiene que estar al servicio de la sociedad en la que se desarrolla. Debe ayudar a que esa comunidad, ese país, esa ciudad, sea mejor. Por tanto, los periodistas tenemos el mandato moral de actuar de conciencia crítica ante el poder y difícilmente lo podremos hacer si nos dedicamos a establecer unos lazos que emocionalmente nos hipotecan con los protagonistas de la vida social sobre la que informamos. Por supuesto debemos guardar las formas, ser corteses, no acosar a nadie. Informar de lo que no quieren las autoridades y ser críticos con ellas no está reñido con corrección y la serenidad.

Como escribí en más de una ocasión, jamás concebí mi trabajo de informador y directivo de medios como un arma arrojadiza contra nadie. Pero tampoco quise hacer muchos amigos aparte de los que ya tenía y que, salvo raras excepciones, no estaban vinculados a los medios.

Después de cuarenta años de vida profesional, puedo decir que solo tengo un buen amigo proveniente de la política, Paco Vázquez, quien fue veintitrés años alcalde de la ciudad de A Coruña y cinco, embajador de España ante la Santa Sede, en Roma, además de un destacado dirigente del PSOE. Nuestra amistad se fue esculpiendo a lo largo de los años, pero cuando de verdad se consolidó fue cuando él ya estaba en Roma y poco le podía ayudar yo desde *ABC*, salvo publicando de vez en cuando sus reflexiones. A Paco me unió, y me une, su visión de la vida de España y que defendemos prácticamente lo mismo: una sociedad democrática, libre, solidaria, donde se desarrolle una economía de rostro humano y se respete la ley; y, por supuesto, tanto él como yo sentimos una enorme preocupación por el deterioro democrático de nuestro país, por la endeble unidad territorial y por la manipulación de la historia. Paco Vázquez pudo ser un magnífico candidato a la Presidencia del Gobierno, pero jamás quiso dar esa batalla. Fue un alcalde trascendental para la ciudad donde nació, la transformó para bien en muchos aspectos. Su alcaldía fue la mejor demostración de que a las ciudades y a las naciones las mejoran los liderazgos fuertes, sin complejos, lo que no está reñido para nada con la tolerancia y el ejercicio de la libertad.

También tengo una excelente opinión de Mariano Rajoy, creo que la historia le será favorable, pero no es mi amigo, aunque a mí me encantaría que lo fuese. Nos vemos y mantengo con él, como con Ana Pastor, Alberto Núñez Feijóo o Íñigo Méndez de Vigo, la mejor de las relaciones, pero no alcancé con ellos el grado de confianza amical que sí logré con Paco Vázquez; entre otras razones, porque con Paco mi relación se extiende durante casi cuatro décadas. Aparte de ellos, no puedo decir que mantenga un vínculo de amistad con ningún otro político. Siento admiración por algunos, mantengo relación cordial con otros cuantos, de distintas etapas y distintas extracciones ideológicas, pero como profesional creo que me he mantenido fiel a la máxima de estar lejos de los políticos y no ser su amigo.

¿Sirven para algo las comidas de trabajo?

La relación de los periodistas con los empresarios no es exactamente igual que con los políticos. El empresario, por regla general, juega con su patrimonio y se siente más seguro en su puesto. No le acompaña esa necesidad patológica del político de tener un papel relevante en el circo mediático. Hay de todo, claro está, como entre los banqueros, abogados, médicos, economistas... o cualquier otro personaje que tenga un interés en contar con cierta relevancia social. El lector se asustaría si supiera hasta qué punto se pueden rebajar determinadas personas a las que en la distancia consideramos más honorables de lo que en realidad son.

Los empresarios suelen querer protagonismo para sus empresas. Si estas van bien, a ellos les va bien. No siempre son propietarios. En muchos casos son altísimos directivos muy bien remunerados que administran empresas que cotizan en bolsa y que apenas poseen una cantidad testimonial de acciones. Eso les convierte en seres excesivamente acomodaticios y muy maleables por el poder. Distinto es el empresario que se juega su patrimonio personal. Este último suele tener más independencia y estar más alejado de los medios. Los directivos no; les gusta que se hable bien de su desempeño, les va mucho en ello.

Es cierto que, de un tiempo a esta parte, se ha desarrollado un sistema para financiar a los medios, especialmente a los nativos digitales, a través de acuerdos según los cuales los empresarios abonan determinadas cantidades y el medio se compromete a insertar publicidad. Mientras esta última sea comercial, nada que objetar; al fin y al cabo, la publicidad hace libres a los medios. El problema surge cuando el empresario de turno cree que por invertir una cantidad determinada en un medio ya puede manipularlo y, sobre todo, silenciarlo cuando surgen informaciones vidriosas que le afectan, algunas de ellas vinculadas a casos de corrupción. Afortunadamente, y en contra de lo que se pueda creer, la inmensa mayoría de los medios resisten ante esas presiones. Hay que tener en cuenta que ninguna gran empresa representa más allá de un 2 o 3 por ciento de los ingresos de un medio convencional ya asentado, así que no pasa nada si un empresario agresivo decide retirar su publicidad. Lo notable del proceso es haber ganado prestigio y credibilidad, y haber resultado útil y atractivo al lector.

Empresarios y políticos tienden, con mucha frecuencia, a invitar a comer a los periodistas, muy especialmente a los jefes. Hay un viejo dicho apócrifo en la profesión que ilustra bien lo que los periodistas pensamos sobre esta cuestión: «¡Cuántas cigalas tengo que comer para llevar un plato de lentejas a casa!». Algo de eso hay.

En mis dos etapas de director, en *La Voz de Galicia* y en *ABC*, el número de invitaciones fue considerable. Yo creo haber atendido el 90 por ciento. Alguna magnífica secretaria —todas lo fueron, la verdad— me reprochaba que nunca dijera que no. Tenía toda la razón, debí haber evitado muchos de aquellos almuerzos; en un porcentaje elevado era perfectamente prescindible el encuentro.

Recuerdo uno con el consejero delegado de una de las grandes constructoras de España. Lo había organizado su director de Comunicación, un colega al que conocía desde hacía años. En medio de la comida pude comprobar que a aquel hombre no le apetecía estar allí conmigo, se le veía especialmente aburrido. Seguramente había sido disciplinado y había atendido la sugerencia de su experto en comunicación y estaba comiendo con todos los directores de medios. Yo me atreví a decirle: «Creo que tú no tenías interés alguno en este encuentro y yo tampoco, no sé qué hacemos aquí». Él sonrió y me dijo que en absoluto, que estaba muy interesado en hablar conmigo. Era mentira. En ese momento comencé a plantearme la utilidad de las denominadas «comidas de trabajo» y empecé a apostar más por los desayunos ligeros o los cafés en mi despacho.

Por supuesto, existen otros personajes que están encantados de comer contigo porque te quieren pedir algo o porque creen que les conviene mantener una buena relación por si, llegado el caso, necesitan del auxilio de tu medio. Esos son los primeros en dejar de llamarte cuando abandonas la dirección, algo que, por otra parte, se agradece. Al fin y al cabo, eran unos pelmazos. Tampoco con ellos merecían la pena las comidas de trabajo.

A pesar de los consejos de mi secretaria, mi disciplina en esta materia siempre fue endeble. ¡Qué importante es saber decir que no! Seguí almorzando con mucha gente, pero intentaba sacar alguna información relevante para el diario. Después de todo, nosotros vivimos de dar noticias que interesen al público y en muchos de esos encuentros gastronómicos acababa enterándome de hechos que habían ocurrido o de cosas que iban a ocurrir de forma inminente. Las fuentes había que cuidarlas y aparecían donde menos lo esperabas. Mi norma era esa: en cada comida conseguir una noticia o un cliente para el periódico, ya fuese como anunciante o como suscriptor.

Efectivamente, en mis almuerzos de trabajo primaba mi faceta como director de *ABC*, la búsqueda de algo positivo para mi periódico; no esperaba hacer amigos. Volviendo a la política, la posible amistad entre político y periodista ha de quedar relegada al ámbito estrictamente privado. Si el poder puede corromper, la prudencia aconseja mantener cierta distancia con quienes lo ostentan. La independencia es uno de los principios fundamentales de la ética periodística y no debe haber intereses fiscalizadores que condicionen el enfoque de la noticia, que vulneren la credibilidad de un periódico. Ha de primar la información veraz, documentada, que solo es posible si se mantiene una distancia prudencial con los políticos de turno.

Se le suponía al diario *ABC* que yo dirigía una cierta sintonía con el Partido Popular de Mariano Rajoy. En realidad, tan solo existía una coincidencia en la defensa de determinados valores, pero no había una relación fluida y en los últimos tiempos de su gobierno todavía menos. El ministro de Hacienda, Cristóbal Montoro, nos había declarado no gratos y nos boicoteaba sistemáticamente. La vicepresidenta, Soraya Sáenz de Santamaría, jugaba con todos menos con *ABC*. Sintonizaba mucho más con *La Razón* y con su grupo mediático. Luis de Guindos tenía claras simpatías hacia el grupo Unedisa y en Génova, en la sede del PP, nos habían situado fuera de su ámbito de preferencias. *ABC* era la perfecta casada. Sabían que siempre nos iban a tener, porque nosotros defendíamos valores.

Pero la mejor demostración de que nunca debes considerar a un político tu amigo vino en las vísperas de las elecciones autonómicas de Cataluña. El 20 de diciembre de 2017, día de reflexión de la campaña electoral catalana, publicamos una entrevista con Inés Arrimadas que incluía una magnífica fotografía de su rostro en portada. *El Periódico de Catalunya* hizo lo mismo ese mismo día, pero con Miquel Iceta, el candidato socialista. Desde la sede del PP, Fernández Maíllo y García Albiol decidieron presentar una denuncia contra *ABC* ante la Junta Electoral, pleito que llegó al Supremo en 2021 y que perdimos. Fue algo simbólico. La multa no superó los mil euros, pero no deja de ser chocante que aquellas mentes privilegiadas del Partido Popular no hayan encontrado en toda su historia otro periódico al que denunciar, más que a *ABC*. Y decían que eran nuestros amigos.

La amistad exige dedicación, por eso es preferible tener pocos pero buenos amigos y no mezclarlos en asuntos profesionales y mucho menos periodísticos. Yo estoy orgulloso de tener en mi vida a unas cuantas personas con las que siento una conexión que está absolutamente despojada de cualquier tipo de interés material. Hombres y mujeres que he ido conociendo a lo largo de mi vida y que se han quedado cuando los demás se han ido; gente con la que puedo ser yo mismo, pensar en voz alta con la certeza de que no voy a sufrir sometimientos ni juicios. Por supuesto, la verdadera amistad exige intimidad emocional, confianza, respeto, afecto y reciprocidad. Es el sentimiento más noble que demuestra que tenemos conciencia y que necesitamos compartirla, interactuar con otros seres humanos disfrutando de la experiencia gratificante de ser comprendidos, aceptados y queridos a pesar de nuestros defectos.

SEGUNDA PARTE

Personas, personajes y personajillos

11

Mi recuerdo directo de cinco presidentes

Aunque no haya llegado a consolidar una amistad en sentido estricto, sí tuve la ocasión de conocer y tratar a varios políticos que llegaron a la presidencia de nuestro país.

Al primer presidente de la democracia, Adolfo Suárez, lo admiré desde la distancia. Para miles de jóvenes de mi generación, que vivimos la Transición en los campus universitarios de toda España, Suárez era el epítome de la valentía. En menos de un año transformó un país que venía de un régimen autoritario en otro que disfrutaba de plenos derechos democráticos. Creo que todavía hoy los españoles no somos conscientes de la magnitud de la obra de Adolfo Suárez y de su determinación para llevar a cabo el advenimiento de un régimen de libertades al mismo tiempo que se iba desmontando el viejo armazón, que en muchos aspectos era francamente bueno. Por eso se pudo pasar «de la ley a la ley», como había dicho y escrito Torcuato Fernández-Miranda, verdadero cerebro en la sombra en ese periodo de evolución política.

Visto con perspectiva, y como toda obra humana, la Transición, ejemplar en tantos aspectos, tuvo también sus errores. Uno de ellos lo advirtió el propio Torcuato Fernández-Miranda, quien se opuso siempre al término «nacionalidades» para referirse a las autonomías en la Constitución. Torcuato estaba obsesionado, y con razón, por el problema territorial. La descentralización autonómica en España fue un éxito en muchas materias, pero probablemente en aquel tiempo no hubiese sido necesario llegar a tal nivel de descentralización. Con menos competencias, el estado autonómico hubiese funcionado igual de bien. Giovanni Sartori, politólogo italiano de renombre y apasionado de la Transición española, solía señalar que el mayor error cometido había sido la cesión de la competencia de educación a las autonomías. Cuando Adolfo Suárez entregó el primer borrador, salido del ministerio que dirigía Otero Novas, al lendakari Garaikoetxea, no valoró que eso supondría, andando los años, el adoctrinamiento de generaciones. Entre otras razones, porque Suárez, en aquel momento, no había contemplado algo que ha sido mortal para la convivencia: la deslealtad del nacionalismo periférico con el proyecto democrático y constitucionalista de la mayoría de los españoles. Eso y la sobrerrepresentación que la ley electoral otorga, desde la Transición, a los partidos nacionalistas, explican gran parte de las perversiones y del deterioro de algunos aspectos de nuestra vida democrática.

Adolfo Suárez siempre estuvo en la lejanía física, pero en la cercanía moral y emocional de millones de españoles. Pasados los años, tuve la oportunidad de trabar amistad con su hijo Adolfo. Fue una manera inesperada que la vida me brindó de rendir homenaje a un personaje clave de la historia del siglo XX. Adolfo Suárez Illana heredó muchas de las virtudes de su padre, pero en ocasiones la fidelidad a sus principios y valores le imposibilitan la flexibilidad que en política es tan necesaria, como en su día demostró su padre.

Adolfo Suárez murió el 23 de marzo de 2014 murió, tras un penoso proceso de deterioro. En *ABC*, como no podía ser de otra manera, le tributamos el homenaje que se merecía. Sacamos un número especial cuya portada era una fotografía del rostro joven del primer presidente de la democracia española. Fue algo que aprendí pronto en *ABC*: a los muertos se les saca jóvenes y, a poder ser, guapos. Del cariño que los españoles le tenían a Suárez fue buena muestra el número de ventas de ese día, más de doscientos mil ejemplares, que entonces ya era una cifra muy elevada.

Hoy los buenos recuerdos de aquel tiempo de la Transición, que, como dije, viví en la facultad de Ciencias de la Información de la Complutense, solo me sirven para agrandar la figura de un hombre providencial. Adolfo Suárez fue un gigante de la política española y el paso del tiempo lo ha colocado ya en el olimpo de los estadistas capaces de cambiar y transformar un país. Tengo la fortuna de mantener algún que otro encuentro con su hijo

Adolfo y en alguna de esas veladas hemos podido disfrutar del recuerdo tan vivo que él conserva de su padre y de los momentos que pudo vivir como testigo, tanto en la Moncloa como después.

En una agradable noche madrileña, Adolfo Suárez Illana nos contó a un grupo de amigos cómo había sido la tarde en que el rey Juan Carlos le entregó el Toisón de Oro a su padre, ya entonces muy deteriorado en lo cognitivo, que no en lo físico. Fue, además, el día que logró captar esa imagen maravillosa de Juan Carlos echándole un brazo al hombro a Adolfo Suárez mientras paseaban. Una fotografía ya emblemática de nuestra vida política que mereció el Premio Ortega y Gasset del diario *El País* en 2009. Hubiese merecido también el Premio Mingote, pero aquel año solo se valoraban viñetas de humor. El hijo del presidente Suárez nos confesó que quien le sugirió la idea de fotografiarlos de espaldas mientras paseaban por el jardín de la residencia familiar había sido Julio Iglesias. Esa noche también nos relató momentos emocionantes y simpáticos de aquella tarde, como cuando su padre, mirando al rey, le preguntó: «¿Y tú quién eres?». O como la respuesta que le dio a la reina Sofía cuando esta le llamó «guapo» y él le respondió: «Guapa, tú». En algún momento de aquella agradable velada al hijo del presidente Suárez se le quebró la voz al recordar a su padre. En ese momento vinieron a mi cabeza las palabras de Jorge Manrique: «Todo se torna graveza cuando llega el arrabal de senectud».

Adolfo Suárez, sin embargo, pasará a la historia como

un líder que logró reconciliar a un país empeñado en enfrentarse a garrotazos en lugar de en dialogar y debatir, en hacer de su patria, de su nación, un país democrático, homologable a los de su entorno europeo y en salir del rincón de la historia.

Presidentes enfadados. El síndrome de Calimero

El 26 de febrero de 1981, tras todo tipo de incidentes, incluido un intento de golpe de Estado tres días antes, Adolfo Suárez dejó de ser presidente después de cinco largos años en la Moncloa. Se fue dolido, y no era para menos. Sentía, como les ocurrió a tantos hombres públicos, que los españoles no habían sido justos con él. Era el primer expresidente de la democracia española. Aporto este dato porque para mí era una obsesión que nuestro país tuviese expresidentes vivos. En 1975, España era el país europeo en el que más presidentes de Gobierno habían sido asesinados. Los magnicidios nos acompañaban y no para bien: el general Juan Prim, Antonio Cánovas del Castillo, José Canalejas, Eduardo Dato o el mismo Carrero Blanco fueron asesinados en pleno ejercicio del poder. Era una demostración de nuestra imposibilidad de vivir en democracia. Había serias dudas, en plena Transición, de que los españoles lográsemos vivir en un ambiente de libertad y convivencia pacífica. Por eso era bueno tener expresidentes vivos. Ahora que ya lo hemos logrado necesitamos que dejen el cargo sin sentirse agraviados, sino satisfechos. Desde Adolfo Suárez hasta hoy, prácticamente todos se fueron con un punto de amargura. Tal vez Leopoldo Calvo-Sotelo haya sido la excepción, dadas las circunstancias de los acontecimientos de 1982, cuando el PSOE alcanzó la mayoría absoluta más contundente de nuestra historia reciente, a lo que pudo contribuir el hecho de que el propio Calvo-Sotelo no fuera el candidato de su partido, la UCD, sino que lo fue Landelino Lavilla.

José Luis Rodríguez Zapatero también pareció abandonar el cargo con menos pesadumbre que sus antecesores. En parte se sintió liberado de la mala gestión de una crisis económica que tanto se empeñó en negar. El país se iba aquellos días por el desagüe. Sin embargo, Zapatero mostró más adelante algún tipo de resquemor por no tener todo el protagonismo que él creía merecer. Venezuela y su alianza con el chavismo le devolvieron cierta presencia en la actualidad, aunque no precisamente positiva.

Lo cierto es que desde Adolfo Suárez hasta nuestros días todos los presidentes del Gobierno de la democracia española se marcharon un tanto afligidos. Cada uno por razones distintas. El último, Mariano Rajoy, quien sin duda dejó un país mejor que el que recibió y no merecía terminar su paso por la Moncloa como lo hizo. Me consta que prometió a su entorno que no sería un expresidente tocanarices, que sabría sobrellevar el síndrome del jarrón chino que, pese a su valor, nadie sabe muy bien dónde ubicarlo. No obstante, en las pocas ocasiones que he estado con Rajoy en los últimos tiempos, he atisbado en su mirada un ápice de melancolía que viene a demostrar que al dejar la Moncloa queda un malestar general, una sensación de agravio, que podríamos atribuir al síndrome de Calimero. En realidad, a todos los presidentes les hubiese gustado marcharse por la puerta grande sin dejar tras de sí las manchas de la humedad de la tristeza, la afrenta y la incomprensión. Cada caso fue distinto, pero el tiempo ha actuado de bálsamo y hasta quienes parecían enemigos irreconciliables supieron desempeñar un papel institucional ya como expresidentes.

Cuando Calvo-Sotelo recuperó la normalidad

En agosto de 1982 yo trabajaba como redactor en *La Voz de Galicia* y llevaba la corresponsalía de *El País* en A Coruña. Miguel Barroso, quien acabaría siendo secretario de Estado de Comunicación de Zapatero y un personaje relevante en el campo de la comunicación —política, institucional y comercial—, apareció por aquellos días por la ciudad herculina. Antes me llamó para que le ayudase a encontrar un fotógrafo que le acompañase a entrevistar a Leopoldo Calvo-Sotelo, quien se encontraba en Ribadeo, en el norte de Lugo, pasando unos días de vacaciones como cada año. Era algo fácil de conseguir. Hice la gestión de inmediato y cuando Barroso llegó a Galicia me hizo una propuesta de enorme generosidad por su parte: «Acompáñame a entrevistar al presidente y nos ponemos de acuerdo en el día de la publicación, yo en *El País* y tú en *La Voz de Galicia*». La verdad es que este tipo de comportamientos es infrecuente entre periodistas, el afán por la exclusividad suele acompañar a esta profesión. Bien es cierto que en aquellos años ambos diarios apenas se disputaban mercados. Fue una magnífica experiencia. Los dos éramos muy jóvenes y pudimos sentarnos con el entonces presidente del Gobierno en su pequeño bote *Juanín* y dar un paseo a vela por la ría de Ribadeo mientras hablábamos de todo. Barroso no tenía por qué ser tan considerado conmigo, por lo que siempre le estaré agradecido.

La entrevista con Leopoldo Calvo-Sotelo no comenzó muy bien por mi parte. Miguel y yo esperábamos al presidente en el muelle de Porcillán, justo debajo de su residencia. Al poco rato apareció acompañado de su esposa, Pilar Ibáñez Martín. Ambos embarcaron en el pequeño velero que él mismo patroneaba. Tanto Miguel como el fotógrafo, César Alonso, montaron en el bote ayudados por la mano del propio Calvo-Sotelo y por un marinero que estaba en tierra. Cuando llegó mi turno, les dije que no necesitaba ayuda, que «soy de puerto de mar». Me lancé hacia el balandro, en cuya popa estaba el presidente, y con todo mi peso caí encima de su pie, por lo que comenzó a gritar, no sin razón. Me quedé hecho polvo. Toda la conversación que tuvo lugar durante la travesía por la ría estuvo marcada por el bochorno interior del que no fui capaz de liberarme. Tenía entonces veintitrés años, había conseguido poder entrevistar al presidente del Gobierno de España y lo primero que hice fue darle un pisotón memorable. Años después volví a entrevistarle y él no se acordaba para nada del incidente, circunstancia que agradecí.

Calvo-Sotelo fue tal vez el presidente más culto desde la reinstauración de la democracia en 1977. Hablaba varios idiomas, era un gran lector, recitaba de memoria magníficas poesías y tocaba el piano con virtuosismo. Fue quizá también el más injustamente tratado, ya que en los veinte meses que ocupó el cargo tomó tres medidas esenciales para el asentamiento de la democracia en España: bajo su mandato fueron juzgados los militares golpistas del 23F tras lo cual hizo que fuese un tribunal civil, el Supremo, el que finalmente envolviese y legitimase la sentencia; solicitó el ingreso de España en la OTAN, fundamental para entrar en la UE y para modernizar las Fuerzas Armadas; por último, en julio de aquel año de la entrevista, en 1982, aprobó la LOAPA, la Ley Orgánica de Armonización del Proceso Autonómico, con el apoyo del PSOE de Felipe González, quien, andando el tiempo, la modificaría para empeorarla. Esas tres decisiones encarrilaron y consolidaron la Transición. Solía decir Calvo-Sotelo que si él no hubiese hecho lo que hizo, seguramente el PSOE no hubiese podido gobernar tras la victoria de octubre de 1982. Él se arrogaba, y no sin razón, que «nosotros trajimos la democracia para que los socialistas pudiesen gobernar».

El equipo de *fontaneros* que acompañaban a Leopoldo Calvo-Sotelo en la Moncloa era un auténtico lujo. Allí estaban Eugenio Galdón, Matías Rodríguez Inciarte o Alberto Recarte, todos ellos profesionales de primerísimo nivel que poco tienen que ver con los que ahora mismo habitan en el palacete. Era una España ilusionada, llena de dificultades, pero alentada por la idea común de sacar el país adelante en un ambiente de libertad y concordia.

Transcurrido el tiempo, en 1990, volví a entrevistar a Leopoldo Calvo-Sotelo en un programa del canal autonómico gallego, la TVG. Habían pasado casi ocho años desde su abandono de la presidencia. Era una agradable tarde de verano gallego. La entrevista discurrió por los derroteros esperados y hablamos justamente de su aportación a la consolidación de la democracia. Estaba presentando en público su libro *Memorias de la Transición*, tras la lectura del cual también se detectaba, en el fondo, un cierto tono de desaprobación a los españoles que no supieron reconocerle su providencial actuación en momentos tan decisivos. Es probable que no le faltasen motivos para hacer aquel reproche, para ese atisbo del síndrome de Calimero. Al acabar el programa, lo acompañé hasta el aeropuerto de Lavacolla y estuvimos hablando un buen rato de su experiencia como presidente. No olvidé muchos de los comentarios que entonces me hizo, pero entre ellos subrayo ahora la emoción con la que me contó cómo una tarde de domingo, pasados ya muchos meses de su abandono de la política, cuando regresaba con su esposa a Madrid desde Extremadura, se detuvieron en un bar de carretera donde pidieron unos cafés para tomar en la barra. En aquel acto y en aquel gesto, en medio de otros clientes, Calvo-Sotelo sintió y absorbió, mientras bebía su café, la vida normal, la «recobrada normalidad».

Recuperar la serenidad lejos de los oropeles del poder,

especialmente en democracia, suele ser muy difícil. Si a ello se le añade la derrota dulce de Felipe González, tras los últimos años de escándalos de corrupción, o la salida de Aznar, tras el trágico atentado del 11M, se puede entender esa carga que arrastran todos los presidentes del Gobierno en un país en el que la gratitud, madre de todas las virtudes, todavía no es una característica que nos defina, salvo cuando te mueres. Es entonces cuando se cumple lo que decía Rubalcaba: «España es un país que entierra muy bien». Los periodistas hemos contribuido como pocos a esas exequias en vida y a la hipérbole en la muerte. También en esto nos falta serenidad. Reitero que los medios de comunicación en España tendemos a la sobrerreacción.

Felipe González en la distancia

El talento político de Felipe González estuvo siempre fuera de toda duda. Durante sus catorce años de gobierno yo trabajaba en Galicia y participaba en las tertulias de Antena 3 Radio, donde se ejercía una crítica afilada a la acción del Ejecutivo socialista. El tiempo ha demostrado que Felipe González fue y es un hombre de Estado, un líder indiscutible que se atrevió a jugar fuerte, como cuando abandonó el marxismo o cuando decidió que España sí debía entrar en la OTAN. Siempre quise entrevistarlo y conocerlo de cerca. Lo intenté durante los años en que fui director de *ABC*. Habíamos logrado que nos atendiesen

Aznar y Zapatero, pero González, por una u otra razón, no acababa de concretar una cita con nosotros. Finalmente, el 5 de julio de 2017, conseguimos que participase en un encuentro de expresidentes organizado por Vocento. González fue el más brillante de los tres. Fue la única vez que logré interpelarlo como periodista, y tuvo que ser en un acto coral. Estuvo, como dije antes, brillante y extravertido. Ese día pude constatar su buena relación con José María Aznar. Es más, yo diría que González tiene más sintonía con Aznar que con Zapatero. Desde luego, esa era la sensación que ambos transmitían mientras tomábamos un café justo antes de iniciar el diálogo.

El acto fue un éxito. Era la primera vez en España que un grupo de comunicación, Vocento, cuyo mascarón de proa es *ABC*, conseguía convocar a los tres expresidentes. Allí estaban González, Aznar y Zapatero, cada uno defendiendo un aspecto de su mandato. González habló de la modernización de España y de la entrada en la UE. Aznar, del difícil camino hacia el euro y del protagonismo internacional de España. Finalmente, Zapatero habló de las libertades alcanzadas en su etapa, como la legalización del matrimonio homosexual. Está claro que todos obviaron las sombras de sus respectivas presidencias.

Merece la pena significar dos detalles de aquel diálogo. El primero es que fui yo quien quiso compartir la moderación del debate con mi compañero Julián Quirós, entonces director de *Las Provincias* de Valencia y quien tres años después me sustituiría en la dirección de *ABC*. Me parecía que si el acto era de todo el grupo Vocento, también debían estar representados los diarios regionales, tan fundamentales en esta empresa de comunicación. Y fui yo, precisamente, quien propuso a Julián Quirós. Lo cuento porque me gustaría dejar constancia de que nunca quise un protagonismo excesivo en los actos públicos de los medios en los que trabajé. No creo que el director de un medio tenga que ser el perejil de todas las salsas y aparecer fotografiado en un sinfín de instantáneas. Que cada uno haga lo que estime oportuno, pero nada mejor que la naturalidad para este tipo de comportamientos. Lo demostré en esa ocasión y en otras muchas en las que siempre propuse a compañeros brillantes para que nos representasen. Es más, también fui yo quien le insistió a José Manuel Vargas, consejero delegado de Vocento cuando me nombraron director de *ABC*, para que Ángel Expósito continuase presentando los prestigiosos foros del diario, y así fue hasta que un destacado accionista se empeñó en cambiarlo. Creo firmemente en la humildad de los periodistas, por eso apuesto por un ejercicio sereno y ponderado de nuestras actuaciones públicas. Nosotros no debemos ser nunca la noticia ni *robar el show* a quien le corresponde.

El otro dato curioso de aquel encuentro de expresidentes que Vocento organizó el 5 de julio de 2017 fue la indiscreción que, de manera calculada, José María Aznar cometió con José Luis Rodríguez Zapatero. En aquel momento, Zapatero ya estaba metido de hoz y coz en el proceso de negociación entre el Gobierno venezolano y la oposición, en el cual, por cierto, terminó colocándose del lado más represor e ilegítimo, pero de eso me ocuparé en otro capítulo. Por esa causa, Zapatero debía viajar a Venezuela aquella misma mañana y nos pidió a los organizadores poder abandonar el acto hacia las once y media. Por nuestra parte, no hubo nada que objetar, así que, llegado el momento, José Luis Rodríguez Zapatero se dispuso a dejar la sala de Mutua Madrileña en su sede de la Castellana. Era lo convenido y nadie iba a decir nada, salvo que tenía que ausentarse. No entraríamos en detalles sobre su destino, porque así habíamos quedado con él. Pero cuando bajaba las escaleras del estrado, Aznar, en voz alta, le preguntó: «¿A dónde vas? ¿A Venezuela? Pues ten cuidado». Era y sigue siendo bien conocida la posición de González y Aznar frente al régimen chavista de Maduro, así como su oposición radical al papel jugado por Zapatero en aquel país.

Felipe González mantuvo una difícil relación con el diario *ABC* a lo largo de los catorce años que duró su mandato. No era para menos. El diario, bajo la batuta de Luis María Anson, se había convertido en su azote durante todo ese periodo. Tiempo después, el propio Luis María llegó a calificar a González de «verdadero hombre de Estado». El pasado siempre te sorprende. Pero lo cierto es que a González, hablar con *ABC* y con su director se le hacía cuesta arriba.

Santiago Bergareche, presidente de Vocento en aquellos años, me insistía en que teníamos que hacerle una entrevista a Felipe González «porque tiene mucho que decir en estos momentos». Incluso me puso en contacto con su secretario. Bergareche cenaba alguna vez con González y siempre regresaba seducido por el agudo análisis y el verbo fácil del viejo socialista. Hicimos varias gestiones para que nos concediera una entrevista, pero siempre resultaron infructuosas. Al margen del aquel encuentro de expresidentes, no conseguí más de él. Pero gracias a un buen amigo común, Jesús Barderas, sí comimos juntos un día de 2016. Fue en el domicilio del propio Barderas en un céntrico barrio de Madrid, donde también estuvo presente el empresario venezolano Luis Carlos Serra. Jesús me había asegurado que, tras esa comida, «seguro que Felipe te da una entrevista para *ABC*». El expresidente estuvo encantador y muy hablador durante todo el almuerzo. En realidad, solo habló él, y básicamente de España y de Venezuela.

En aquella ocasión me sorprendió el concepto negativo que González tenía de Rajoy. Le reprochaba al entonces presidente del Gobierno que no tuviese «una idea certera de España» y que no supiese lo que quería «hacer con el país». Me consta que Rajoy solía hablar con González y que alababa con frecuencia su actitud y su lealtad a la institución, algo que no podía decir de Aznar.

En ese almuerzo, Felipe González me confesó su buena relación con Guillermo Luca de Tena, el histórico editor de *ABC* y padre de Catalina y de Soledad. No así con Anson, al que le reprochaba, junto con otros periodistas, un acoso informativo que, según él, se extralimitaba en muchos aspectos en la intensidad y constancia de la crítica.

Adolfo Suárez, Leopoldo Calvo-Sotelo y Felipe González fueron tres magníficos presidentes del Gobierno. Fue con los que menos relación tuve, pero desde la distancia puedo decir que les unía una vocación sincera y noble de servir a España. No se puede decir eso de todos los que se acercan ahora a la política. Inevitablemente, cuando uno toma decisiones trascendentales, puede equivocarse. Pero, con el paso de los años, sus errores quedaron eclipsados por el acierto providencial que tuvieron. Puede afirmarse de los tres que tenían sentido del Estado y de la historia. Felipe, además, hizo, entre otras muchas cosas, que los españoles volviesen a ver en el PSOE un partido dispuesto a modernizar España, alejado de páginas trágicas como alguna de la Guerra Civil. Era un auténtico socialdemócrata, ajeno a los sectarismos de la vieja izquierda marxista. Creía en España y en los españoles y fue, junto con el rey Juan Carlos, el mejor embajador de la España democrática.

Me imagino que no hay camino largo, ni en la vida ni en la política, en el que no aparezcan meandros complejos y sombras que a todos nos atenazan. Cuando uno busca una meta, suele alcanzarla superando dificultades, a veces inconfesables o, al menos, poco virtuosas, y sobreponiéndose a las ciclogénesis que amigos y enemigos colocan en el horizonte. El balance final, de todos modos, puede calificarse como muy bueno.

El relato político de Felipe González es considerado ya como una historia de éxito incuestionable.

La timidez de Aznar

Si Felipe González modernizó el país en sus catorce años de Gobierno, José María Aznar lo devolvió a la posición que nunca debió haber abandonado y convirtió a España en una potencia. Aznar sí tenía una idea de España, como reclamaba González a Rajoy. Su gestión como presidente del Ejecutivo fue impecable, pero no logró ganarse la simpatía de la ciudadanía. Es probable que operase en él una gran timidez que lo llevaba a actitudes que para el común de los ciudadanos eran rasgos de soberbia. Vivimos tiempos de sentimientos y la inteligencia emocional resulta especialmente útil para el gobernante. Aznar estaba dotado para el mando. Su gestión del país, sobre todo en lo económico, pero también en el desafío de la lucha contra ETA, fue de las mejores. Apostó de nuevo por el protagonismo internacional de España, ya no solo en Latinoamérica, donde Felipe había sido muy activo, sino especialmente en la orientación atlantista del país. Lo hizo tan bien que creyó que podía marcharse en pleno apogeo y dejar el poder manteniéndolo a través de una persona interpuesta. Su empeño en cumplir solo dos mandatos dejó un precedente: que ningún presidente estuviera más de dos legislaturas en la Moncloa. No sé si se mantendrá, pero, por el momento, ni Zapatero ni Rajoy superaron sus ocho años.

A José María Aznar lo conocí ya como expresidente. Confieso que todas las veces que coincidimos concordé con sus análisis, pero también tengo que reconocer que no me resultaba fácil empatizar con él. Instala una barrera con su interlocutor que convierte la conversación en un combate de esgrima agotador. O al menos eso era lo que yo percibía.

Su relación con Mariano Rajoy tiene difícil explicación. Él apostó por Mariano y este le fue especialmente leal, sobre todo los primeros años. Tras el congreso de Valencia de 2008, Rajoy se sintió libre para ahormar el partido a su personalidad y estilo, pero estaba dispuesto a mantener su buena relación con Aznar. Lo intentó, pero llegó un momento, siendo ya presidente, en que decidió tirar la toalla: Aznar era inmisericorde con Rajoy. Un día, tomando un café en *ABC*, le pregunté a Aznar cuál era la causa de esa mala relación y me enumeró un buen catálogo de cuestiones en las que discrepaba de su sucesor, aunque a continuación señaló: «No olvide que yo a Rajoy lo hice cuatro veces ministro, vicepresidente y lo nombré mi sucesor». Y era cierto. ¿El dedazo de José María Aznar sobre Mariano Rajoy escondía entonces otras motivaciones que se nos ocultaron a la mayoría? ¿Esperaba Aznar, en su diseño, marcharse como el mayor campeón de la democracia española, en pleno éxito, pero gobernar a partir de 2004 a través de una persona interpuesta, o sea, de Rajoy? Esto solo lo podría responder él en un ejercicio de sinceridad, algo que no suele ser frecuente en estos tiempos.

Aznar no dejaba a nadie indiferente. Cuando concedía una entrevista a *ABC*, sus palabras solían cosechar un enorme eco. Es un hombre con gran talento político y, sobre todo, especialmente bien dotado para la acción de gobierno, pero incapaz de mostrar autenticidad emocional alguna con quienes pueden llegar a votarle. Le adornan otras virtudes. Sé, de todos modos, porque trato de entender la condición humana, que en ocasiones tienes que decir cosas que no quieres, por obvias que estas sean.

El primer dirigente del PP que llegó a gobernar en la historia reciente fue José María Aznar. Después, tal vez incluso más que Felipe González, se pasó los años siguientes criticando a sus sucesores, especialmente a Rajoy. Una afirmación que repitió varias veces fue que él había dejado un partido unido, que en el centroderecha había un solo partido y que posteriormente surgieron hasta dos más. El análisis se cae a nada que uno se detenga un minuto a profundizar en lo ocurrido, no solo en España, sino también en el resto de Europa. Hasta a la propia Angela Merkel le surgieron partidos a su derecha, y no digamos a Sarkozy en Francia o a Cameron en el Reino Unido. Insisto, si uno observa y estudia con detenimiento el auge de los populismos, que toman más fuerza a raíz de la crisis económica de 2008, entenderá lo sucedido en nuestro país. Ello no exonera de responsabilidad a personajes de la derecha y la izquierda españolas por sus errores de esos años.

José María Aznar se marchó triste y dolido del Gobierno. Su salida no fue la que él se había imaginado. Esperaba un triunfo incontestable de su candidato, Rajoy, en marzo de 2004; las encuestas así lo auguraban. Nadie vio ni se enteró de que en España se estaba preparando un atentado terrorista tan horrible como fue el del 11 de marzo de aquel año. Aznar había apostado fuerte por su alianza con Bush hijo y Toni Blair. La foto de las Azores le hizo mucho daño, aunque él estaba convencido de que estaba sacando a España del rincón de la historia, tal y como había afirmado en más de una ocasión. Finalmente, el atentado empañó y enturbió todo el proceso electoral y Aznar no supo gestionar adecuadamente aquel instante de máxima tensión. El 11M desencadenó una crisis en la que la comunicación se gestionó muy mal, como ya había ocurrido con el *Prestige*. El resultado fue que el PP perdió las elecciones y, ciertamente, España sufrió un enorme revés con la llegada del zapaterismo, cuyas consecuencias negativas todavía están hoy por medirse con cálculos y proporciones exactas.

A esa transformación negativa de España se refirió muchas veces Aznar. Insisto en que todavía no hemos expurgado y analizado lo suficiente lo que supuso aquel atentado. Para Aznar fue una enorme tristeza que tuvo como consecuencia que José Luis Rodríguez Zapatero dilapidara toda su herencia. El Gobierno del PP de Aznar dejó a España en situación inmejorable en materia económica. Recuerdo la sobremesa de una de las concurridas comidas que Ana de Palacio suele organizar en su casa de Madrid. Allí nos quedamos tomándonos un segundo café el expresidente colombiano Álvaro Uribe, el propio Aznar, la anfitriona y yo. En un momento dado, José María Aznar dijo que «yo dejé una herencia económica extraordinaria, pero Zapatero acabó con ella», a lo que le replicó Álvaro Uribe: «Yo en Colombia dejé una herencia tan buena que ni Santos pudo terminar con ella».

Reconozcámoslo: ¡qué difícil es ser expresidente!

¿Es realmente ingenuo Zapatero?

La trayectoria de José Luis Rodríguez Zapatero como presidente del Gobierno es una cuestión discutida y discutible. Como acabo de relatar, llegó a la presidencia como consecuencia de un accidente de la historia, los atentados del 11M, y la abandonó diciendo desde la Moncloa que «cualquier español podría ser presidente». Su mayor virtud residía en su talante amable que, sin embargo, escondía posiciones de un acusado sectarismo. Sus largos siete años de mandato se caracterizaron por cuatro hechos: no quiso ver la crisis económica que se cernía sobre nosotros y, por tanto, no acertó a gestionarla adecuadamente, lo cual tuvo unas consecuencias gravísimas para el conjunto de los españoles; proyectó una lamentable imagen de España en el exterior, con alianzas inadecuadas, despreciando primero y mendigando después un trato de favor de los Estados Unidos; avivó el avispero catalán y no supo hacer frente a lo que ya se veía como una anomia en aquella zona; y finalmente, y esto fue lo peor, Zapatero ahondó en el enfrentamiento entre dos Españas, dilapidando la concordia alcanzada en años pasados. Enfrentar a unos españoles con otros fue su mayor pecado.

Conocí a Zapatero cuando yo era director de *La Voz de Galicia* y él aspiraba, como diputado socialista de León, a dirigir el PSOE. Me lo presentó Pepe Blanco, quien fue pieza clave en su ascenso. Corría el año 2000 y *La Voz de Galicia* también era propietaria entonces del *Diario de León*, de ahí la buena relación que desde el Grupo Voz manteníamos con ambos, con Zapatero y con Blanco. El 23 de julio de aquel año Zapatero le ganó a Bono la carrera por liderar el socialismo por tan solo nueve votos. Se le infravaloró y fue un error. No le tomaron en serio ni la vieja guardia de su partido ni el entonces poderoso y orgulloso Partido Popular de Aznar. Alfonso Guerra llegó a llamarlo Bambi. Sin embargo, José Luis Rodríguez Zapatero, con más voluntad que talento, sorprendió a propios y extraños, casi siempre para mal, aunque a él le fue especialmente bien. Ya nunca lo sabremos, pero es muy probable que no hubiese llegado a la Moncloa de no haber sido por los atentados del 11M y, como ya he dicho, por la mala gestión de la comunicación de aquellos días posteriores en los que el Partido Popular lo hizo rematadamente mal y el PSOE rozó la ilegalidad. Todavía hoy ignoramos quién incitó en la noche electoral previa al 14 de marzo a rodear y quemar sedes del PP. En todo caso, aquel no era un ambiente de normalidad y serenidad para acudir al día siguiente a las urnas.

Es de justicia reconocer que Zapatero fue un político con suerte, con baraka. Napoleón quería a sus generales con suerte y de Franco siempre se dijo exactamente eso, que era un militar de suerte. Zapatero, por ejemplo, alcanzó la Secretaría General del PSOE por los pelos y ganó las elecciones de las dos legislaturas en las que ocupó la Moncloa por pura chiripa, a pesar de haber dado bandazos en todo tiempo y lugar.

La memoria histórica

En la primavera de 2006, Manuel Campo Vidal, buen amigo desde los tiempos de Antena 3 TV, donde trabajé cinco años, me propuso asistir a una reunión para hablar de la memoria histórica. Reconozco que no sabía muy bien a qué iba yo a aquel encuentro. Lo tengo grabado y cincelado en mi memoria, sobre todo por lo que me atreví a decirles allí.

La reunión se desarrolló en un extraordinario piso de la muy exclusiva calle Serrano de Madrid. Estaba lleno de pinturas modernas y de gran formato, los techos eran altos y se puede decir, sin caer en la exageración, que se había llevado a cabo una rehabilitación costosa y de muy buen gusto. Ahora bien, los allí convocados estaban más próximos al viejo Partido Comunista de España que a cualquier otra formación política. El encuentro lo presidía Miguel Núñez González, un histórico del PCE. Él llevó la voz cantante de aquella reunión en la que participamos cinco personas más. Núñez insistió en la importancia de sacar adelante, gracias a Zapatero, la Ley de Memoria Histórica. Teóricamente, la iniciativa tenía como principal objetivo recuperar los restos de los enterrados en las cunetas de las carreteras y reivindicar a todas aquellas personas del bando republicano que el tiempo había dejado en el ostracismo. Allí no se habló tanto de ir contra los vestigios del franquismo como de tratar de poner en valor lo que una parte de la sociedad española había perdido setenta años antes en la innoble Guerra Civil. Entendí en aquel momento que les movía la buena voluntad. Como a mí, en ese caso.

Al poco de comenzar la reunión, me atreví a hablar del olvido. Les pregunté: «¿Dónde dejáis el valor del olvido?». No hacía mucho, el Tribunal Constitucional había hecho pública una sentencia en la que le reconocía a un ciudadano el derecho al olvido por crímenes que había cometido en su juventud. Por aquel tiempo, yo estaba intentando hacer mi tesis doctoral sobre *El derecho al honor de las personas públicas* y el olvido me parecía una demostración de que las sociedades tienen capacidad para superarse y, sobre todo, para que el pasado no las lastre ni en el presente ni en el futuro. Aquel día fui un ingenuo y no estaba en el lugar adecuado. Me di cuenta de que mi intervención no les había gustado. No solo eso, les había parecido horrible y no entendían muy bien qué hacía yo allí, sobre todo cuando les dije: «No se olviden de que el 80 por ciento de los contendientes en esa guerra no escogió el bando, lucharon donde les tocó». Miguel Núñez, desde su bonhomía de ochenta y seis años, me aparcó en el debate, que se centró en lo que el zapaterismo estaba preparando, la que, considero, ha sido una de las iniciativas más lamentables de los últimos años en España. De hecho, creo que gran parte del texto de la ley última sobre memoria democrática es inconstitucional.

Esta cuestión de la memoria histórica se aborda en este momento de la vida de los españoles desde una perspectiva de odio y de venganza. Cuando se recuerda la Guerra Civil, que, como toda confrontación bélica, no tiene nada de noble por ninguna parte, se pone el acento en las matanzas, en las sacas, en los fusilamientos y en el odio entre las dos Españas. Una guerra entre hermanos que hizo aflorar lo peor de la naturaleza humana y donde se evidenciaron las miserias de las que es capaz el ser humano. Todo es verdad, pero no es toda la verdad. Ni siquiera, cabe añadir, la verdad más importante ni, desde luego, la más integradora. La reconciliación nacional fue un logro de la Transición. La concordia entre los españoles era algo de lo que nos sentíamos orgullosos. Rodríguez Zapatero decidió quebrar ese consenso y tirar al basurero de la historia un hito admirable del pueblo español. Estaba atendiendo a una petición de la izquierda más radical, pero él se sentía cómodo en ese papel e incluso evocó a uno de sus abuelos; al otro no, aunque también había estado en aquella guerra fratricida.

Considero que pocas cosas hay más irritantes que determinados políticos que, bajo la invocación de la democracia, llevan a cabo iniciativas profundamente antidemocráticas. Un ejemplo son esas supuestas élites culturales y políticas que gestionan autoritariamente la memoria colectiva. Desde Zapatero hasta hoy se ha impuesto un sesgo que frivoliza la historia de las generaciones que entre los sesenta y los setenta produjeron el mayor cambio social y económico de España. Es esa mirada rencorosa, curiosamente la de quienes nada tuvieron que ver entonces, la que ha decidido mostrar nuestra historia del siglo XX como algo estrafalario propio de un país tercermundista. Un país donde durante tres años se dirimió supuestamente una guerra sin causa.

Lo peor de todo es que con Zapatero y con este tipo de actuaciones, la Transición, que fue un éxito democrático, se ha convertido en algo de lo que parece que tenemos que avergonzarnos. Los antecesores de Zapatero se empeñaron en poner en valor la capacidad de los españoles para reconciliarse; llegó él e hizo exactamente lo contrario. Puso en marcha iniciativas orientadas a fomentar la desleal confrontación de bandos, a eso redujo finalmente la política. De aquellos barros estos lodos, y de ahí nacieron, bajo la sombra del sectarismo ideológico, la generación menos preparada de la historia y sus enfrentamientos irreconciliables de bloques. Como la historia siempre se repite, y parece que los españoles no queremos aprender de ello, vuelve a tomar valor el texto de la conocida carta de Gregorio Marañón a Pérez de Ayala: «Horroriza pensar que esta cuadrilla hubiera podido hacerse dueña de España».

En el Foro ABC

Zapatero nunca se portó bien con *ABC*. Creo que formaba parte de su ADN sectario, aunque él presumía de tener un talante democrático y de aceptar las críticas. No era cierto. Recuerdo que, estando en la oposición, fue invitado a participar en el Foro ABC. Entonces yo todavía trabajaba en *La Voz de Galicia*, por tanto, solo puedo relatar los hechos, pues no los viví de primera mano. El Foro ABC era una de las más prestigiosas tribunas de España. Como digo, participó en ella mientras estaba en la oposición, pero cuando fue presidente no acudió jamás. De la misma manera se comportó Pedro Sánchez. Su invocación a la libertad de expresión y a la crítica es retórica, pues en realidad ambos carecen de fe democrática, aunque la invoquen constantemente. Algo que también aprendí a lo largo de los años fue que los políticos de derechas son más liberales y tolerantes y terminan concediendo entrevistas y manteniendo encuentros con periodistas que pueden tener una sensibilidad u óptica contraria a la suya; los de izquierdas no, militan en su sectarismo, que hace imposible cualquier diálogo con ellos si no estás sometido a la militancia de sus ideas.

Especialmente crítico y quejoso con esa actitud del entonces presidente socialista era José Manuel Vargas, consejero delegado de Vocento. A través de varios ministros más cercanos a nosotros, especialmente Pepe Blanco y Rubalcaba, en la primavera de 2010 logramos que Zapatero nos recibiese en la Moncloa. Queríamos limar asperezas, a pesar de que ya sabíamos que estaba en la recta final de su mandato y que era más que nunca un *pato cojo*.

Acudimos a la Moncloa José Manuel Vargas, Ángel Expósito y yo. La cita era a las cuatro de la tarde. Los treinta minutos previstos inicialmente se prolongaron por espacio de dos horas. Hablamos de todo. Como siempre, Rodríguez Zapatero destilaba un optimismo indescriptible. Veía cercana la recuperación del empleo, la mejora de la economía y a España reconquistando puestos perdidos en la *champions* del concierto económico mundial. Reconozco que aquel encuentro resultó especialmente tedioso para mí. Me aburría aquel Zapatero. Me parecía increíble que fuese el presidente de mi país. En un momento determinado, no sé si por el sopor propio de las horas posteriores a la comida o por qué, casi me deslizo y me acuesto en el sofá. Estaba deseando que aquello acabase. Solo escuchaba lugares comunes y nada que ver con la realidad de la España que ya estaba sufriendo una auténtica depresión económica.

Entonces recordé una historia que me había referido unos años antes un obispo gallego. Me contó que en la primavera de 2005, los obispos de Galicia tenían que hacer un viaje a Roma para cumplir con la preceptiva visita *ad limina*, en la que están obligados a despachar con el papa e informarlo sobre el estado de las diócesis que dirigen. En aquellos días de marzo de 2005, su santidad Juan Pablo II estaba ya muy enfermo, por lo que el encargado de reunirse con cada uno de los prelados gallegos fue el entonces cardenal Joseph Ratzinger, quien era el prefecto de la congregación para la Doctrina de la Fe. Mi amigo, el obispo, me dijo que cuando se vio en la soledad del despacho, allí, en el Vaticano, con la figura seria aunque amabilísima del futuro Benedicto XVI, se quedó impactado. Es más, me dijo: «Ratzinger, en la soledad de aquel despacho, acojona». Me hizo mucha gracia escuchar expresarse así al buen obispo gallego, pero mucho más me impactó descubrir la capacidad que determinadas personalidades tienen para infundir respeto por su altura moral o intelectual. Así al revés, sorprende también que algunos personajes, siendo tan mediocres, hayan alcanzado altas magistraturas. La verdad es que José Luis Rodríguez Zapatero tenía razón; escuchándolo, llegabas a la conclusión de que cualquier español podría estar ocupando aquella silla en el puente de mando de España. Así nos fue.

Existe una corriente de opinión en torno a la figura de Zapatero que defienden con empeño personas muy cercanas a él, según la cual estamos ante una persona extremadamente ingenua y con un fondo de bondad y buena voluntad impropio de un político. Por eso se ha metido a mediar en Venezuela, convencido de que conseguirá llevar la paz a aquel país, como lo hizo al lograr el fin de ETA. Yo, personalmente, no me lo creo. En primer lugar, me parece que la derrota de ETA fue fruto de muchos años de trabajo de miles y miles de profesionales de las fuerzas del orden de un Estado democrático. Y, en segundo lugar, el PSOE de Zapatero alargó innecesariamente un final que se pudo alcanzar mucho antes, ya que, en la etapa de Aznar, ETA estaba notablemente debilitada en todos los frentes, tanto en el terrorista como en el político. Dudo mucho de la ingenuidad de José Luis Rodríguez Zapatero.

Esa tan exaltada candidez es la que justifica una supuesta colaboración con José Bono y con Miguel Ángel Moratinos en labores de relaciones internacionales, muy especialmente con Venezuela, pero puede que también en trabajos con otros países latinoamericanos y, sobre todo, africanos. No seré yo quien critique las puertas giratorias, pero prefiero las que el gran público conoce con luz y taquígrafos, como puede ser una silla en el consejo de administración de una empresa eléctrica, que las invisibles. Un expresidente de España debería ser muy transparente en todo cuanto hace. Ocupar ese puesto es un alto honor, pero lleva sus cargas, como, por ejemplo, no servir a ningún interés espurio.

Alegría y orgullo del servicio público

Como escribí al principio de este capítulo, casi todos los presidentes de la España democrática se fueron tristes y amargados. El tiempo los dulcificó más tarde, pero nunca abandonaron el síndrome de Calimero: todos fueron injustos con ellos. Solo hubo un presidente que llevó mejor esa salida: Rodríguez Zapatero. Hay que reconocerle ese carácter y esa virtud. La verdad es que nadie le puede negar esa amabilidad personal que él, curiosamente, considera un aval de su crédito democrático y no un rasgo de su personalidad.

Me parece saludable para esa España que debe dejar de confrontar en dos bandos y hacer de la política el noble servicio al bien común y al interés general que los expresidentes se marchen contentos y se sientan orgullosos de haber ocupado tan alto cargo de servicio a su país. Es necesario recuperar esa cultura que le otorga nobleza y altura a la vida del político.

Admito que abandonar ese modo de vida sin mostrar amargura alguna tras haber sido presidente durante un periodo dilatado de tiempo es todo un arte. Salir limpiamente de ahí, sin mostrar las heridas y las cicatrices, es ciertamente complejo. Los antecedentes que tenemos de los presidentes, desde Adolfo Suárez hasta Mariano Rajoy, vienen a demostrar que marcharse es una tarea ardua. Hay que destacar que el día que Rajoy tomó la decisión de dejar la política lo hizo de manera ejemplar. En apenas unos días, tras la moción de censura que le ganó Sánchez, Rajoy decidió pedir el reingreso en su profesión, volver a su Registro de Santa Pola y ser un ciudadano de a pie. Además, para que no hubiese dudas y poder cumplir con aquello que decía Fraga de «ni tutelas ni tutías», convocó el congreso de su partido y renunció al escaño. De esta manera, como decía Leopoldo Calvo-Sotelo, recuperó la vida normal en apenas dos días. Rajoy, a pesar del dolor que me consta que sentía, supo despedirse de manera muy elegante.

El tiempo demuestra que las aflicciones y las penas, desde lejos, ni eso son. De todos ellos se han dicho cosas espantosas, pero pasados los años hasta los enemigos más encarnizados terminan reconociéndoles las virtudes. Tal vez tenga mucho que ver en ello que ya no toman decisiones que puedan interferir en nuestras vidas. Cuando se valora el perfil y la figura de grandes políticos, de hombres de Estado, se puede caer con facilidad en la alabanza, en el halago. También es fácil deslizarse por el terreno de la crítica, que a estas alturas se puede antojar estéril. Así, es de justicia saber entender al personaje y su contexto. Ni culto al líder ni odio cainita a quien no milita en tus ideas. El estudio detenido y desapasionado de los presidentes de la democracia española desde 1977 hasta hoy merece detenimiento y altura de miras. Los periodistas estamos en la inmediatez y por eso nuestro análisis acaba resultando muy epidérmico y, por regla general, apasionado. Otra de las enfermedades de los periodistas es el sectarismo, que pocas veces en España se ha dado en nuestra profesión como ahora. Es el viejo proselitismo del siglo XIX llevado a la extenuación y al odio al rival.

Necesitamos restaurar la figura del político en general. Si somos justos, necesitamos además que adquiera más músculo la fibra moral de los periodistas. Por eso es tan importante que se dediquen a la política solo los mejores, aquellos que la consideran algo noble, orientado al bien común, al interés general, y que la conciben como una labor colectiva hecha de valores, principios y pactos y con el convencimiento suficiente de que quien se opone a ti merece tanto respeto como tú. Desgraciadamente, no es así. Por lo menos entonces, que llegue a la cúspide de la pirámide de poder de España, si no el mejor, uno de los buenos, pero no cualquier ciudadano, como decía Zapatero.

12

Mariano Rajoy: un patriota

Y uno de los buenos, de los mejores, ha sido Mariano Rajoy. No es mi amigo, aunque me hubiera gustado que lo fuera, como ya escribí en el capítulo 10. Siempre vi en él virtudes que adornan a las personas auténticas que merecen la pena. Por supuesto que, como todo ser humano, es falible y en su etapa de presidente de Gobierno hizo cosas buenas y malas. Pero en su acción política a Mariano le acompañó de manera constante la buena voluntad, y su mayor virtud, y ventaja, sobre sus rivales políticos —especialmente los de su propio partido— fue que él nunca tuvo intereses personales, sino una vocación política que lo llevó a ser prácticamente todo en la democracia española: desde concejal de un ayuntamiento hasta presidente del Gobierno. Muy pocos pueden ofrecer esa hoja de servicios. Muy pocos han contraído tantos méritos en el servicio público. Por eso no mereció un final de carrera como el que tuvo, pero el tiempo, juez inapelable, lo está colocando ya entre los mejores, a pesar de haber gobernado durante una de las etapas más convulsas de la historia reciente.

Como ya expresé con anterioridad, la palabra «amigo» hay que aplicarla con mucho cuidado. Rajoy ya se preocupó de que sus amigos fuesen los justos y los de siempre. Ello no le impedía ser extremadamente cortés en sus maneras y cauto en la efusividad. Durante mucho tiempo, en su etapa de presidente del Gobierno, se me adjudicó una especie de vínculo estrecho con él. Era falso, pero yo no iba a poner ningún empeño en desmentirlo, ya que el interlocutor de turno no me iba a creer, pues nos confería a los gallegos un halo de misterio y una quinta derivada que nunca se sabe hasta dónde llega. Como ocurre en tantas ocasiones, la realidad era mucho más sencilla y yo no hablé con Mariano durante el tiempo que ocupó la Moncloa más veces que cualquier otro director de medios. Entre otras razones, porque Rajoy era muy poco dado al compadreo con los periodistas. Insisto, era educado y ponderado en el trato, pero nunca se prestó a la intimidad con ningún colega mediático.

A diferencia de sus antecesores, él no creó una especie de «corte de los amigos» en la Moncloa. Felipe inauguró la bodeguilla para solazarse con el billar en compañía de periodistas y otros personajes de la vida pública. Aznar disputaba partidas de pádel con algún que otro directivo que alardeaba de ello. Zapatero instaló una canasta para jugar al baloncesto con Ferreras y Contreras. Rajoy limitó su esparcimiento y ocio en la Moncloa a su familia y solo en contadas ocasiones invitó a sus íntimos amigos de

Pontevedra. No disfrutaba con la exhibición del poder. Tampoco eran tiempos para hacerlo, con una España sumida en una profunda depresión económica.

Una vez, los comensales, en aquella intimidad familiar, fueron la familia Aznar. Viri, la esposa de Mariano, se esmeraba siempre en ser una buena anfitriona. Con Aznar puso especial esmero y lo situó en el lugar preferente de la mesa. Viri recurrió también a las pocas botellas de Vega Sicilia que tenía en su bodeguilla particular para que José María Aznar se sintiese más cómodo. Fue un sábado al mediodía. El martes siguiente, apenas tres días después, el anterior líder de los populares era entrevistado en Antena 3 y a la pregunta de cómo eran sus relaciones con Rajoy, se limitó a decir: «Hace mucho tiempo que no lo veo». Sobran los comentarios, aunque es bien sabido que, a partir de un momento determinado, las relaciones entre el expresidente y su sucesor dejaron de ser buenas. A Rajoy le llegaban constantes comentarios, incluidos aquellos que se hacían en las cenas de Marbella, sobre la crítica implacable a la que Aznar lo sometía. Este último solía decir que él había dejado un partido unido y que entonces estaba dividido en tres. Era, a todas luces, un análisis poco riguroso, teniendo en cuenta que él abandonó la presidencia del PP en 2004 y que cuando hacía esas declaraciones, había transcurrido una década y el fraccionamiento político había aflorado en toda Europa. Y España no era una excepción.

Esa distancia de Rajoy con los periodistas —incluso en ocasiones sentía cierto desprecio por ellos— le trajo más problemas de los que él mismo había calculado. La comunicación fue su asignatura pendiente. Él no creía en la impostura y en simular lo que no era. Ana Pastor, una de sus colaboradoras más fieles, solía decir: «Es que a Mariano no le sale halagar a la gente, él es más auténtico; si no lo cree, no lo hace». A mí ese comportamiento del entonces presidente me parecía muy bien. Ojalá todos hiciesen uso de la Moncloa y de los recursos que el Estado pone al servicio del presidente del Gobierno de la misma manera que lo hizo el gallego. Otra cosa distinta fue despreciar el fenómeno de la comunicación o dejarlo solo en manos de su vicepresidenta. Ese fue uno de sus grandes errores. Pocas veces un presidente fue más atacado por los medios que él. La izquierda mediática personificó en Rajoy todos los males, cuando estábamos, probablemente, ante el más democrático de cuantos ocuparon ese cargo. Lo curioso fue el interés que él puso en ayudar a la salvación de La Sexta y del Grupo Prisa. Hasta Juan Luis Cebrián llegó a confesar que «estos sí que son liberales». Y tanto que lo fueron.

Conocí a Mariano Rajoy en diciembre de 1984 en Pontevedra. Era un joven político que ya había aprobado sus oposiciones de registrador de la propiedad y que ocupaba el cargo de presidente de la Diputación Provincial. Entonces yo era director de Antena 3 Radio en Galicia, que acababa de absorber Radio 80. Como consecuencia de ello, tuve que desplazarme desde A Coruña a Pontevedra para hacerme cargo de la nueva emisora. Allí, por cierto, me encontré a Manuel Villanueva, hoy influyente hombre de Mediaset, que hacía sus primeras armas en el mundo de la comunicación. Estaba pactada una entrevista con Rajoy, en su calidad de presidente de la Diputación y, puesto que la emisora se había quedado en cuadro, se la hice yo. Después de la entrevista nos fuimos a tomar un aperitivo a una cafetería clásica de la época en aquella ciudad, el Daniel.

Tuve la oportunidad de ver en aquel joven político muchas de las virtudes que después le acompañaron. Estoy convencido de que, aquel día, Rajoy para nada esperaba llegar tan lejos en su faceta política. Siempre valoré su humildad. Fue, sin duda, el inquilino de la Moncloa menos vanidoso, tenía su ego muy controlado. Hasta en su despedida, cuando dijo que se apartaba para que viniesen otros a dirigir el PP, fue el más elegante y, una vez más, el que demostró mayor humildad.

La leyenda urbana de mi gran amistad con Rajoy la comenzó a construir, creo que sin ninguna mala pretensión, mi colega y paisana Magis Iglesias, en aquel tiempo corresponsal política de la agencia Colpisa. Una mañana, en plenas vísperas electorales de 2011, en la tertulia de la cadena SER, comentó que Rajoy acababa de sacar un libro en el que hablaba de sí mismo y de su vida política. Magis apuntó que yo había contribuido de manera decisiva a su redacción final. Había oído campanas, pero en realidad no había sido Bieito, sino José María Beneyto. Entre eso, nuestra común ascendencia gallega y que, efectivamente, sabíamos quiénes éramos desde hacía más de treinta años, nació la leyenda urbana madrileña. Así ocurre con otras muchas historias de la villa y corte, donde la imaginación desbordante de unos y el permanente ajuste de cuentas de periodistas y políticos terminan construyendo historias que, si no son falsas, se mueven en la media verdad.

Rajoy representaba como pocos políticos el atacado sistema de la Transición, una de las mejores páginas de la historia de España. Fue un valor político probado y contrastado al que solo le movía servir a su país. Por supuesto que tenía su dosis de ego y de ambición, sin ella no podría haber estado cuarenta años en política. Fue un exitoso gobernante al que le salpicaron algunas gotas de chapuzones en los que él no tenía arte ni parte. Ejemplar fue su silencio y su ausencia total de reproches a determinadas herencias de Aznar. Se puede decir de Rajoy que cerró su travesía por la política y por su manifestación más exitosa, el poder, con grandeza, sin ninguna mancha personal, sin hincar la rodilla y sin perder dignidad.

Mucho se escribió sobre la sobremesa del 31 de mayo de 2018, cuando, conocedor por Ortuzar de que el PNV le retiraba el apoyo, con lo que perdería la moción de censura, decidió no acudir al Congreso de los Diputados para no seguir escuchando más improperios del *coro Frankenstein*. Es probable que hubiese quedado mejor su figura allí presente. También es cierto que fue muy humana su reacción. La resistencia y la capacidad de aguante tienen sus límites. Su caída fue injusta. Sin embargo, tengo para mí que la historia le será propicia. Tuvo el enorme mérito de gobernar un país en medio de una crisis total sin perder el rumbo. Fue un gobernante riguroso, prudente y sistémico.

Se le reprochó mucho que no hubiese dimitido antes de la moción de censura para dejar paso a otro candidato de su partido. Fue un reproche sin fundamento. La moción se hubiese celebrado igual, dimitiese o no, y Rivera ya había comprado la mercancía averiada de Sánchez de convocar elecciones inmediatamente. El dirigente socialista, una vez más, incumplió su palabra. Nada nuevo bajo el sol de la política de España. La mentira de Sánchez no ha sufrido a día de hoy penalización ninguna por parte de la ciudadanía.

Lo que más le costaba a Mariano en la vida era tomar decisiones sobre las personas. Prefería sacarse una muela a pedirle a un amigo o a un compañero de partido que dejase el puesto. Fue otro de sus grandes errores. Tampoco le gustaban los chismes sobre personas cercanas. Era bien conocida la animadversión que una parte del Gabinete le tenía a la poderosa vicepresidenta Soraya Sáenz de Santamaría. Su mayor antagonista era José Manuel Margallo, el ministro de Asuntos Exteriores, hombre inteligente y brillante, aunque con un humor ácido que no todo el mundo entendía.

Margallo se inventó el G5 o grupo de ministros que eran amigos de Mariano Rajoy desde tiempo atrás. Contaba el ministro de Exteriores que se habían hecho amigos en la década de los noventa, en la primera legislatura en la que Rajoy se sentó en el Congreso de los Diputados. Margallo explicaba a quien lo quisiera escuchar que «este gallego de la barba no sabes lo simpático que es y qué sentido del humor tiene». Tanto él como Miguel Arias Cañete hubiesen querido ser vicepresidentes. A ninguno de los dos le faltaban cualidades para ello, pero Soraya tenía tomada la posición hacía tiempo y Rajoy se fiaba mucho de ella, algo que no comprendían sus colaboradores más próximos.

El hecho de que Rajoy fuese el presidente más atacado por los medios y de que la vicepresidenta, de la que dependía la poderosa maquinaria del Estado para relacionarse con esos medios, apenas sufriese rasguño alguno era algo que no solo inquietaba a los ministros, sino también a los barones territoriales, entre ellos al propio Núñez Feijóo, que incluso llegó a plantear esta cuestión en una reunión del partido. El presidente de la Xunta recordaba que tanto Alfonso Guerra como Álvarez Cascos o Fernández de la Vega habían actuado de escudos protectores del jefe del Gobierno y que esa era la primera vez que el presidente sufría un ataque demoledor mientras la vicepresidenta no recibía ni un arañazo.

Alberto Núñez Feijóo nunca supo quién filtró al diario *El País* unas fotografías suyas de 1995 en las que aparecía en compañía del contrabandista gallego Marcial Dorado. El rotativo madrileño las publicaba el 30 de marzo de 2013, dieciocho años después. Feijóo llegó a hablar por teléfono con Rajoy sobre el asunto. La conversación versó sobre la extrañeza de ambos ante la llegada de las instantáneas a la redacción de un periódico. El objetivo era dañar la imagen del emergente líder de los populares gallegos. En un momento determinado de la conversación, Rajoy inquiere a Feijóo: «Pero ¿tú quién crees que pudo hacer esto?». Y Feijóo, estupefacto, contesta: «No lo sé, pero supongo que por ahí tendréis más información». Rajoy no la tenía. Las relaciones con el CNI y con los Servicios de Información correspondían a Soraya. Tampoco es fácil, afortunadamente, descubrir las fuentes de los periodistas. La clave, sin embargo, estaba en saber de dónde provenían esas fotografías. Que las habían filtrado con toda la intención de perjudicar a Feijóo no admitía discusión.

Las imágenes habían sido incautadas en un registro que se llevó a cabo el 6 de noviembre de 2003 en el domicilio arousano de Marcial Dorado. Lo había ordenado el mediático juez Vázquez Taín. Hasta entonces no se había logrado probar ningún vínculo de Dorado con el narcotráfico. Lo había intentado Garzón en 1990, pero finalmente nada se pudo demostrar. En esa ocasión, sí. Entre los documentos que incautó la policía se encontraban todo tipo de fotografías, entre ellas, unas en las que aparecían Alberto Núñez cuando ni siquiera era político y Dorado, en ese momento empresario con actividades tan diversas como los hidrocarburos, la acuicultura o el negocio inmobiliario. Todo ello bajo el paraguas de «actividades legales». Las fotos del empresario y el político en un barco y en otros escenarios quedaron almacenadas, no sabemos muy bien por qué, en la Delegación del Gobierno en Galicia, con sede en A Coruña. Manuel Ameijeiras, delegado del Gobierno socialista de José Luis Rodríguez Zapatero, las tuvo en su mano. Habló de ello con Emilio Pérez Touriño, entonces presidente de la Xunta y número uno del PSOE gallego. Touriño, hombre de acusada personalidad, carácter y probada honestidad, nunca quiso utilizar esos documentos gráficos y menos en la campaña autonómica de 2009, cuando finalmente Alberto Núñez Feijóo alcanzó la presidencia de la Xunta. Es curioso que gobernando el PSOE no trascendieran y sí apareciesen en pleno ejercicio del poder del PP.

El emergente presidente gallego siempre contó con el apoyo y la simpatía personal de Mariano Rajoy, de eso no cabe ninguna duda. Me consta que se quedó muy preocupado por aquellas imágenes y por la intención que se escondía detrás de la filtración. De su apoyo a Alberto daba buenas muestras en cada campaña autonómica de Galicia. En la de marzo de 2009, Rajoy recorrió todo el territorio, pero muy especialmente aquellos lugares de difícil acceso o poco frecuentados por los políticos. Se comprometió como pocas veces. Lo cierto es que aquella victoria del PP gallego, con Feijóo al frente, le dio oxígeno a su jefe de filas y lo catapultó ante el desastre del zapaterismo, que ya llevaba al país hacia el abismo.

Como ya queda escrito, a Mariano le molestaba especialmente que sus ministros hablasen mal unos de otros. Conocedores de ello, no solían contarle lo que pensaban de sus compañeros de Gabinete. Él prestaba mucha atención en los Consejos de Ministros a lo que decía Luis de Guindos en materia económica y Margallo en las cuestiones de Exteriores. Con Soraya despachaba prácticamente a diario.

Los *ministros amigos*, los componentes del famoso G5, se reunieron por casualidad, sin ninguna pretensión más allá que la de confraternizar, un fin de semana de marzo de 2014 en Haro, La Rioja. El diario local de Vocento dio la noticia con gran alarde fotográfico y Margallo decidió inferirle una intención que en realidad nunca tuvo. El G5 lo componían los ministros Ana Pastor, Arias Cañete, Jorge Fernández, José Manuel Soria y el ya citado Margallo. Era evidente, sin embargo, que siendo los amigos de Rajoy de toda la vida política, no los íntimos de Pontevedra, protagonizaban un claro enfrentamiento con la vicepresidenta. Esta también ponía de su parte. Muchos de ellos estaban convencidos de que Soraya estaba detrás de algunos de los problemas mediáticos que surgían de manera imprevista. Ella y Cristóbal Montoro, cuyo uso de la información privilegiada sobre la fiscalidad de las personas no siempre fue muy ortodoxo, mantuvieron constantes encontronazos con los miembros del G5. Estos últimos insistían en que a Mariano y al PP les habría ido mucho mejor electoralmente si el ministro de Hacienda no hubiera sido Montoro.

El otro frente que Soraya mantenía abierto era el de María Dolores de Cospedal. La secretaria general no pertenecía al G5. Iba por libre y tenía su propia corte y agenda. Reconozco que, personalmente, siempre me entendí mejor con María Dolores que con Soraya, aunque no había ninguna razón especial para ello. Suele ser algo espontáneo, pero confieso que con Cospedal mi diálogo era más fluido y transparente, además de frecuente. Recuerdo que en la formación de Gobierno, tras las elecciones de 2016, se estuvo dudando a qué ministerio asignar el CNI. María Dolores quería que volviese a Defensa, era lo habitual hasta que María Teresa Fernández de la Vega se lo llevó a la Vicepresidencia. Soraya sabía que tenía una palanca de enorme poder y, aunque no se podía hacer nada con ella, al menos de manera oficial, intimidaba a cualquier enemigo.

Curri Valenzuela, una veterana periodista a la que traté de mantener contra viento y marea escribiendo en *ABC*, publicó en julio de 2017 una columna donde daba a entender que en el CNI se habían elaborado informes sobre las vidas y andanzas de las parejas de los ministros. A la mañana siguiente, recibí una llamada del general Félix Sanz Roldán. No era la primera vez que me llamaba; unas veces, para comentar o para felicitarme por alguna información y otras, para mostrar abiertamente su enfado. Si algo había aprendido a lo largo de mis años de periodista, era a torear a los interlocutores que llamaban para quejarse por una información. Como ya he contado antes, la experiencia me había demostrado que en la inmensa mayoría de los casos, solía tener la razón el redactor que firmaba la información objeto de protesta. Sanz Roldán me preguntó que cómo podíamos publicar ese tipo de infundios mientras sus hombres se jugaban la vida en Siria, en el Sahel y en misiones altamente peligrosas. Me reprochaba que nos hiciésemos eco de ese tipo de chismes cuando el CNI se dedicaba a cuestiones de alta relevancia para el país y no atendía a pajarotas.

A Rafael Catalá, entonces ministro de Justicia, le habían comentado más o menos lo mismo que a Curri Valenzuela. Él decidió un día acercarse a ver al general para mostrarle su preocupación por esta información, en caso de que fuese cierta. El desmentido fue rotundo por parte del número uno de la inteligencia española. Le aseguró que no había tales informes y que, en todo caso, algún *policía malo* podría haberlos hecho por su cuenta, pero que, desde luego, en el CNI no había tal cosa. Pasaron unos días y me encontré con María Dolores de Cospedal en un foro de los que organizaba *ABC*. Le comenté la llamada que me había hecho Sanz Roldán reprochándome que hubiésemos afirmado semejante cosa, a lo que me respondió: «Te aseguro que es cierto».

Estaba claro que en el Gabinete de Rajoy no reinaba el ambiente de un recoleto monasterio de hermanas carmelitas, pero no había más tensiones que las que pudieron surgir en cualquier otro Consejo de Ministros. El hecho de que todos permaneciesen muchos años en los cargos también favoreció ese tipo de situaciones. A Mariano, como ya he comentado, le costaba mucho tomar decisiones sobre las personas, lo que le llevó a mantener en sus puestos a la mayoría de los miembros de su Gabinete. También es cierto que a él no le gustaba que los ministros fueran flor de un día.

El 15 de abril de 2016, José Manuel Soria, que ocupaba la poderosa cartera de Industria, Comercio y Turismo, decidió presentar su dimisión. Se suponía que lo hacía por los papeles de Panamá, en los que aparecía una empresa de su familia. La verdad era que el presidente lo había convocado el día anterior en la Moncloa y le había enseñado un informe sobre la situación fiscal de la herencia de su familia que afectaba a su madre. Rajoy le dijo: «Me dice Cristóbal que estos papeles ya los tienen los periodistas». Montoro se cobraba la cabeza de uno de los ministros que más lo cuestionaban. Al ministro de Hacienda se le solía alinear en el bando de Soraya. Soria decidió dimitir, como digo, no tanto por los papeles de Panamá como por cuestiones que tenían que ver con la situación fiscal de la herencia de su familia.

En el verano de 2017, el balance era contundente: Soraya acaparaba más poder mientras que Ana Pastor presidía el Congreso, Miguel Arias estaba refugiado como comisario en la UE, Jorge Fernández convalecía de una grave enfermedad, Margallo ya no era ministro de Exteriores y José Manuel Soria había tenido que dimitir. El G5 no había tenido una vida fácil ni feliz, y eso que eran los grandes amigos que el presidente había hecho a lo largo de sus años como militante del PP.

Rajoy sufrió algo habitual en la vida pública: la contrafigura, lo que los demás dicen de ti y no es cierto. No la combatió e incluso acabó resignándose y acostumbrándose a ella. La caricatura simple lo situaba leyendo exclusivamente el deportivo *Marca*, con poca dedicación al trabajo, en actitud de que todo le resbalaba, lento en la toma decisiones, fumando puros todo el día y tomando whiskies en la sobremesa. Ese tipo de perfiles malintencionados parte siempre de situaciones que se mueven entre la media verdad y la media mentira.

1. Con el rey Juan Carlos en su despacho de la Zarzuela en el 7 de marzo de 2012 (© Diario *ABC*/Matías Nieto-Ignacio Gil).

2. Vocento reúne por primera vez a los tres expresidentes vivos del momento, el 5 de julio de 2017 (© Diario *ABC*/Ignacio Gil).

3. Mariano Rajoy y Bieito Rubido conversan en el despacho particular del primero, en octubre de 2019 (© Diario *ABC*/Ignacio Gil).

4. Sus Majestades los Reyes de España, Felipe VI y Letizia, acompañados por el director para asistir a la entrega de los Premios Cavia en la sede de *ABC* (© 2019, Fernando Junco para *Hola*).

5. Catalina Luca de Tena y Bieito Rubido acompañan a José María Aznar a un desayuno en *ABC* (© Diario *ABC*).

6. José Luis Rodríguez Zapatero, ya como presidente del Gobierno, visitando *La Voz de Galicia*, en A Coruña (archivo personal del autor).

7. Con Manuel Fraga, presidente de la Xunta, en 1994, en las instalaciones de *Radio Voz*, en A Coruña (archivo personal del autor).

8. Con Hugo Chávez, en septiembre de 2005, en su despacho del palacio de Miraflores, en Caracas (archivo personal del autor).

9. Con Antonio Costa, primer ministro de Portugal, en el centro, en su embajada de Madrid, en compañía de Belén Rodrigo y Ramón Pérez Maura (© Diario *ABC*/Óscar del Pozo).

10. Con Mauricio Macri, presidente de Argentina, en una de las múltiples entrevistas que mantuvo Rubido con él (archivo personal del autor).

11. Con José Manuel Santos, premio Nobel de la Paz, en una de las tres entrevistas que el presidente de Colombia concedió a Bieito Rubido (© Diario *ABC*/Luca Zanetti).

12. Conversando sobre datos económicos con Mariano Rajoy en la Moncloa, en 2016, en presencia de Montserrat Lluis, directora adjunta de *ABC* (© Diario *ABC*/Jaime García).

13. Con Pablo Casado, recién nombrado presidente del PP,
en su despacho de la calle Génova (© Diario *ABC*/Matías Nieto).

14. Con el premio Nobel de literatura Mario Vargas Llosa,
tras un diálogo organizado por *ABC* en mayo de 2017 (© Diario *ABC*/Ángel de Antonio).

15. Con Seymour Hersh, periodista norteamericano, famoso por sus exclusivas de investigación, en mayo de 2005 en Leipzig (archivo personal del autor/Michael Kopa).

16. Con, de izquierda a derecha, Teodoro González Ballesteros y Manuel Martín Ferrand en el patio andaluz de la Casa de *ABC* (© Diario *ABC*/Eduardo San Bernardo).

17. Con Ryszard Kapuściński en Oviedo, con motivo de la entrega del Premio Príncipe de Asturias en 2003 (archivo personal del autor).

18. Con, de izquierda a derecha, Carlos Herrera, Federico Jiménez Losantos e Isabel San Sebastián en un debate en Madrid en 2015 (© Diario *ABC*/Maya Balanya).

19. Con Günther Nonnenmacher, en octubre de 2003, en la sede del *Frankfurter Allgemeinen Zeitung*, del que era entonces director (archivo personal del autor/Michael Kopa).

20. Con Ignacio Ramonet, director de *Le Monde Diplomatique*, en A Coruña (archivo personal del autor).

21. Con Miguel Angel García-Juez, a la derecha, y Carlos Pumares presentando
el 1 de diciembre de 1994, en Madrid, la nueva cadena Radio Voz (archivo personal del autor).

22. Con toda la redacción de *La Voz de Galicia*, a la que dirigió durante seis años,
en julio de 2002 con motivo de la presentación de su libro de estilo (archivo personal del autor).

23. Con toda la redacción de *ABC*, reunida para apoyar a los redactores Cruz Morcillo y Pablo Muñoz ante una posible imputación judicial en abril de 2016 (© Diario *ABC*/Matías Nieto-Ignacio Gil).

24. El equipo de tertulianos de *Hora Cero* de Antena 3, que dirigía José Luis Balbín, tras recibir el Premio Ondas de radio de 1991 (archivo personal del autor).

25. Con, de izquierda a derecha, Manuel Fernández Trigo, gerente del Real Madrid, y Arsenio Iglesias, histórico entrenador del Deportivo de La Coruña, con quien Bieito mantenía una profunda amistad. La imagen es del verano de 1992 (archivo personal del autor).

VIERNES, 12 DE MARZO DEL 2004 | VIGO

La Voz de Galicia

NÚMERO 39.999 | AÑO CXXII | PRECIO: 1 € | www.lavozdegalicia.es

INFAMIA

Al Qaida perpetra en Madrid la peor matanza terrorista de la historia de España

Dos centenares de muertos y 1.400 heridos

■ Casi 200 personas murieron ayer y más de 1.400 resultaron heridas en la peor masacre perpetrada en España. La mayoría de las víctimas son trabajadores y jóvenes que viajaban a Madrid a primera

La masacre lleva la desolación a todo el país

■ El atentado de Madrid provocó una repulsa unánime de toda la sociedad. Mientras las imágenes mostraban el dolor de las víctimas y la desolación de sus familias, centenares de personas salían a la calle en

Interior erró al atribuir el atentado a ETA

■ El ministro del Interior, Ángel Acebes, atribuyó la masacre a ETA. Acebes aseguró que no tenía «ninguna duda» de que la banda terrorista estaba detrás de las bombas. Siete horas después, afirma-

26. *La Voz de Galicia* fue el único diario, bajo la dirección de Bieito Rubido, que informó el 12 de marzo de 2004 de que Al Qaida era la autora de los atentados del 11-M (© *La Voz de Galicia*).

Rajoy es un gran aficionado al deporte de alta competición, pero muy especialmente al fútbol y al ciclismo; incluso fue responsable del deporte español en su etapa como ministro de Educación y Cultura. Su afición y su proverbial memoria hacían que las sobremesas se alargasen cuando hablaba de ello. Dado su carácter plácido y sereno, siempre tuvo gusto por la sobremesa larga. Pero eso nunca impidió que fuese un trabajador incansable y dotado con un infrecuente sentido de la responsabilidad. Sus colaboradores sabían las intensas jornadas que dedicaba a la acción del Gobierno en aquellos años especialmente complicados para España y para la convivencia. Sus siete años en la Moncloa fueron de una inusitada dedicación a sus obligaciones. Su disciplina lo llevaba a no cenar casi nunca fuera de casa y a levantarse muy temprano para no dejar de dar su larga caminata ni un solo día. Fue en ese tiempo de la Moncloa cuando dejó de fumar puros. Su hermano Luis, notario y el único de la familia que no era registrador de la propiedad, murió víctima del cáncer en marzo de 2014 y eso le impresionó tanto que prometió no volver a fumar nunca más. Solía madurar mucho las decisiones por su naturaleza de político prudente. «Entre tomar una decisión rápida y tomarla buena, aunque sea más lentamente, me quedo con la buena».

La imagen del presidente del Gobierno español en el extranjero, sin embargo, era francamente notable. Merkel, Hollande y un número significativo de mandatarios europeos e hispanoamericanos tenían la mejor opinión de él. Mención aparte merece Donald Trump. A diferencia de la actitud mendicante de Zapatero y Sánchez con los presidentes norteamericanos, Rajoy recibió de Trump el mejor de los tratos. En su día, Obama había distinguido a Mariano, pero su sucesor fue mucho más lejos. Le otorgó todos los honores posibles a su rango, incluido el de pernoctar en la residencia de huéspedes, la Blair House. Al parecer, la razón de tanta amabilidad se debía a que Rajoy fue uno de los pocos que no hizo ninguna declaración negativa cuando el republicano se alzó con la presidencia de los Estados Unidos en 2016. Para que luego digan que los norteamericanos no están atentos a lo que ocurre en España.

Rajoy decidió hacerse a un lado de la vida pública española tras más de cuarenta años en política. Fue una de las trayectorias más dilatadas de la España reciente. Conoció el poder, la oposición, la España real..., como pocos actores de nuestra política. En su injusta salida, consecuencia de una moción de censura políticamente legítima, pero invendible ante los valores democráticos fundamentales, además de amañada de manera poco limpia, mucha gente se reconoció en él, en su moderación y en su centralidad, algo que ahora tanto se echa de menos. Despedirse como lo hizo, en la Carrera de San Jerónimo, con aquellas palabras, lo sitúa ya en la historia: «Ha sido un honor dejar una España mejor que la que encontré». Sí, me hubiese gustado ser su amigo.

13

Fraga, el torbellino que unificó a la derecha

Tampoco llegué a trabar amistad con Manuel Fraga en el genuino sentido de la palabra, aunque lo fui conociendo a lo largo de muchos años y en diferentes ámbitos. Era fundamentalmente un hombre de poder. Lo que de verdad le gustaba era mandar. Lo traté tanto en la oposición como siendo ya presidente de la Xunta de Galicia y puedo asegurar que a nadie dejaba indiferente. Había quien lo quería mucho y quien lo detestaba más. Lo adornaban grandes virtudes acompañadas de grandes defectos. Su vida y su obra estuvieron llenas de luces y sombras, aunque creo que su fortísima vocación de servicio público y su honestidad explican y justifican toda su acción política. Después de muchos años de vida pública y de haber ocupado algunos de los puestos más relevantes de la política española, murió a los ochenta y nueve años sin apenas patrimonio, en el discreto piso que una de sus hijas poseía en el barrio de Argüelles de Madrid.

Su personalidad estaba llena de desmesuras para lo bueno y para lo malo. Compartí con él un viaje en mayo de 1988, cuando estaba a caballo de casi todo y tenía entre manos varias alternativas de acción. Por aquel entonces se planteaba refundar el partido y convertir la vieja Alianza Popular en el pujante Partido Popular, aunque para ello había que descabalgar a Hernández Mancha. Era también el momento en que, siendo eurodiputado, ya barajaba la idea de presentarse a presidente de la Xunta. Y sobre todo, eran las vísperas del gran congreso, ya que en 1990 dejaría en Sevilla —sin «tutelas ni tutías»— la presidencia del nuevo partido a José María Aznar. Como decía, tuve la oportunidad de acompañar a aquella fuerza de la naturaleza llamada Fraga hasta Estrasburgo. Durante aquellos cinco días aprendí mucho sobre su personalidad.

Años después, siendo él ya presidente de Galicia y yo director del primer diario de la autonomía, comimos muchas veces juntos, los dos solos, y guardo divertidos recuerdos de aquellas conversaciones que fueron, en muchos aspectos, un verdadero lujo. Fue en uno de esos almuerzos, en un reservado de Casa Vilas, en Santiago de Compostela, donde Fraga me confesó: «Yo no podría quedarme recoleto en un monasterio durante el franquismo, yo soy un hombre de acción; si en lugar de en España hubiese nacido en la Unión Soviética, seguro que sería miembro del politburó».

Solía presumir mucho de su memoria, y ya lo creo que era excepcional; tengo para mí que utilizaba algún truquillo, pero le funcionaba. Era capaz de recordar un año después pequeños detalles: «Rubido, ¿sigue usted poniéndole pegas a la lubina de piscifactoría?». Efectivamente, el año anterior, en otra de aquellas habituales comidas en el Vilas, le había comentado que no me gustaban las lubinas de acuicultura y él había hecho una defensa fervorosa, como solía hacer, del futuro de las granjas marinas.

Manuel Fraga trató de ser el más grande en casi todo. La verdad es que dejó una hoja de servicios a la sociedad casi inigualable. En una de sus refriegas parlamentarias con Felipe González, allá por 1980, en medio de un cruce de halagos entre ambos, con Suárez de presidente y testigo, el líder conservador le dijo al socialista: «Ojalá cuando tenga mi edad haya contraído usted los mismos méritos que yo con la sociedad española». Así fue. La vida de Manuel Fraga estuvo marcada por su vocación de servicio, que no era otra cosa que su vocación de poder. Nunca le interesó el dinero, pero sí el poder. Y justamente fue eso lo que lo hizo imbatible en muchas ocasiones, porque él en política no tenía más interés personal que ocupar puestos y ejercer el poder, pero no llevarse dinero a casa ni beneficiar a su familia. En la Transición trataron de buscarle todo tipo de trapos sucios y no encontraron ninguno. Incluso allá por 1977 insinuaron desde la izquierda algún rédito por su presencia en la entrega de Guinea Ecuatorial a Macías y la respuesta fue: «Yo de aquel acto solo me llevé una importante diarrea». Conociéndolo, seguramente se comió todo lo que le pusieron sin ningún tipo de cautela. Era, eso sí, un hombre muy vitalista.

Fraga se sentía profundamente gallego. Sin embargo, yo creo que en su carácter pesaba más la carga genética vascofrancesa que la gallega. Era más Iribarne que Fraga. Su perfil de comportamiento no era el habitual en el catálogo de conductas y caracteres de los gallegos, más dados a la cautela, a la prudencia en las formas y, sobre todo, a la economía de esfuerzos. No era el caso de Manuel Fraga, un auténtico torbellino. No me gustan, de todos modos, los deslizamientos por las políticas identitarias y no voy a distinguir tanto a un vasco de un gallego porque nos parecemos mucho más de lo que creemos. También conozco a un buen número de gallegos airados y a otro más notable de vascos prudentes. Pero no cabe duda de que, en Fraga Iribarne, la sangre vascofrancesa estaba muy presente.

Su vida política fue intensa y estuvo plagada de excesos, incomprensiones, contrastes, deslealtades..., pero el balance final tiene que ser necesariamente positivo. Yo lo conocí más y mejor en su faceta como presidente de la Xunta de Galicia, etapa francamente brillante para su tierra. Recuerdo que en una entrevista que le hice para *La Voz de Galicia* me dijo «creo que toda mi vida ha sido una preparación para ser presidente de Galicia». A mí me gustó muchísimo aquella frase y lo que contenía. Mi decepción llegó cuando, unos años después, la leí en un libro de conferencias y discursos de Winston Churchill, quien en su intervención en Westminster para aceptar el encargo del rey Jorge VI de presidir el Gobierno británico en medio de la Segunda Guerra Mundial dijo exactamente lo mismo. Tampoco me pareció ninguna falta de honestidad intelectual, ya que todos somos hijos de nuestras lecturas. A él le gustaban mucho las citas, salían por su boca a borbotones, al igual que las anécdotas. En más de una ocasión le reprocharon que fuera un poco pedante. Recuerdo que una vez se rio con su exageración en la carcajada y recordó a Unamuno, que distinguía entre pedantes, pedantuelos y pedantorros. Pedante es aquel que dice muchas citas y las asigna correctamente a su autor, que era el caso de Fraga. Pedantuelo es el que se equivoca con la cita o con el autor; mientras que pedantorro es aquel que se la atribuye a sí mismo. Era un gran admirador de Churchill y de Cánovas del Castillo, de cuyos textos e ideas bebió.

Fraga, que lo fue todo en política —se subió a un coche oficial con cuarenta años y ya no se bajó nunca más de él—, no logró, sin embargo, llegar a ser presidente del Gobierno de España, su máxima y más querida ambición. Estaba molesto en los años de la Transición porque solía decir que Adolfo Suárez le había robado el centro. Él se consideraba un liberal y veía a Suárez más conservador, aunque el tiempo demostró lo contrario. Fraga nunca hubiese legalizado el PCE en la Semana Santa de 1977. Tenía también la sensación de que los españoles eran ingratos con él. Era un político fuera de lo común. En realidad, era un animal político. No podría entenderse su vida de otra manera. Tenía cierta obsesión por ser siempre el primero en aquello que emprendía. Su vida fue una carrera de éxitos hasta que Franco lo destituyó como ministro de Información y Turismo. Hasta entonces, lo había ganado todo: oposiciones a catedrático, a diplomático y a letrado de Cortes; por supuesto, fue ministro en el régimen franquista con honda huella: suyo es el éxito de convertir a España en una potencia turística y suya la primera ley que, en pleno autoritarismo, abría la mano a la libertad de prensa. De hecho, aquella ley se llamó Ley Fraga. Él quería dejar huella y la dejó. Como hizo también después en Galicia. En medio transcurrió su periodo más decepcionante. Sus distintos asaltos a la presidencia del Gobierno, en plena democracia, no se consolidaron nunca. Aunque entre sus méritos está haber unido a toda la centroderecha y haber sido el padre de la gran fuerza conservadora que gobernó España en varios mandatos durante más de quince años.

A él le ocurrió un poco como a Moisés: Fraga sería testigo de la llegada de su partido a la Moncloa, pero él nunca sería presidente del Gobierno de España. Entre 1977 —cuando se celebraron las primeras elecciones libres tras la muerte de Franco— y 1987, amagó dos veces con marcharse, hasta que finalmente dejó Alianza Popular en manos de Hernández Mancha. Pío Cabanillas, que estuvo cerca de él en diferentes épocas de su vida, me contó que en las dos ocasiones en que Fraga quiso irse de la política no fue tanto por el resultado electoral, que no había sido bueno, como por las finanzas del partido. Fraga no prestaba atención alguna a ese aspecto, siempre esperaba que se lo resolvieran otros. No preguntaba de dónde venía el dinero y tampoco se detenía a pensar que alguien pudiese cometer irregularidades en esa materia.

Pío Cabanillas, paseando por Estrasburgo, me confesó la intranquilidad del patrón de la derecha cuando de repente veía que el partido debía mucho dinero. Pío me dijo que «el problema de Manolo es que nunca entendió la letra de cambio». No solía atender a la parte prosaica del dinero y de vez en cuando se llevaba algún susto como el que, de hecho, se llevó finalmente en Galicia. Cuando en 2005 abandonó el partido y lo puso en manos de Feijóo, las arcas de su formación tenían un déficit significativo. Seguro que él ni se enteró. Solía pedir, en la época de las pesetas, un pequeño fajito con billetes de quinientas para poder dar propinas. Era muy generoso. Yo, que lo acompañé en varias ocasiones cuando tan solo era eurodiputado, pude comprobar que siempre, a diferencia de otros colegas suyos, dejaba propinas a los conductores, a los ujieres, a los camareros... a todo aquel que le prestase un servicio menor. No le interesaba el dinero, solo lo quería para hacer política y ser amable con los demás. La prueba es que en su cuenta corriente, al final de sus días, tras tantos y tantos años de servicio público, apenas había una significativa cantidad que pudiese dejar a sus hijos. No voy a decir que murió pobre, porque no es cierto, pero desde luego su patrimonio era muy escaso.

Galicia, por fin en el Finisterre

Durante algo más de quince años fue presidente de la Xunta de Galicia. También entonces generó todo tipo de polémicas, sobre todo porque se volvió muy autonomista. Probablemente, fue su secreto para ganar nada menos que cinco elecciones seguidas, aunque en las últimas, en junio de 2005, no alcanzó la mayoría absoluta necesaria y tuvo que abandonar y refugiarse en el Senado.

Unos meses antes de presentarse por primera vez a las elecciones gallegas le hice una entrevista, nuevamente para *La Voz de Galicia*. A mi pregunta sobre cómo gobernaría Galicia si los gallegos le otorgaban la mayoría absoluta, Fraga respondió: «Con mucho sentido común. Mire, Luis XIV fue el mejor rey de la historia de Francia, solo tenía una virtud, sentido común, pero tenía mucho, y todavía hoy los franceses son deudores de la ingente labor que llevó a cabo en su reinado». Aquel sentido común, en gallego se traducía en *sentidiño*, *seny* en catalán, y no era otra cosa que el olvidado criterio de Balmes.

Galicia fue gobernada durante aquellos largos quince años con un empuje extraordinario. Como toda obra humana, la gestión de Fraga podría mejorarse, pero no cabe duda de que le dio un enorme impulso a su región y además la colocó en el mapa político de España. Durante cinco años trabajé en Antena 3 Televisión como responsable del centro territorial en aquella autonomía y puedo asegurar que la opinión de Manuel Fraga era demandada constantemente por los informativos nacionales de la cadena. Era rara la semana en que no había que ir a pedirle a Fraga su parecer sobre algún asunto de la actualidad política española.

Además de su portentosa memoria, la puntualidad era

otro de los rasgos del patrón de la derecha española. Estaba tan obsesionado con llegar a la hora que en muchas ocasiones llegaba excesivamente pronto, lo que no deja de ser otra manera de ser impuntual. El primer día que lo acompañé a Estrasburgo, me citó a desayunar a las siete y media de la mañana. A la hora convenida me presenté en el comedor del hotel Sofitel de la ciudad francesa para comprobar que él ya había desayunado y leído toda la prensa. En realidad, daba la impresión de que llevaba allí mucho tiempo. Al día siguiente decidí ir a las siete y cuarto, pero, nuevamente, al llegar al comedor Fraga ya había desayunado. Seguramente se había levantado mucho antes. Le pregunté entonces por su obsesión por la puntualidad y su respuesta no podía ser otra: «Amigo mío, el tiempo es el bien más preciado del ser humano, así que no se puede desperdiciar». Esa relación con la puntualidad lo llevó a protagonizar situaciones como la de inaugurar un tramo de autopista antes de que llegase el ministro Sáenz de Cosculluela, quien, desde el helicóptero que lo trasladaba desde el aeropuerto, pudo ver cómo la comitiva del presidente de la Xunta abandonaba el lugar fijado para el acto oficial. También se sabía que a las doce de la noche él siempre abandonaba cualquier acto o cualquier cena, pero tenía el detalle de pedir a la gente que no se levantase ni interrumpiese la sobremesa. Eso sí, hacia las cinco de la mañana estaba ya en pie.

La prensa escrita era otra de sus preocupaciones. No le prestaba mucha atención a la radio o a la televisión; a la prensa escrita sí. La devoraba y la recortaba cada mañana.

En realidad, era el mejor director de Comunicación de su organización y de su Gobierno. Si veía reflejado en la página de un periódico cualquier asunto que él consideraba de relieve, inmediatamente lo recortaba y, al llegar muy temprano a su despacho, llamaba al miembro de su Gobierno al que afectaba la información o el artículo de opinión y le pasaba el recorte. Así, era sabido que si querías que la Xunta prestase atención a algo, había que tratar de publicarlo en alguno de los diarios gallegos.

Creo que su etapa gallega fue de las más dulces de su vida política. Fraga era, como ya he dicho, un animal político, pero fundamentalmente era un hombre de poder. A él la oposición no le gustaba. Fue, de hecho, el único que llegó a ostentar el título de jefe de la oposición, en la segunda legislatura de Felipe González, entre 1984 y 1987. Fue ciertamente un benévolo y leal líder de la oposición frente a los socialistas de González. Sus críticos le reprochaban que hasta en la bancada que debía fiscalizar al Ejecutivo, le gustaba estar al lado de ese Gobierno. Era, a todas luces, una exageración.

«La calle es mía»

En los primeros años de la Transición, Manuel Fraga sufrió durísimos ataques de la prensa más crítica con la derecha. Como expuse con anterioridad, se le sometió a un escrutinio intenso y lo cierto es que no se encontró ninguna irregularidad. Es posible que entre los cargos subordinados hubiera corrupción, pero él jamás hizo nada que le acercase a ello. Es cierto que su carácter impulsivo y a veces precipitado no le ayudaba especialmente a granjearse la simpatía de muchos sectores de la opinión pública. Por eso llegó a decir en las elecciones de 1977 que no recordaba una campaña semejante como la desatada contra él, salvo la de «¡Maura no!».

Algo de eso había. Como a muchos otros, a Fraga también se le construyó una contrafigura, lo que los demás decían de él y no era cierto. Hay dos anécdotas que se le atribuían y que eran absolutamente falsas. La primera, la de la famosa frase «la calle es mía». En realidad, esas palabras las pronunció Ramón Tamames, nunca Manuel Fraga.

La historia fue como ahora yo se la cuento, o al menos así me la relató de primera mano el propio Fraga. En aquella primavera de 1976 él era vicepresidente del Gobierno y ministro de Gobernación, lo que equivale a ser ministro del Interior de la actualidad. Un grupo de representantes de partidos y sindicatos todavía no legalizados quería manifestarse por primera vez, tras la muerte de Franco, por las calles de Madrid para celebrar el Primero de Mayo. La reunión fue, como todas en aquellos días, tensa. Finalmente, Fraga denegó el permiso y la prensa esperó a sus interlocutores a la salida del ministerio. Los periodistas preguntaron qué les había dicho el ministro, a lo que Tamames, con su talento y capacidad de repentización, contestó lo de «pues dijo que "la calle es mía"». Manuel Fraga jamás había soltado aquella frase, jamás, pero esta quedó para siempre como una de sus perlas y como una muestra de un talante poco dialogante.

En el breve lapso de tiempo en que ocupó la responsabilidad del Ministerio de Gobernación, bajo la presidencia de Carlos Arias Navarro, se sucedieron dos trágicos acontecimientos: los sucesos de Vitoria y de Montejurra. En ambos hubo muertos y heridos. Curiosamente, Fraga, que era el titular y responsable del departamento que debía haber evitado aquellas trágicas jornadas, estaba de viaje fuera de España. Ello no fue óbice para que asumiese su responsabilidad. Se delega la autoridad, pero nunca la responsabilidad, y él lo tenía claro.

Más jocosa y divertida es la otra historia que sobre él se contaba y que también es radicalmente falsa. Las insidiosas lenguas la atribuían a Pío Cabanillas como fuente de autoridad. Este era su segundo cuando Manuel Fraga era el titular del Ministerio de Información y Turismo. La leyenda urbana narraba que, un día de sol sofocante, Fraga y Cabanillas viajaban juntos en una dirección no conocida y que el ministro le propuso darse un baño en una playa cercana, que estaba desierta. Los dos, jóvenes entonces, se desnudaron y entraron en el agua, cuando de repente vieron cómo se bajaban de un autobús unas niñas que iban de excursión, acompañadas por varias monjas. En ese momento, los dos políticos gallegos salieron corriendo hacia su automóvil. Fraga se tapó sus genitales y Pío Cabanillas, que iba detrás de él le gritó: «Manolo, la cara, tapa la cara». Falso.

En una de aquellas periódicas comidas que tuve con

aquel ya veterano político en el acogedor reservado del restaurante Vilas, le relaté esta historia que él dijo ya conocer; nunca olvidaré su respuesta: «Eso, amigo Rubido, es una enorme mentira como tantas otras *caralladas* que se cuentan de mí». Estoy convencido de que contaba la verdad y de que simplemente, como otros muchos políticos, sufría la ya citada contrafigura. Francisco Cambó llegó a decir que «ya me acostumbré a mi contrafigura». Fraga se resistía a ello.

Pío Cabanillas, una de las cumbres de la sabiduría política de la Transición española, conocía muy bien a su buen amigo. Desempeñó un papel fundamental en el tránsito de Alianza Popular al Partido Popular. De hecho, el PP fue creado por José María de Areilza y Pío Cabanillas. La marca finalmente quedó en manos de este último y fue una de las personas que más influyó para que se produjese toda aquella magna operación que dio lugar al nacimiento del nuevo Partido Popular, bajo cuyas siglas se unificó toda la derecha, desde la más extrema hasta la más liberal y social. Esa fue, sin duda, una de las grandes aportaciones a la sociedad española del genio político de Manuel Fraga Iribarne.

Cabanillas y Fraga, pese a ser buenos y viejos amigos, cruzaban entre sí pequeñas insidias. Cabanillas cuestionaba con frecuencia la capacidad de Fraga para escoger colaboradores. Paseando alrededor del hemiciclo del Parlamento Europeo con él me comentó que «Manolo es un ordenador portentoso para datos, no te puedes imaginar todo lo que tiene albergado esa memoria; ahora bien, a ese ordenador, cuando le pides la toma de decisión, la caga».

Aquel mismo día, ya en la cena, le comenté a Fraga que él era el único que se quedaba en su escaño de eurodiputado mientras que el resto, como por ejemplo Pío, daban paseos por los pasillos, a lo que me respondió: «El problema de Pío es que no sabe idiomas».

La obra política y de servicio público de Manuel Fraga fue fecunda, aunque muchos de sus críticos llegasen a calificarlo como «un generador del caos». Creo que la historia será benévola con él. Es cierto que tenía un punto soberbio, le gustaba que sus colaboradores fueran dóciles y prefería subordinados antes que amigos. Tenía excesos de franqueza y de autoridad, y eso no siempre es bueno en política. De hecho, sus subalternos, a lo largo de los años, sentían una mezcla de temor y admiración. Reconozco que yo también sufrí sus intempestivas e inopinadas reacciones. En una entrevista en la soledad de su despacho, me echó una bronca por preguntarle si alguna vez había acariciado la idea de retirarse. Le sobraban mando y soberbia y carecía de serenidad y estética. El propio general Franco llegó a decirle en una ocasión, con motivo de un perdigonazo que disparó accidentalmente sobre el trasero de la hija del general: «Fraga, Fraga, no sea tan precipitado».

Cuba en el corazón y en la nostalgia

Los padres de Manuel Fraga Iribarne, él gallego y ella vascofrancesa, se conocieron en Cuba. Allí se casaron, pero decidieron que su hijo naciese en Galicia, en la Villalba natal del progenitor. El político gallego lamentó en más de una ocasión no haber nacido en la isla caribeña. Mantuvo siempre una relación de afecto con aquel país y, de hecho, en septiembre de 1991 organizó, con gran escándalo de la derecha mediática y con el visto bueno del Gobierno socialista de Felipe González, un viaje oficial para visitar aquel país y reunirse con el comunista Fidel Castro. El presidente gallego se emocionó al escuchar a gaiteros cubanos interpretar el himno de Galicia. En esa época Fraga lloraba con mucha facilidad. Un año después, Fidel devolvería la visita y pisaría el suelo galaico de Santiago de Compostela y del municipio lucense de Láncara, de donde era natural su padre. Era la demostración de que a Manuel Fraga le gustaba ir por libre y de que no cambiaba de criterio con facilidad, y menos si surgía una campaña en contra; entonces, se reafirmaba en su posición. Era flexible y mutaba de opinión a largo plazo, pero a corto solía ser muy obstinado.

Ese lamento, esa nostalgia cubana, la expresó en más de una ocasión. Ramón Puerta, un político peronista que fue gobernador de la provincia argentina de Misiones y embajador de su país en España, me relató una historia que viene a confirmar la morriña cubana del presidente gallego y ese rasgo tan suyo de fortísima vocación de poder.

Ramón Puerta fue, como digo, gobernador de la provincia de Misiones durante ocho años. Hacia el final del mandato, allá por 1999, se encontraba en Buenos Aires cuando alguien le informó de que el político español Manuel Fraga estaba pescando en unos de los ríos de su provincia. Conviene saber aquí que el que fuera gran patrón de la derecha española contaba con un enorme prestigio en toda Iberoamérica. Fraga, por otro lado, era muy aficionado a la pesca. Puerta acudió inmediatamente a saludarlo, pero, cuando llegó, el presidente gallego había partido ya para España. Este, por alguna razón, se enteró del interés del gobernador, así que desde Compostela lo llamó por teléfono. Ese tipo de gestos eran muy suyos. En ese sentido, era una persona muy considerada y educada. Le agradeció a Ramón Puerta su interés y lo invitó a visitarlo en Santiago. El gobernador de Misiones, con cuya amistad me honró, no lo dudó un instante y a las dos semanas voló desde Buenos Aires a Compostela.

En el almuerzo que compartieron los dos mandatarios, uno de cada orilla del Atlántico, se habló de todo. Ramón Puerta me ratificó que la conversación había sido muy amena, aunque el presidente gallego había hecho mucho más uso de la palabra que ningún otro comensal. En la sobremesa, Fraga volvió a lamentar no haber nacido en la isla caribeña: «Mire, Puerta, si mis padres hubiesen decidido que yo naciese en Cuba, Fidel Castro hubiese sido yo, aunque de otra manera». A lo que Ramón le contestó: «Don Manuel, no diga usted eso; fíjese, Castro se hizo con el poder de uno de los países más ricos de América y hoy es de los más pobres y ha desaparecido la libertad. En cambio, usted se puso al frente de Galicia y hoy uno de los hombres más ricos del mundo vive en su tierra y los gallegos son libres». Fraga concluyó: «Tiene usted razón, Puerta».

El 9 de noviembre de 2005 se celebró en las magníficas

instalaciones de *La Voz de Galicia* la entrega del tradicional premio periodístico Fernández Latorre. Había sido reconocido con tal galardón el historiador e intelectual gallego Ramón Villares. Presidía el Gobierno gallego el socialista Emilio Pérez Touriño, y Manuel Fraga estaba entre los invitados a la ceremonia. Durante el aperitivo, pude fijarme en que el viejo político estaba solo, sentado en una silla, mientras la inmensa mayoría de la gente rodeaba a Touriño y a Pepe Blanco, entonces secretario de Organización del PSOE, partido gobernante en España y en Galicia. El admirado y adulado político que hasta apenas hacía unos meses concentraba todo el poder de Galicia en sus manos, estaba absolutamente solo. Me acerqué a hablar con él y a comentar el ambiente. Me confesó que estaba más cómodo allí sentado, pero en el fondo era consciente de que la condición humana es muy veleidosa y suele acudir siempre en socorro del vencedor.

Allí estaba Manuel Fraga, en soledad, contemplando a toda aquella gente que lo había halagado durante años y que en ese momento le daba la espalda. Es cierto que ocupó un puesto en la mesa presidencial una vez que comenzó el acto de entrega del premio, pero eso era mérito de la organización y del protocolo; la sociedad miraba ya hacia otro lado. Es muy difícil sobrellevar ese tránsito en el que pasas de ostentar poder a ser un ex. Hay que tener bien preparada la cabeza y el corazón. El teléfono deja de sonar y la mayoría dirige su mirada hacia quien ocupa entonces la cima jerárquica. Fraga, sin duda, fue un hombre de poder. Por su personalidad, no podía ser otra cosa.

14

Alfredo Pérez Rubalcaba: luces y sombras

Si Fraga fue un hombre de poder, Alfredo Pérez Rubalcaba fue un leal hombre de Estado, con luces y alguna sombra. Murió el 10 de mayo de 2019, por lo que ya no pudo ver la deriva que su antiguo partido tomó bajo la dirección de Sánchez, aunque la intuyó. Su muerte impactó a muchos sectores de la opinión pública, entre otras razones, porque, como solía decir él con mucha frecuencia, era «un hombre de Estado y un patriota». Por eso estaba en las antípodas de Pedro Sánchez. No disimulaba ni envolvía en eufemismos la mala opinión que tenía sobre él. Recuerdo una larga conversación en mi despacho de *ABC*, en la que lamentó que Eduardo Madina —su candidato— no hubiese ganado en el congreso de su relevo. Al mismo tiempo se asombraba del izquierdismo sobrevenido de Sánchez, del que decía: «Pero ¡si este se presentó como el ala liberal del PSOE!». Por eso fue tan lamentable el entierro y la despedida que Sánchez, desde la Moncloa, le dedicó. Todo sonó a emoción impostada, como si fuese algo obligatorio, algo orquestado desde la frialdad que caracteriza al actual líder socialista.

En aquella última conversación en *ABC*, Rubalcaba se mostraba muy pesimista con Cataluña. «No lo supimos hacer y no sé si estamos a tiempo de recuperar el terreno perdido», me comentó. Lo decía ya desde la barrera, cuando dejaba deslizar sus días dando clase de Química en la Universidad Complutense de Madrid. Aun así, no podía disimular el animal político que llevaba dentro; no en vano estuvo nada menos que cuarenta años en la política activa. Solo recuperó su condición de docente universitario tras el congreso en el que Pedro Sánchez ganó la Secretaría General. Él había apostado por Eduardo Madina y no tenía una buena opinión sobre Sánchez. A este último lo apoyaba de manera muy decidida José Bono, que presumía de ello e incluso puso a su disposición su equipo de comunicación.

Eduardo Madina era el hombre de Rubalcaba. Hubiese ganado en aquel congreso de no haber sido por la maniobra que Susana Díaz realizó creyendo que, al apoyar con los votos andaluces a Sánchez, estaba colocando a un hombre de paja para ella poder, desde su *sultanato* andaluz, asaltar Madrid más adelante. Se equivocó Susana. En política ni hay hombres de paja ni se hacen testamentos a favor de nadie. Hay que dar la batalla y estar al frente, pues el tren pasa una vez; tal vez dos, pero solo en casos excepcionales. La historia reciente de España está llena de buenos ejemplos. Ni siquiera Torcuato Fernández-Miranda logró que su protegido, Adolfo Suárez, le hiciese caso. Susana Díaz desconocía la arquitectura interior, emocional, de Sánchez. Lo consideró un enemigo menor, ya que en Madina veía a un rival de más consistencia para el futuro. Metió la pata, sin duda.

Algo parecido me ocurrió a mí. Pedro Sánchez apareció una tarde en mi despacho de *ABC* acompañado por Chunta y otros hombres del aparato de medios de José Bono. Eran los que le estaban haciendo la campaña para el congreso. Como muy bien nos recordó después Rubalcaba, Sánchez se mostraba como un hombre moderado, que representaba una línea liberal y más centrista dentro de la socialdemocracia del PSOE. Hablamos de lo estratégico que era para los socialistas presentarse ante el país con una propuesta centrista, que es precisamente donde está el caladero de esos dos millones de votos que otorgan la victoria. Aprovechó la ocasión Sánchez para criticar a su rival, Madina. Conocía la polémica que yo había tenido con él. En realidad, Eduardo Madina no tenía ninguna culpa, pero es cierto que yo, en la tertulia matinal de COPE del viernes 19 de abril de 2013, tuve una desafortunada intervención. Sin embargo, sigo creyendo que en aquel momento estaba totalmente ajustada a la realidad.

La historia es la que sigue: aquella mañana, en la tertulia del programa *La Mañana* de COPE que dirigía y presentaba Ernesto Sáenz de Buruaga, hablamos de posibles sustitutos de Alfredo Pérez Rubalcaba al frente del PSOE. Cuando saltó el nombre de Eduardo Madina, que era el candidato oficialista, al que defendía el aparato, yo recordé alguna intervención del socialista vasco y aseguré que sus posicionamientos estaban más cerca de los planteamientos de la izquierda abertzale que de lo que podía unirlo al PP. Veía en esa actitud un peligro y me parecía increíble, sobre todo en momentos tan complicados como los que vivía España desde la crisis económica de 2008. Siempre consideré necesario lograr un mayor entendimiento entre PP y PSOE. España se lo agradecería y progresaría mucho más, por no hablar del enorme avance que supondría en la concordia entre las dos Españas, nuevamente enfrentadas por Zapatero. Personalmente, veía en Eduardo Madina a una persona que se había expresado con una vehemencia excesiva, en ocasiones rozando el odio —llegó a llamar «asesino» a Aznar—, lo que no auguraba nada bueno, al menos desde mi punto de vista, para una convivencia política entre los dos grandes partidos. Es algo que ya no se podrá comprobar, pero tal vez Eduardo Madina hubiese caído prácticamente en las mismas estrategias de alianzas perversas con los rupturistas que protagonizaría después Pedro Sánchez. Pero no deja de ser una ucronía. Ya nunca lo sabremos. Lo que sí podemos asegurar es que el moderado Sánchez resultó más radical que el Eduardo Madina más izquierdista.

Aquella afirmación mía generó una enorme polémica, creo que, como tantas otras, resultado de la sobrerreacción de una parte de la clase política española. Las audiencias y la ciudadanía no parecieron darle mucha importancia. Aquella misma tarde me encontraba en casa cuando recibí una llamada de Elena Valenciano. En un tono muy amable y ponderado me solicitaba que le pidiese disculpas a Eduardo Madina. Yo le dije que no tenía ninguna objeción en hacerlo. Me dio entonces su número de teléfono móvil, llamé a Eduardo y mantuve con él una agradable conversación durante la que le pedí disculpas por su condición de víctima de ETA. Efectivamente, el joven socialista, el 19 de febrero de 2002, había sufrido un atentado de la banda terrorista tras el cual tuvieron que amputarle la pierna izquierda. Recibió la mayor indemnización que se dio nunca a una víctima de ETA. Lo cierto es que aquella tarde, según me dijo, le dolía especialmente la pierna. La conversación discurrió por cauces normales, cordiales, y me comprometí a disculparme la próxima vez que acudiese al programa de Buruaga.

Mi sorpresa fue que la noche siguiente, el sábado día 20, en el programa *La noria* de Telecinco, conectaron con Elena Valenciano, que se encontraba descansando en un hotel de Alicante, y, después de todo lo que habíamos hablado ella, Madina y yo, me sorprendió anunciando que presentarían una querella contra mí. Una vez más, los políticos decían una cosa y hacían otra. Me pareció mal e innecesario, así que me preparé para defenderme; y no solo eso, sino que me dispuse a recabar todas las evidencias documentales que avalasen mis palabras. La semana siguiente llegó un burofax solicitando al programa y a mi persona una rectificación y entonces dije que no solo no rectificaba, sino que me ratificaba en mi afirmación. Yo había formulado un análisis político en el que apuntaba la posible radicalidad de un dirigente, para nada denigraba a una víctima.

No le di más importancia a esta historia; me encontré con Eduardo Madina en tres ocasiones más y el asunto quedó en nada. Nunca llegó la querella y yo, desde luego, no rectifiqué. La corriente rupturista y de confrontación que se detectaba entre los cachorros del zapaterismo, y que yo lamentaba, quedó patente años después con Sánchez y su corte. Vuelvo a decir que ya no podremos saber si su rival en aquel congreso del 19 y 20 de julio de 2014 hubiese sido un hombre con más sentido de Estado y de la historia.

Rubalcaba continuaba siendo el mejor dirigente posible del PSOE. Coincidí con él en *Los desayunos de TVE* en los primeros meses de aquel 2014. Lo mejor de aquel programa era el desayuno posterior, real, ya fuera de cámara, durante el que el invitado comentaba aspectos y situaciones que evitaba en el directo. Todos los invitados, sin excepción, se mostraban más sueltos. Estábamos en riguroso *off the record*. Rubalcaba se mostraba molesto por la presión interna que estaba sufriendo para que dejase el puesto de secretario general de los socialistas. No lo entendía muy bien. Fue de las pocas ocasiones en que hablé con él y pude comprobar, por el tono de su voz y por su lenguaje corporal, su malestar cierto e indisimulable. Se sentía acosado cuando creía que estaba en plenitud de facultades. Tenía la sensación de que querían convertirlo en el chivo expiatorio de todos los males que aquellos días aquejaban al PSOE. Fue la única razón que encontró para esa pretensión de deshacerse de él.

Alfredo Pérez Rubalcaba, apoyado especialmente por Pepe Blanco, trató de sacar adelante una nueva generación de dirigentes socialistas. Rubalcaba apostaba por Madina; Blanco fue más de Sánchez, hasta que un buen día se cayó del caballo al ver su verdadero rostro. Rubalcaba tenía una pésima opinión de Sánchez. Sin embargo, era hombre de partido y participó en todas las campañas de este hasta que murió, llegando incluso a tener en su agenda más actos que el propio candidato. Solía decir que «mi obligación es defender al líder del partido y no que se dé un batacazo». Lo cierto es que su jefe de filas se fue dando un batacazo tras otro hasta llegar al suelo de 82 escaños, y solo se recuperó después de gobernar casi dos años, tras la moción de censura. Aun así, Pedro Sánchez jamás alcanzó un gran respaldo por parte de la ciudadanía española. Es una obviedad, pero el periodismo moderno de nuestro país está instalado en la trinchera ideológica y los análisis se hacen desde una vehemencia, y a veces simpleza, que evitan la defensa de un gran acuerdo como el alcanzado durante tres legislaturas distintas entre el centroderecha y el centroizquierda en Alemania. Como muy bien decía Pérez Rubalcaba, «la vehemencia es para las elecciones, después hay que sentarse a hablar».

¿Qué diría Alfredo Pérez Rubalcaba si viviese ahora? ¿Estaría más con las tesis de Felipe González que con las de Rodríguez Zapatero? Responder a estas preguntas es imposible. En todo caso, hay dos hechos que nos pueden ayudar a intentarlo. El primero es que la simpatía del veterano socialista por su sucesor era perfectamente descriptible: escasa. Por otro lado, en una entrevista con Marisa Gallero en *ABC* afirmó que «no se puede ser presidente del Gobierno de España llevando una propuesta electoral que fractura el país». La frase es elocuente por sí misma, sin necesidad de ningún exegeta. El propio Miquel Iceta, tras la gran y artificiosa despedida que se le brindó desde el Gobierno, reconoció que Rubalcaba consideraba a Sánchez un radical de izquierdas. Tal vez el propio Iceta haya respondido a nuestras preguntas.

La radicalidad de Sánchez no es exactamente ideológica, sino más bien de carácter, como suelen decir quienes lo conocen de cerca y estuvieron —pero ya no están— en su entorno. Es esa personalidad la que le hace acercarse a Pablo Iglesias. Con él comparte la manera de entender la política. Lo hacen con un desprecio absoluto por los opositores políticos y por la propia ciudadanía. Advertía también Rubalcaba en esa magnífica entrevista de Marisa Gallero acerca de lo peligroso que sería para el PSOE una alianza con la extrema izquierda que representaba Podemos. Le sorprendió la incultura política que Pablo Iglesias evidenció en uno de los debates de la primera campaña de elecciones generales en la que participó. Para Rubalcaba, un profesor de política «no puede confundir la autonomía de Andalucía con la autodeterminación. Es como si yo confundiese el boro con el carbono; de hacerlo, me echarían de la facultad».

Rubalcaba tenía una acusada vocación política. Quería ser secretario general de su partido a toda costa y abandonar esa posición para cedérsela a Sánchez le costó mucho más de lo que se pueda creer. Llegó a la Secretaría General en el 38.° congreso de su partido, celebrado en Sevilla el 5 de febrero de 2012. Lo hizo por un escaso margen de veinte votos sobre la otra candidata, Carmen Chacón, a quien le unía también un afecto muy especial. En su caso, Zapatero le ganó a Bono por nueve votos. Eso es la democracia. A Rubalcaba, cuando alcanzó la cima de su partido tras perder las elecciones de 2011 frente a Rajoy, le esperaban retos muy peliagudos en muy distintos espacios de la organización de su propio partido. Pero también tenía que abordar la dotación de una reflexión política nueva que otorgase a la socialdemocracia española un pensamiento moderno; ello le permitiría emprender una acción política más orientada al futuro y no estar atado al pasado, como se empeñó en hacer su predecesor, Zapatero. Lo que no sabía Rubalcaba en aquel momento era que los enemigos interiores iban a forzar su retirada, ya que la nueva militancia está peor informada, es más radical y habita en Twitter. Es una pena, pero es así, todavía hoy. Por eso Sánchez logró lo que logró.

Antonio Caño, quien fuera director de *El País* entre mayo de 2014 y junio de 2018, evidenció su antipatía abierta hacia Sánchez cuando el diario estaba bajo su batuta y Rubalcaba formaba parte de su Consejo Editorial. Se puede decir, sin riesgo a equivocarse, que Caño fue un interlocutor excepcional de Alfredo Pérez Rubalcaba, no en vano publicó recientemente un magnífico libro sobre él donde, con amenidad y rigor, descubre algunos episodios de la vida de uno de los «políticos de verdad» de la

España de los últimos cuarenta años. En el libro, Caño reconoce la antipatía que Rubalcaba sentía hacia Susana Díaz, ya que «había contribuido desde Andalucía, de forma apreciable, a la tortura que le había tocado vivir en su tiempo como secretario general». Yo también tuve la oportunidad de percibir la amargura de este veterano político cuando fue cuestionado al frente de su partido. Asimismo, Caño relata que las cosas entre Sánchez y Rubalcaba nunca funcionaron bien. De hecho, el día que el nuevo secretario general le ofreció la candidatura a la alcaldía de Madrid —que Rubalcaba rechazó—, el tono petulante de Sánchez volvió a hacer su aparición, lamentando que el veterano socialista no hubiese apreciado las supuestas virtudes que le adornaban.

Políticos mal pagados

Antes de que todo eso ocurriese, Rubalcaba mantuvo una firme actitud de jefe de la oposición ante un gobierno del PP que contaba nada menos que con 184 escaños. Demostró su sentido de Estado en la abdicación de don Juan Carlos y en otras muchas ocasiones. Contaba con una experiencia en el Gobierno que le imprimía un grado de responsabilidad y de lealtad institucional poco frecuente en la política española. A pesar de ello, siempre había refriegas entre Gobierno y oposición, como no podía ser de otra manera. Una de ellas se dio cuando los populares, en 2013, exigieron que Alfredo Pérez Rubalcaba presentase su declaración de la renta y de patrimonio en el Congreso de los Diputados, como ya había hecho Mariano Rajoy. Rubalcaba se resistía a ello. Una tarde de marzo de aquel año recibí una llamada suya en la que lamentaba que también desde *ABC* le presionáramos para presentar sus datos fiscales. Su situación económica no debía de ser mala. Recuerdo que me dijo: «Qué culpa tengo yo de que mi padre fuese piloto de Iberia y ganase un buen sueldo y de que después supiese invertir bien». Remitía a su padre, por tanto, el mérito de su digno patrimonio. Es cierto también que no había tenido hijos con su esposa, Pilar Goya, química de profesión como él. Todo propiciaba el que tuviera una desahogada posición económica.

El dinero de los políticos es una de las asignaturas pendientes de la vida pública de nuestro país. Se hace mucha demagogia con ello para después cometer todas las incoherencias posibles, como demostraron los *purísimos* dirigentes de la extrema izquierda de Podemos. España es uno de los lugares donde peor se paga a los políticos. No es admisible que un ministro, que toma decisiones trascendentales para la vida de los ciudadanos, cobre apenas cuatro mil euros al mes. O que el presidente del Gobierno no alcance los cien mil al año. Pero peor que todo eso es la cultura fomentada por demagogos de toda estirpe de anatemizar y criticar el hecho de que un político pueda tener un patrimonio respetable. Rubalcaba fue víctima de esa corriente de opinión, aunque tampoco hizo mucho por desterrarla.

Alfredo Pérez Rubalcaba tuvo sus luces y sus sombras. Fue un político leal e inmenso. Cuarenta años en política dan para mucho: para acertar y para cometer errores. Sin duda, los hubo, pero el balance final lo sitúa entre los mejores. Lo conocí lo suficiente como para saber que era un patriota, que quería a su país y que, con toda seguridad, no hubiese deseado esa desproporcionada ceremonia de despedida tras su muerte.

Él fue el autor de la expresión «mayoría Frankenstein» y el inspirador de una línea editorial en el diario *El País* muy crítica con Sánchez y con su comportamiento amoral en política. Entre sus herencias más notables está su colaboración con una ley de educación que todavía hoy no podemos evaluar con estricta justicia, pero que parece estar en el origen de algunos de nuestros males actuales. También están su paso por el Ministerio del Interior durante nada menos que seis años y el fin de ETA. Nadie duda de la inteligente actuación de Rubalcaba en este asunto. Pero, como siempre, hay luces y sombras, como el caso Faisán, en el que se evidenció la connivencia de determinada clase política con los asesinos. Terminar con la actividad terrorista de la extrema izquierda vasca no fue fruto del Gobierno de Zapatero, se ponga él como se ponga. Sin el esfuerzo y la entrega, durante años, de las fuerzas del orden y seguridad del Estado y de los servicios de inteligencia, así como sin la colaboración internacional, no se hubiese terminado con esa lacra cuyos embriones todavía se remueven en los huevos de la serpiente original: la maldad humana.

En su etapa como ministro del Interior bajaron las tasas de delincuencia y hay que reconocer que España ocupó, en aquellos años, el honroso quinto puesto como país más seguro del mundo. En esa misma época se encargó, con resultados eficacísimos, de gestionar la inmigración, viajando a los países de origen. Era un gestor admirable de la cosa pública. También es cierto que bajo sus órdenes siguieron operando un buen número de policías, entre ellos el comisario Villarejo, que habitaban en las tajeas del Estado y que se movían por esa fina línea que separa lo legal de lo ilegal. Seguro que Rubalcaba tuvo noticia de ello en más de una ocasión y miró para otro lado. Esos policías que trabajaban básicamente para sí mismos y no para el bien común venían de tiempos lejanos y llegaron hasta bien entrada la segunda década de este siglo. Contaron casi siempre con el beneplácito del ministro de turno, por aquello de que para combatir a los delincuentes, a veces, hay que sobrepasar los límites de los códigos. Claro está que algunos convirtieron esa supuesta impunidad en un negocio millonario y perverso.

Alfredo Pérez Rubalcaba conocía muy bien los palacios y las chozas del poder. Tenía una determinante vocación para la acción política y sufrió cuando tuvo que dejarla. Permanece imborrable en mí su imagen el día que el Congreso de los Diputados le tributó un largo y sentido aplauso en su despedida. Era un hombre unido íntimamente a aquel escaño, su cordón umbilical con la vida. Un hombre sin hijos, pero —hay que decirlo— muy querido por muchas personas. Entiendo que fuese despedido con cariño por gran parte de la ciudadanía española. Me cuesta más creer en la sinceridad del presidente del Gobierno de aquel momento, su correligionario Pedro Sánchez. Pérez Rubalcaba era merecedor de unas honras fúnebres no impostadas como aquellas, sino de un entierro sencillo, sentido y espontáneo. Una despedida debe ser un acto de consuelo y para ello nada en él debe sonar a recompensa obligada.

15

Hugo Chávez y Venezuela

Suelo decirme a mí mismo que he sido un hombre con mucha suerte. He podido conocer, gracias al ejercicio del periodismo, a personajes ciertamente notables, unos dignos de admiración y otros claramente censurables. Para finalizar esta parte dedicada a algunos de los personajes con los que tuve ocasión de tratar a lo largo de mi trayectoria profesional, cruzaré el Atlántico. Venezuela fue un tema recurrente en mi vida periodística. Para un gallego, aquel país ejerce, o más bien ejerció, una atracción especial. Los últimos indianos que regresaron a Galicia pertenecían a familias que en su día, especialmente en las décadas de los cincuenta y sesenta, emigraron a lo que era el nuevo El Dorado, gracias a su riqueza petrolera. Nada que ver con el país deteriorado que hoy sufren sus nacionales.

Ignacio Ramonet, periodista francés de origen gallego, escribía una vez a la semana en *La Voz de Galicia*, que yo dirigía en aquella época. Ramonet era a su vez director de *Le Monde Diplomatique*. Había llegado a las páginas de nuestro periódico de la mano de Ramón Chao, a quien conocía desde hacía años a través de un tío mío. Chao había ejercido el periodismo en París, en Radio France, y había colaborado brillantemente con *La Voz de Galicia* en el pasado, pero en ese momento era más el padre de Manu Chao que cualquier otra cosa, como él solía decir. Cuando Chao se enteró de que yo viajaría a Venezuela en septiembre de aquel año, 2005, me sugirió hablar con Ramonet, ya que podría gestionarme una entrevista con el presidente venezolano. A los pocos días, Ramonet me confirmó el encuentro con Hugo Chávez: sería el sábado 24 de septiembre.

Antes de acudir a la cita, en el Palacio de Miraflores, con quien era en aquel momento uno de los dirigentes de más controvertida personalidad de Sudamérica, tuve varios encuentros, tanto con gente de su equipo de comunicación como con personajes de la oposición. Chávez ya había superado el golpe de Estado de abril de 2002 y había ganado el referéndum revocatorio del 15 de agosto de 2004.

La misma noche que llegué a Caracas cené con un joven francés que actuaba de asesor de prensa del presidente venezolano. Lo acompañaba Víctor Ríos, un histórico dirigente de Izquierda Unida de Madrid. Ríos trabajaba también en Miraflores, encuadrado en el equipo de asesores extranjeros que colaboraban con el chavismo. La cena tuvo lugar en un coqueto y pequeño restaurante del centro de Caracas. No recuerdo el nombre, pero nunca en mi vida pasé tanto frío como en aquella cena. El aire acondicionado estaba tan alto que padecimos temperaturas propias de una cámara frigorífica. Nunca entenderé la pasión caribeña por el aire acondicionado tan frío.

El asesor francés y Víctor Ríos me contaban maravillas de Chávez y trataban de conocer de antemano el cuestionario. En esos casos, cuando me planteaban preguntas impertinentes, solía utilizar la elipsis gallega que tanto me ayudó en los puestos directivos para evadirme. Ya en Madrid, antes de partir de España, el embajador venezolano, el general Arévalo Méndez, me había sometido a ese mismo interrogatorio.

El día anterior al encuentro comí con Enrique Alvarado, en aquel entonces vicepresidente de la cadena Televen, propiedad de la familia Camero, y con el periodista Rafael Poleo, propietario de varios medios. El primero, copeyano y el segundo, adeco. Ambos eran antichavistas confesos. Y ambos estaban convencidos de que Hugo Chávez iba a convertir Venezuela en una nueva Cuba. Corría el inicio del otoño de 2005. Hicimos una sobremesa larga, muy al gusto y uso de los caraqueños, allí, en el restaurante Tarzilandia, en medio de plantas y animales vivos y disecados. A pesar de todo, todavía se vivía bien en Venezuela. Estaba explotando la lluvia millonaria de los ingresos petroleros y, aunque el gobierno chavista cometía todo tipo de arbitrariedades, aún había medios críticos como los de la cadena Capriles, *El Universal*, *El Nacional* o la cadena Globovisión. Había también alegría económica y los restaurantes y comercios estaban llenos. Los gobernaba un iluminado y mesiánico militar metido a político, pero Venezuela todavía era un país con esperanza, a pesar de los muchos errores de la oposición.

El sábado 24 de septiembre de 2005, sobre la una del mediodía, me dirigí al Palacio de Miraflores con el cálculo de que en unos noventa minutos habríamos concluido la entrevista. Al llegar, me esperaba Víctor Ríos, con su barba característica, y el joven asesor francés, que creo que era un recomendado de Ignacio Ramonet, quien, por cierto, mantenía lazos familiares y fraternales con todo el ambiente venezolano.

Víctor Ríos me llevó a su despacho. Por aquellos pasillos pululaban un buen número de españoles, algo que me llamó la atención. Era 2005 y Hugo Chávez estaba rodeado de cubanos, pero también sobresalía algún que otro español. Andando el tiempo, los españoles que trabajaron para el chavismo y su degeneración fueron en aumento y muchos de sus nombres son bien conocidos.

La entrevista fijada para la una y media se demoró hasta casi las tres. Parece ser que eso era muy habitual. Mientras, tuve tiempo para conocer el palacio presidencial, que se encontraba en unas condiciones de mantenimiento pésimas, y de hablar sobre Venezuela y su realidad con los asesores chavistas, que daban una versión absolutamente edulcorada.

Al filo de las tres de la tarde, acompañado por el joven francés, entré en el despacho de Hugo Chávez. Estaba lleno de mapas. Al parecer, era una fijación suya. Necesitaba los mapas para entender su país y los países extranjeros. Me recibió con los brazos abiertos y con su efusividad característica. Era un seductor y actuó como tal durante toda la entrevista. No lo necesitaba, pero él creyó conveniente ser especialmente amable y darme todas las respuestas que yo esperaba oír.

Durante la entrevista, le pregunté si pretendía convertir Venezuela en algo semejante a Cuba. Él, raudo y veloz, contestó con toda firmeza que eso era imposible, pues «el venezolano no es un pueblo que pueda llevarse al modelo comunista. Fíjate, los que viven en los ranchitos, los más pobres, bajan al centro de Caracas, a los comercios de la Candelaria, y miran las vitrinas y se fijan en modelos de carteras, bolsos y demás, se fijan en las marcas. Después suben hasta los mercadillos de sus barrios y compran las imitaciones. Hasta los más humildes son consumistas. Los venezolanos son consumistas, no comunistas, y con una sociedad así, tú no puedes abordar un proceso hacia el comunismo».

La entrevista discurrió por los cauces normales. En un momento dado, le dijo a su asesor de prensa que nos dejase y pasamos a un patio interior, ubicado justo detrás de su despacho. Allí había una amplia mesa de madera debajo de un clásico cobertizo caribeño. Era una especie de merendero donde él se encontraba más cómodo. Nos sirvieron unos entremeses, pero él se limitó a tomar café. Estuvimos hablando, ya sin notas de libreta y sin magnetófono, por espacio de dos horas más. Él quería saber todo lo posible de España y pidió un mapa de la península Ibérica. Me preguntó absolutamente de todo. De ser Chávez el entrevistado pasé a serlo yo.

En el transcurso de la conversación se interesó por Navantia y por posibles vuelos de Caracas a Santiago de Compostela. Cada vez que tenía una duda, llamaba a un ministro. Por allí pasaron varios —a través del teléfono, claro—: el de Defensa, el de Turismo... Inmerso en esas cuestiones, se le ocurrió llamar al embajador de España en Venezuela, a la sazón Raúl Morodo. Se lo pidió a una secretaria, que, tras varias gestiones, le informó que Morodo había viajado a otro lugar del país y no estaba en Caracas. Chávez quería que se sumase a la animada conversación que estábamos teniendo. Era muy clara la connivencia con el embajador español. Detrás de esa amistad también estaban Zapatero, Bono —antiguo correligionario de mando en el Partido Socialista Popular— y Moratinos. En realidad, la conexión española de Chávez iba más lejos de lo que nosotros en España nos podíamos imaginar.

En aquel patio estábamos solo él y yo. De vez en cuando entraba un fornido joven, de apenas treinta años, a servirle más café. Prácticamente no tomó otra cosa. Me comentó Chávez que el joven era un sargento que el 11 de abril de 2002 se había encargado de su custodia mientras estaba arrestado. Según la versión de Chávez, algún superior le había ordenado que lo matase, pero el sargento no lo hizo y, cuando Chávez fue repuesto como presidente, ordenó que pasara a ser su ayudante de cámara. Lo cierto es que, en su entorno más íntimo, el líder chavista carecía de gran parafernalia. No había edecanes ni séquito alguno, pero sí un gran cinturón de seguridad apenas perceptible. El joven y fiel sargento era el único que entraba y salía; en las estancias contiguas no había nadie.

Nuestra conversación se deslizó por asuntos muy variados. Como ocurre en tantas ocasiones, fue más interesante la charla posterior, sentados en aquella especie de merendero, que la entrevista oficial. Entre otros asuntos, nos ocupamos de Cuba y de su presencia en aquel país. Como se sabe, Chávez se acercó a Cuba en busca del magisterio revolucionario de Fidel Castro. El mandatario cubano encontró en Hugo Chávez al alumno más aplicado. Castro lo halagaba continuamente y el venezolano quedaba encantado. Los cubanos sabían que alimentar su ego era lo que mejor funcionaba. Gracias a esa actitud, Cuba recibía diariamente doscientos mil barriles de petróleo, la mitad de los cuales vendía al exterior. Negocio redondo. Ese acuerdo había sido alcanzado en 2001.

Cuba, por su parte, enviaba como contrapartida a miles de profesionales de la medicina y la enseñanza. Era falso. Era imposible que Cuba tuviese capacidad para enviar más de veinte mil médicos, formados como tales, a cualquier otro país. Se lo comenté a Chávez y este me dijo que «si no son médicos, por lo menos saben tomar la presión arterial a las viejitas de los ranchitos, adonde un médico venezolano es incapaz de acudir». A esa misión se le denominaba Barrio Adentro. Chávez sabía que aquellos cubanos no eran médicos, eran otra cosa. En la etapa final de Chávez había oficialmente en Venezuela cuarenta y cinco mil cubanos, pero se estimaba que, en realidad, podía haber desplegados en todo el país unos cien mil, ocupando estamentos estratégicos. Venezuela era y es el mejor negocio de Cuba y los colaboradores cubanos pasaron de «dar consejos a dar órdenes».

Fidel Castro, hábilmente, logró la conquista de Venezuela sin disparar ni un tiro. Halagaba a Chávez, lo inquietaba con la posibilidad de un atentado y, finalmente, le dejó claro: «Hugo, no creas que hay nueve millones de revolucionarios en Venezuela, ¡ojo con las urnas!».

Viaje a Galicia

El 12 de octubre de ese año comenzaba en Salamanca una nueva cumbre Iberoamericana. Le tocaba organizarla a España. Hugo Chávez tenía previsto viajar hasta tierras charras. Esas cumbres le gustaban especialmente al presidente venezolano. Su carácter narcisista y exhibicionista se veía recompensado en esas intervenciones ante los líderes de toda la comunidad iberoamericana.

Hugo Chávez me dijo en medio de nuestra conversación que le encantaría visitar Santiago de Compostela e ir a la catedral a darle un abrazo al apóstol. «Pero yo soy jefe de Estado y solo puedo ir si alguien me invita». A lo que respondí: «No se preocupe; si quiere, yo ahora mismo llamo al presidente de la Xunta, Touriño, y él le invita, seguro». Y así fue, aquella tarde en Caracas, noche ya en Santiago de Compostela, mi secretaria localizaba a Emilio Pérez Touriño. Cuando el presidente de la Xunta me respondió al otro lado del teléfono, le informé de quién era mi acompañante y le expliqué el motivo de la llamada. Finalmente, Touriño y Chávez hablaron y de allí salió la invitación oficial para que el líder venezolano acudiese el domingo 16 de octubre de aquel año a la ciudad compostelana y visitase su catedral.

Ignacio Ramonet me llamó para que fuese aquel domingo a Compostela para saludar a Chávez y comer juntos. Lejos estaba yo de saber que con Chávez venía un séquito de al menos cincuenta personas y que la comida sería más parecida a una boda que a un encuentro privado en el que pudiésemos hablar. Hugo Chávez me saludó al principio, en pleno centro de la plaza del Obradoiro, y dijo delante de todo el mundo: «Este es el causante de que yo esté aquí». A continuación se dirigió a la catedral de la mano de su hija, Rosa Virginia. En el templo, ante el santo *dos Croques*, expresó el deseo que, según la tradición jacobea, se le solicita y pidió «paz para el mundo y justicia para los pueblos».

Tras el encuentro con el presidente Touriño, Hugo Chávez hizo lo que siempre hacía: halagar a su anfitrión: «Galicia es la región de Europa más importante para Venezuela». Era mentira, pero él pertenecía a esa escuela de políticos que dicen siempre lo que creen que más va a agradar a su interlocutor.

Entre los miembros de su séquito se encontraba Roberto Viciano, catedrático de Derecho Constitucional de la Universidad de Valencia, muy bien relacionado con el chavismo. Viciano me saludó con gran afecto y me entregó su tarjeta de la Fundación Centro de Estudios Políticos y Sociales (CEPS), que todavía conservo, diciéndome que teníamos que vernos. También estaba yo lejos en aquel momento de conocer el papel que la CEPS iba a desempeñar finalmente en el nacimiento y desarrollo de Podemos.

Pero volviendo a la entrevista en Miraflores, se acercaban las seis de la tarde y Chávez parecía no tener prisa. Le comenté que mi avión de regreso salía aquella misma noche. Me ofreció un coche oficial para llevarme al hotel y después al aeropuerto. Me acompañó hasta un ascensor cercano a su despacho y allí me dio un enorme abrazo y me dijo: «Te voy a llamar Benito porque Bieito no me sale», y me recordó que su abuela también se llamaba Benita. Tras el abrazo, me despidió diciendo: «Bueno, ya eres de mi equipo». La verdad es que nunca fui de su equipo, pero Hugo Chávez, epítome de los populistas, era así.

Exclusivas de *ABC*

Hugo Chávez murió oficialmente el 5 de marzo de 2013, siete años después de nuestra entrevista y de su visita a Galicia. En *ABC* habíamos adelantado, el 23 de enero de 2012, en rigurosa exclusiva mundial, que Chávez padecía cáncer y que apenas le quedaba un año de vida. La información la firmaba nuestro corresponsal en Washington, Emili J. Blasco, un periodista riguroso que terminó siendo un gran experto en Venezuela. En su libro, *Bume-*

rán Chávez, dedica todo un capítulo a la fecha exacta del deceso del presidente venezolano.

En torno a la muerte del líder chavista se vertieron todo tipo de especulaciones. Nuestra exclusiva había dado la vuelta al mundo y *ABC* se convirtió en un referente sobre el acontecer venezolano. La oposición a Chávez solía decir que «si lo dice *ABC*, es cierto». Nos jugábamos nuestra credibilidad y por eso poníamos tanto interés en contrastar todos los extremos que publicábamos. De hecho, en agosto de 2012, el día 30 en concreto, un buen amigo y periodista veterano me llamó para decirme que el hijo de Chávez, Hugo Rafael, había viajado a Madrid para que el doctor José Luis Rodríguez Sobrido, jefe de cirugía del Hospital Gregorio Marañón, valorase el resultado de varias pruebas que le habían realizado a su padre. Incluso nos dijeron que traían unas muestras del tumor en una parafina especial para que se hiciera la biopsia en España. Nos pasaron copia del informe médico del Gregorio Marañón, con número de expediente y logotipo de la Comunidad de Madrid. Todo apuntaba a que los cubanos fracasaban y había que recurrir a la medicina española. El dato curioso que nos trasladaban era que Hugo Rafael, que había volado en un avión de PDVSA, había aprovechado el viaje para asistir al Bernabéu a la final de la Supercopa entre el Real Madrid y el Barcelona. Hicimos todas las comprobaciones posibles: Emili llamó a sus fuentes y nuestra experta en Sanidad, Nuria Ramírez de Castro, al Gregorio Marañón. Conclusión: desmentido total.

Parece que Hugo Chávez murió mucho antes de la fecha oficial, pero los cubanos se encargaron, junto con Maduro, de posponer el anuncio para atar todos los cabos sueltos que su defunción dejaba y poder garantizar su *mangoneo* sobre Venezuela, empezando por colocar a su hombre, el propio Nicolás Maduro, en la presidencia del país.

El último día de 2012, nuestro corresponsal, Emili J. Blasco, nos aseguraba que Chávez estaba muerto. Nos faltaba contrastarlo y optamos por no publicarlo, pero sí dimos en nuestro ejemplar del día siguiente una espectacular portada informando de que Chávez estaba en coma. Los más estudiosos del asunto, transcurridos ya varios años, aseveran que murió a finales del siguiente febrero y que el féretro que se paseó por Caracas estaba, en realidad, vacío. El chavismo fue, hasta en el adiós de su líder, una gran impostura.

A lo largo de los años puse mucho empeño en la redacción de *ABC* en publicar solo aquello que estaba bien contrastado. Prefería no dar una noticia antes que precipitarnos y ofrecer una información no ajustada a la verdad. Inevitablemente, siempre hay equívocos, pero no por no haber practicado los buenos hábitos periodísticos. Contrastar, contrastar y contrastar, esas eran las tres normas fundamentales de la redacción de *ABC*. Ello nos suponía, en ocasiones, ir con más retraso que otros. A mí no me importaba; a otras personas de la organización, sí. Teníamos competidores que hacían exactamente lo contrario y su balance de fracasos judiciales era considerable.

En mis diez años como director solo asumí una derrota en los tribunales. Y aludo a este fundamento del periodismo porque en la cuestión venezolana dimos informaciones de enorme interés y trascendencia, y yo no quería que cometiésemos errores en asuntos tan sustanciales.

Después de la exclusiva de la enfermedad terminal de Hugo Chávez, Emili J. Blasco, a través de sus fuentes —que nunca nos reveló—, nos trajo una nueva exclusiva mundial. *ABC* publicaba una información muy documentada, según la cual Diosdado Cabello, en aquel momento presidente de la Asamblea Nacional de Venezuela y número dos del régimen chavista a todos los efectos, era el jefe del cártel de los Soles, encargado del narcotráfico desde Venezuela.

La noticia conmocionó a su país y a toda Latinoamérica. Los medios venezolanos —*El Nacional*, *La Patilla*, *TalCual* y otros más— se apresuraron a hacerse eco de nuestra información. La afirmación era grave, pero estaba bien sustentada. Leamsy Salazar, quien fuera responsable de seguridad de Cabello, era nuestra fuente, y así se decía en la noticia, pero no era la única. Diosdado Cabello solo pudo actuar contra los medios de su país. A nosotros nunca nos llegó querella alguna. Pocos meses después, *The Wall Street Journal* revelaba lo mismo que nosotros basándose ya en fuentes de la Fiscalía de Nueva York. El número dos del régimen chavista, en un acto de cobardía y de ataque a la libertad de expresión, persiguió a los medios de su país, pero no a los españoles ni a los norteamericanos.

ABC se había ganado aquellos años una trabajada reputación como el diario mejor informado en todo el mundo acerca de los desmanes del régimen chavista. Paralelamente, Madrid se había convertido en ciudad de acogida de miles de venezolanos. La mayoría de ellos eran gente sin fortuna, aunque también sobresalían algunos multimillonarios que se asentaron en el barrio de Salamanca. Tampoco pasaban inadvertidos algunos antiguos funcionarios chavistas que preferían acomodarse en Madrid y no en Miami.

ABC se convirtió en un faro para los venezolanos y en una especie de puerto de refugio emocional. Por mi despacho pasaron todo tipo de personajes, casi todos acaudalados: empresarios, políticos, periodistas, bolichicos y hasta boliburgueses. El denominador común era que ninguno hablaba bien del otro, lo cual me llamó la atención. Todos creían poseer el patrimonio de representar a la verdadera Venezuela.

Entre las personas que se acercaron a mi despacho estaba Miguel Henrique Otero, presidente de la empresa editora de *El Nacional* de Caracas y miembro de una conspicua estirpe de ricos de izquierdas, además de un fino observador de la realidad venezolana. Tuvo que venirse a vivir a España como consecuencia de la persecución a la que lo sometió Diosdado Cabello por reproducir la información de *ABC* sobre su liderazgo en las actividades de narcotráfico que la propia DEA le imputó. Miguel Henrique y su esposa, Antonieta Jurado, se convirtieron en una especie de *introductores* de cualquier venezolano de cierto relieve que pasara por Madrid, y mi despacho era una de las paradas obligadas.

Uno de esos empresarios me propuso un encuentro con Delcy Rodríguez en Madrid a finales de mayo de 2017. Entonces Delcy ocupaba el puesto de canciller, lo que equivale en España a ministra de Asuntos Exteriores y no tenía vetado todavía el viajar a España. Quedamos para cenar en el restaurante del hotel Santo Mauro, donde se alojaba. La ministra venezolana había hecho escala en Madrid procedente de Roma, donde había participado en la cumbre anual de la FAO. Mi empeño en ese momento era hablarle a Delcy del valor de un proceso de normalización política semejante a la Transición española. Ella lo descartó de plano: «No conoces a la oposición venezolana, no llegaríamos a ningún lado». Estaba claro que ellos no querían ni oír hablar de algo parecido. Me encontré enfrente a una mujer *correosa* que no quería ni oír hablar de lo que yo le planteaba.

De ese encuentro informé a José Manuel García-Margallo, ministro español de Asuntos Exteriores. Margallo me dijo que a España le gustaría ayudar a encontrar una salida al atolladero venezolano. Le supo mal no enterarse de las conversaciones de la Administración Obama con los Castro y por eso quería actuar como potencia mediadora en Venezuela.

Pasados unos meses, al filo de las doce de la noche, Delcy me llamó y me puso al teléfono a Cilia Flores, la esposa del presidente. Estaba claro que Delcy y su hermano Jorge representaban el círculo de mayor confianza del matrimonio Maduro. La primera dama venezolana me invitó a visitar su país y a entrevistar a su marido. Valoré con José Luis Rodríguez Zapatero la posibilidad de llevar a cabo esa entrevista. La mañana del 30 de diciembre de 2018, en una sala reservada del Meliá Castilla nos reunimos Óscar Campillo —periodista compañero de Vocento—, el expresidente y yo. Encontré a un Zapatero bienintencionado, como siempre suele ser, pero empeñado en que había que comprender al madurismo, además de ser muy crítico con la oposición. Me animó a viajar hasta el país caribeño. Yo ya había entrevistado a Chávez y a otros muchos presidentes latinoamericanos, ¿por qué no a Maduro? Zapatero me dijo, tras tres horas de charla: «No olvides que estos son más vietnamitas que caribeños». Finalmente, deseché la invitación, pues no se daban las circunstancias necesarias.

Maduro solía atacar con mucha saña a Mariano Rajoy en sus intervenciones. En realidad, era una reacción exagerada. Rajoy, en su prudencia, no solía hacer declaraciones públicas contra Venezuela; es más, solía lamentar no haber podido visitar dicho país. Nicolás Maduro, por su parte, según me contó la propia Delcy, comentaba, al ver la capacidad de resistencia de Mariano, que el más listo de los políticos españoles era Rajoy. Ahora bien, al régimen venezolano le iba mejor con su criatura Podemos en el poder que con el PP.

La última conversación que tuve con Delcy Rodríguez fue el 24 de enero de 2020. Le escribí por Telegram preguntándole si estaba o si había estado en España. No era la primera vez que pasaba por aquí de incógnito y yo había sido testigo de una de esas ocasiones. Me contestó que no con un tono bastante irónico. Al día siguiente, cuando toda la prensa española se hizo eco de su escala en Barajas y de su encuentro con el ministro español de Fomento, José Luis Ábalos, me envió un nuevo mensaje, con una foto de una página de *ABC* en la que se hacía un breve perfil de ella. Su texto decía: «La basura que publican en tu periódico sobre mi padre. Respeten la memoria de los mártires. No murió custodiado por la policía. Murió torturado. Aclaratoria para esa basura». El tono característico del chavismo.

Venezuela y los venezolanos fueron uno de los grandes asuntos informativos de *ABC* en la década que lo dirigí. Es un país especial para mí y ahora mismo creo que para España entera. Demasiadas relaciones de ida y vuelta como para sentirnos ajenos a lo que allí ocurre y a lo que millones de personas sufren. Quedan muchas páginas de periódico por escribir sobre ese país y España.

TERCERA PARTE

Hechos

16

La financiación de Podemos. ¿Qué hemos ganado con los populismos?

Por todos es conocida la vinculación entre Venezuela y el florecimiento de los populismos en España. La financiación necesaria para la aparición de Podemos es uno de los expedientes X de la vida política española y del periodismo en general. Existen evidencias de que el partido nació a raíz de la financiación millonaria que desde Venezuela recibió la Fundación CEPS, pero jamás se ha logrado *hincarle el diente* a algo abiertamente ilegal como es alentar movimientos políticos en un país por parte de un tercero. En su día, los jueces no encontraron evidencias de esas ilegalidades. También es cierto que Podemos y sus dirigentes jamás presentaron una querella contra los medios y profesionales de la información que pusieron las pruebas al servicio del público. Me recuerda a la amenaza de Pedro Sánchez de querellarse contra *ABC* cuando publicamos la noticia del plagio de su tesis. Hubiese sido lo ideal para nosotros. Podríamos haber expuesto ante un juez o ante un tribunal más amplio las pruebas que teníamos y haber aportado las opiniones de peritos en la materia. Sánchez nunca llegó a presentar esa querella. Como tampoco lo hace Pablo Iglesias ante esas informaciones que señalan la recepción de algo más de siete millones de dólares por parte de la Fundación CEPS. Es cierto que un juez no encontró materia delictiva, pero eso no es una verdad absoluta. Hay otras evidencias. Pero, en todo caso, si lo que nosotros publicábamos no era cierto, nada tan fácil como presentar esa demanda de responsabilidad al medio a través de un juzgado. No ocurrió nunca.

Un buen amigo venezolano, de los muchos que se pasaron por mi despacho de *ABC* durante estos últimos años, me trajo un día un documento de inestimable valor. Se trataba del denominado «punto de cuenta» en el que se solicitaba a Hugo Chávez la aprobación para contratar y enviar recursos a la Fundación CEPS para el periodo 2008-2010. Lo firmaba Rafael Isea, un joven ministro de Finanzas con Chávez que huyó a los Estados Unidos en 2013 como testigo protegido. El propio Isea le hizo llegar una copia de ese documento a un antiguo compañero suyo de Gabinete, que fue quien me lo entregó a mí en la sede de *ABC*. No hubo, por tanto, filtración alguna del Ministerio de Interior como insidiosamente dieron a entender algunos colegas. Una vez más, todo fue más sencillo. Fui yo personalmente quien hizo las comprobaciones oportunas de veracidad; me desplacé incluso hasta la sede de algún organismo relevante de la seguridad de este país con ese fin. Tras esas elementales buenas prácticas, publicamos por primera vez en España y en exclusiva que el partido de Iglesias, a través de la Fundación CEPS, había recibido durante años millones de euros para implantar un movimiento de izquierdas que cambiase la vida política española.

Días después me llegó, ya por otra vía, una copia de la declaración que Rafael Isea hizo a la policía española en Washington. En ella reconocía el abono de siete millones de euros al entorno de Pablo Iglesias y confirmaba los pagos para crear Podemos. Es más, admitía que los valores que promueve CEPS «coinciden y se complementan con los de la revolución bolivariana y son la razón por la cual el Gobierno tiene contratados desde hace varios años los servicios de dicha fundación». Lógicamente, la noticia volvió a ser portada de *ABC*, al igual que la existencia del documento de la transferencia de fondos. Quedarán ahí para la historia y para las personas a las que algún día les apetezca estudiar con rigor una de las mayores imposturas del tiempo presente.

Rafael Isea se quejaría, casi tres años después, de que la policía española había puesto en peligro a su familia por hacer públicas aquellas declaraciones suyas donde reconocía el entramado y desmontaba cualquier desmentido de Pablo Iglesias Turrión.

La documentación que estaba en manos de la policía española y de algunos medios y que, finalmente, no sirvió para convencer al juez dejaba claro que el presidente venezolano ordenó destinar recursos a CEPS, fundación para la que trabajaban Pablo Iglesias, Íñigo Errejón, Carolina Bescansa, Juan Carlos Monedero y Luis Alegre, entre otros. De hecho, Alberto Montero Soler, diputado en su día de Podemos, fue el profesor que entregó la beca *black* a Errejón, y llegó a ser presidente de CEPS. Uno de los rasgos más llamativos del documento que utilizamos como mayor evidencia de aquella financiación era la firma del propio Hugo Chávez, conocida en Venezuela como el «rabo de cochino» por la espiral que presenta, semejante al citado apéndice del cerdo.

Esta práctica de Chávez de entrometerse en la vida política de otros países no se limitó exclusivamente a España. El chavismo, tanto con su fundador como después con Maduro, se dedicó a financiar movimientos y campañas en Ecuador, Bolivia, Argentina, Perú, Nicaragua, España e Italia. En todos ellos está documentada tal injerencia, pero es muy probable que también actuase en otros países, como en la misma Francia, aunque en Europa no obtuvo la rentabilidad de sus inversiones que sí logró en el área geográfica latinoamericana. Es cierto que en Italia, tal y como publicamos en *ABC* en julio de 2020, y a tenor de los documentos que fueron sacados de los servicios de inteligencia de Venezuela, presuntamente también financiaron al Movimiento 5 Estrellas, algo que no ha sido precisamente inofensivo para la vida de aquel país. Esa es la razón por la que algunos *think tanks* occidentales se han dedicado a investigar, junto con algunos expresidentes sudamericanos y españoles, la génesis de estos movimientos. Su conclusión no deja lugar a la duda y apunta a que dichos movimientos, de los que Podemos es un ejemplo inquietante, son promovidos por el Foro de São Paulo a partir del entorno ideológico de los Castro y del chavismo.

El Gobierno de Ecuador, presidido por Lenín Moreno, también denunció en 2019 que Rafael Correa se había gastado ilegalmente cincuenta y cuatro millones de dólares en el Programa Prometeo, supuestamente orientado a atraer talento internacional al país, pero que en realidad sirvió para financiar partidos de extrema izquierda. En el caso de España, la Fundación CEPS, en contrapartida, redactaba contenidos para la puesta en marcha de campañas de propaganda gubernamental chavista. Con esa experiencia como aval, el propio régimen venezolano animó a sus aliados del Foro de São Paulo a contratar a los dirigentes izquierdistas españoles.

En Bolivia, en enero de 2020, también se hizo público, a través de un comunicado oficial del Gobierno, que el régimen de Evo Morales había financiado a Podemos mediante una de sus empresas dedicadas a la asesoría en comunicación. Según la nota oficial, el Banco Central de Bolivia reveló que, en octubre de 2017 y en diciembre de 2018, el Ministerio de Economía y Finanzas boliviano autorizó veinte pagos, un total de 1,8 millones de dólares, a las cuentas de la empresa Neurona Consulting en el BBVA, Bancomer y HSBC de México. Esas informaciones y otras procedentes de otros países pusieron de nuevo a Podemos en el punto de mira de las investigaciones policiales por presunta simulación de contratos que, en realidad, servirían para financiar al partido que comandaba Iglesias Turrión.

Añádanle a todo lo anterior que la empresa 360 Global Media, vinculada a Podemos y dedicada a la producción de contenidos audiovisuales y programas de televisión como *La Tuerka*, había cobrado cerca de diez millones de euros de compañías vinculadas con Irán.

No es de extrañar que la Justicia española retome el asunto de las cuentas de Podemos. Ya se sabe que en España opera una especie de hemiplejia moral que convierte en grandes escándalos los protagonizados por la derecha y en meras acciones de las cloacas del Estado aquello que afecta a la izquierda. Cuenta esta corriente ideológica con el apoyo de las televisiones, y eso ayuda mucho, sobre todo a la hora de erosionar a partidos como el PP y Vox. En la España en que se escribe este libro se dan situaciones tan chocantes como esta: los dirigentes catalanes pueden insultar al resto del país, maltratar de palabra y obra la carta magna española y no obedecer a la Justicia mientras exigen de los demás, es decir, de los demócratas que los aguantamos, respeto, impunidad y talante negociador. Algo parecido ocurre con Podemos. Ellos pueden injuriar y dar *jarabe democrático* con sus escraches al resto de los políticos, pero a ellos no se les puede decir absolutamente nada. Por eso insultan a los jueces, piden la nulidad de las diligencias que se siguen contra ellos y señalan a los periodistas que osan informar de manera crítica sobre sus actuaciones. Se establecen por su parte, con una moral farisaica todavía poco denunciada, unos estándares de ejemplaridad democrática que solo aplican a un lado del espectro.

Ellos entienden que el asalto a los cielos, a las poltronas y la corrupción, si la hubiera, en realidad es un acto de justicia de tomar lo que es suyo. Esa doble vara de medir la aplican permanentemente los dirigentes de extrema izquierda. Sus portavoces ajusticiaban dialécticamente a la clase política convertida en casta cada vez que afloraba el mínimo indicio de delito. La congruencia no va con ellos. Han incurrido en todos los vicios y pésimas prácticas que antes denunciaban. La única diferencia es que no se avergüenzan y que, además, en su visión totalitaria de la sociedad, creen que les corresponde. Tienen bula y patente de corso y encima saben que no sufrirán el acoso al que ellos sometieron a determinados políticos de otros partidos. Iglesias Turrión solía decir: «Ante la apertura de juicio oral, dimisión. Así de concreto».

¿Qué hemos ganado con los populismos?

Podemos es la expresión más inquietante del auge de los populismos en España. Los populistas en general, y los que se mueven por España en particular, creen que el modelo de democracia liberal está agotado y que les compete a ellos salvarnos. Curiosamente, invocan la democracia para atacarla. Hasta ahora teníamos más o menos claro que el sistema democrático consistía en un orden social acordado y dirigido con la legitimidad de las mayorías. En España, sin embargo, se están imponiendo las minorías. Cuanto más gritonas y violentas, peor. La democracia era hasta este momento el gobierno de la mayoría que respetaba a las minorías. Actualmente todo ha cambiado y esa mutación comienza a poner en riesgo la propia existencia de la democracia tal y como la conocemos. Esto último conviene repetirlo muchas veces, ya que la sociedad del mundo desarrollado, donde básicamente operan la mayoría de las democracias, vive en una especie de sopor y está prácticamente narcotizada con la sobreinformación. Padecemos en general el síndrome de Ivan Illich, según el cual solo mueren los demás y solo sufren las desgracias otros países. «Aquí no ocurrirá lo que en Cuba», solían decir los venezolanos mejor intencionados. Pero es que en 1959 decían algo parecido todos los demócratas que jalearon el advenimiento del castrismo en Cuba. Y van nada menos que sesenta y dos años de dictadura.

El populismo adquiere rostros muy diversos y su combustible ideológico es de lo más variopinto. En el escenario político español irrumpe de la mano de la extrema izquierda. Hay quien quiere situar su punto de partida en el movimiento del 15M de 2011. Es un error. En realidad, aquella acampada en la Puerta del Sol de Madrid fue solo una consecuencia de lo que venían orquestando desde hacía tiempo los movimientos populistas de la izquierda rupturista española. Su modelo tiene poco que ver con los ideales que alentaron a la izquierda socialdemócrata en Europa desde el final de la Segunda Guerra Mundial. El modelo de dirigente populista es inquietante. Es una especie de «Perón descamisado», como alguien lo calificó en su día. El peronismo logró que un país como Argentina, quinta potencia económica mundial en 1920, pasase al furgón de cola. Ahora esa versión revisada y actualizada la protagonizan otros salvapatrias como Maduro, Erdogan, Salvini, Daniel Ortega, Putin y otras jaleadas figuras que ya colocaron a sus respectivas naciones en el camino del edén, pero aquí en la Tierra y con su mano arbitraria y discrecional. El valor supremo de la libertad es sacrificado en aras del destino mesiánico que el líder de turno decide tomar.

El Pablo Iglesias de sus primeros años de vida pública nada tenía que ver con el posterior. Mantuvo, eso sí, un tufo populista todavía más acrecentado. Mientras estuvo en el poder fue más peligroso que antes. Supongo que debió de resultarle difícil gestionar todas sus contradicciones. En un solo dirigente encontramos al vicepresidente y al opositor más provocador. Por no hablar ya de su pertenencia en formas y recursos a la alta burguesía mientras mantenía la estética calculadamente descuidada con la coleta de cuyo volumen y cuidado informaba a sus seguidores por Instagram. Todo un rasgo de su narcisismo característico. A Iglesias Turrión le gusta ser estrella de la televisión y le encanta estar integrado, pero solo a tiempo parcial. En otras horas del día seguía siendo revolucionario a su manera. ¿Hemos ganado algo los españoles con dirigentes de este perfil? Espero poder responder a lo largo de este libro.

Me atrevo, no obstante, a señalar algo que es evidente para la mayoría de la opinión pública española: Podemos solo ha creado más incertidumbre. Su acoso a la monarquía desde el Gobierno o sus ministerios de juguete, sin asumir responsabilidades trascendentales, a excepción del de Trabajo, solo actúan como elementos distorsionadores, hasta el punto de que alguien ha llegado a hablar de «periodo constituyente». Muchos nos preguntamos con permiso de quién.

La figura del rey Felipe VI no cuenta con poder práctico porque así lo quisieron los padres de la Constitución de 1978. Carece de las capacidades legales con las que, por ejemplo, cuenta un presidente de la república en Italia o Portugal. Como consecuencia de ese vacío, España, por escandaloso que pueda parecer, permanece en una juerga constitucional y legal sin precedentes. En ese contexto, el populismo se mueve como pez en el agua al mismo tiempo que hace crecer el cachondeo institucional. A su vez, la osadía de los independentistas va a más porque encuentra eco en un populismo tan rancio como muestran, de hecho, los planteamientos de un nacionalismo insolidario y xenófobo. Todo es populismo.

Un rasgo inquietante de este populismo de izquierdas es el autoodio. Odiar ya es un ejercicio despreciable de la condición humana, pero odiar lo propio es su forma más mezquina. Desde Podemos pretenden arreglar los problemas del país odiándolo. En realidad, lo que se plantea es destruirlo, romperlo en trocitos. Ellos dirán que no es cierto, que lo que quieren es un referéndum de autodeterminación para todas las regiones de España que así lo deseen. Curiosa forma de buscar soluciones. El mayor aliado de los golpistas catalanes o de los herederos del terrorismo etarra es Iglesias Turrión y su partido. Han encontrado la fórmula de combinar la xenofobia con la ira antisistema. Pretenden convencernos de que desde la izquierda se pueden defender principios tan ajenos a esa corriente de pensamiento como es el de primar a unos ciudadanos sobre otros. Podemos es el mayor socio de una pretendida revolución al revés: los ricos catalanes y vascos contra los desheredados del resto de España, con el impulso y la comprensión de la extrema izquierda.

Las enseñanzas de Gramsci

Antología, de Antonio Gramsci, es un libro al que recurren con frecuencia Iglesias y sus más cercanos, como Juan Carlos Monedero. Otros han sido lentamente purgados y alejados del camino que lleva al asalto a los cielos. En actos y programas de televisión, Iglesias y Monedero invocan y proponen las ideas de Gramsci: cambiarlo todo, demoler las instituciones, crear un nuevo relato y levantar así un nuevo *statu quo* que ayude a la permanencia en el poder del político presuntamente demócrata que, en realidad, guarda el embrión de un dictador en sus entrañas.

La propuesta de Gramsci la siguió Hugo Chávez. Lo asesoraron en ese sentido tanto los cubanos como los hoy dirigentes de Podemos. Se cambian nombres, se modifican signos patrios, se reinventa el himno, se rediseña la bandera con algún símbolo nuevo e incluso se replantea la organización territorial. Supongo que al lector español todo esto le sonará. En definitiva, se reescribe la historia de la nación. Por supuesto, la historia se manipula para mayor gloria del candidato a dictador. Lo más trascendente de todo ese proceso es conseguir una nueva Constitución. En España es especialmente difícil esa reforma si no hay un consenso casi mayoritario en todo el arco parlamentario, pero no es descartable. Llegado el caso, los populistas de extrema izquierda, especialistas en la mentira y en la propaganda manipuladora, abordarían su pieza más cotizada, que es la monarquía.

Lo inquietante es que todo eso ya lo ensayaron de una u otra manera en Latinoamérica, donde lograron los fondos, que de otra forma no hubiesen conseguido, para moverse con normalidad y eficacia en el tablero político español. La financiación de Podemos en los últimos años puede ser ilegal, habrá que demostrarlo en sede judicial, pero los millones que llegaron a España vía la Fundación CEPS fueron fundamentales para que el objetivo expuesto en el documento que firmaba Rafael Isea se alcanzase: crear en España fuerzas de izquierda que permitan el afloramiento de una situación favorable a sus fines. En cualquier otro país de altos estándares democráticos eso sería un delito. En *ABC* demostramos que aquellos millones de dólares entraron en España. Curiosamente, la Fundación CEPS desapareció, lo que hace acrecentar las sospechas de irregularidades en aquel tránsito de dinero desde Venezuela. También Iglesias Turrión abandonó la vida política precipitadamente, aunque en esto, como en tantos órdenes de la vida, nada es para siempre.

Lo que no parece desaparecer son la doctrina y el impulso revolucionario del Foro de São Paulo. Chile es el siguiente objetivo. Hasta allí llegaron ya los miembros de Podemos para asesorar a la extrema izquierda de aquel país en el proceso de redacción de una nueva Constitución. La CUT, Central Unitaria de Trabajadores, situada en posiciones muy extremas, cuenta con el consejo de Rubén Martínez Dalmau, catedrático de Derecho Constitucional y uno de los fundadores de CEPS; por supuesto, también asesoró a Hugo Chávez en la redacción de su nueva carta magna, tarea por la que, desde luego, cobró. Rubén Martínez es además vicepresidente de la Generalitat valenciana, como miembro de Podemos. La larga mano del populismo español alcanza los lugares más lejanos del planeta. Gramsci, después de muerto y denostado, sobrevuela por la América austral.

17

La abdicación del rey Juan Carlos

Otro de los episodios fundamentales de la última década, y coincidente con mi estadía en *ABC*, fue la abdicación del rey Juan Carlos. Dirigir un periódico que desde su fundación, hace más de cien años, tiene entre sus principios y valores la defensa de la monarquía entraña en la España actual cierta complejidad, en especial por algunos comportamientos poco ejemplares que protagonizaron determinados miembros de la familia real. Cuando acudía a algún debate televisivo o programa de radio, notaba cierto regusto en algunos colegas al confrontar conmigo acerca de esta cuestión. Procuré siempre explicar que en *ABC* defendíamos valores y no personas, y que no justificábamos coyunturas o comportamientos incorrectos. Por tanto, la Corona merecía todo nuestro respeto, aunque algunas personas que estaban bajo su sombra, no siempre.

El caso del rey Juan Carlos era distinto. No se podía

ni se puede hacer un análisis tan simplista de buenos y malos. Su abdicación fue un bombazo informativo y a nosotros, como a todos los medios, nos pilló por sorpresa. No por ser un diario monárquico teníamos avance alguno de lo que podía ocurrir.

El rey Juan Carlos ha contado en los últimos tiempos que comenzó a pensar y madurar la idea de la abdicación en 2012, dos años antes de aquella mañana del 2 de junio de 2014 en la que anunció su retirada. Es posible que así fuese. El 7 de marzo de 2012 yo estuve con él en la Zarzuela. Tanto él como después su hijo, Felipe VI, solían invitar a los directores de medios a charlar con ellos en su despacho. Era y es algo habitual. Cuando acudí a verlo, respondiendo a su invitación, estaba todavía convaleciente de una de sus operaciones de cadera. Como consecuencia de ello, se movía con dificultad y, aunque visitamos su despacho oficial, el encuentro se desarrolló en un cuartito de apenas siete metros cuadrados. Estaba lleno de todo tipo de cachivaches —casi podría decirse que era propio de alguien con el síndrome de Diógenes—, pero había una mecedora en la que él podía sentarse con un cojín que, de alguna manera, le mitigaba el dolor que sentía. Allí tenía almacenadas metopas, maquetas de barcos, banderines de clubes de fútbol...; en definitiva, decenas de regalos que la Casa del Rey recibía y que él, con elegancia, no devolvía, aunque su valor era muy escaso, más allá de la parte emocional que en ello pusiesen quienes los enviaban.

Recuerdo que en esa ocasión don Juan Carlos me manifestó su determinante decisión de seguir en su puesto de rey de España. Nada apuntaba en aquella conversación a lo que ocurriría dos años más tarde. Es más, en su estilo característico y campechano, me comentó: «Lo que quieren algunos es que abdique», y al decir la frase levantó su dedo corazón, en claro gesto de que él no estaba de acuerdo.

Es posible que don Juan Carlos comenzase en 2012 a valorar la abdicación. Desde luego, en marzo de ese año, a mí me dijo lo contrario: no tenía ninguna intención de renunciar al trono. Supongo que el escándalo que se formó a raíz de su caída del 13 de abril, con la consiguiente rotura de cadera, precipitó la decisión que un mes antes ni consideraba.

El propio rey Felipe, en otro de esos encuentros privados que suele organizar —como mencioné anteriormente— con algún director de periódico, me dijo que su padre estaba muy contento de cómo se iba desarrollando su desempeño en el cargo y que «de haberlo sabido, hubiese abdicado antes». La afirmación fue muy anterior a la salida *voluntaria* de Juan Carlos hacia el extranjero en el verano de 2020. Supongo que el amor entre padre e hijo sigue inalterable, pero ya no sé cuál es ahora mismo el sentir del progenitor.

En una ocasión, allá por 2013, en mi despacho de *ABC*, José Manuel Romero, conde de Fontao y amigo personal de Juan Carlos, además de su asesor jurídico, afirmó que «Letizia ya está tranquila, porque ya sabe que llega». La frase me quedó grabada, pero solo me sirvió para entender lo que ocurrió más tarde. A veces, los periodistas, que tanto presumimos de perspicacia, no nos damos cuenta de que tenemos la noticia delante de nuestras narices. A mí eso me ha ocurrido en varias ocasiones, no he llegado a ver el alcance de las palabras de mis interlocutores cuando en sí mismos eran avances de hechos notables que acaecerían más adelante. En ese caso, y desde la actitud tradicional de nuestro diario con las informaciones sensibles sobre la Casa del Rey, preferí esperar acontecimientos, los cuales todavía se demoraron más de quince meses.

La figura de la reina Letizia ha sido controvertida con frecuencia. En una comida con el embajador ante España de una gran potencia, este me comentó que le llamaba la atención que «el pueblo español no quisiese a una reina que procedía del mismo pueblo». Tengo que insistir en que con nuestro diario, y conmigo particularmente, la reina siempre fue amable y considerada. No por ello mis comentarios sobre ella pueden considerarse poco auténticos. No soy deudor de su amabilidad y por eso me atrevo a decir que Letizia Ortiz, cuyos comportamientos no fueron siempre los más adecuados, es una figura que le ha venido bien al rey Felipe y que ha dado sangre nueva a la propia Corona. Ella ha logrado que la institución de la monarquía esté más a pie de calle, que descienda de la torre de marfil para enfrentarse a una realidad que no siempre es complaciente. Sin duda, la reina está en el origen de ciertas decisiones tomadas en la Casa del Rey para intentar superar algunas de las crisis vividas, pero también está detrás de algún estilo y comportamiento de Felipe VI. A la reina Letizia le puede su afán de perfeccionismo, que la lleva en ocasiones, excesivas en mi opinión, a encorsetarse y ponerse más tensa de lo deseable. Podría ser más popular y más querida por ese pueblo que no acaba de apreciarla, como señalaba el notable embajador, si fuese más espontánea.

Cuando Felipe VI me hizo aquel comentario, todavía era presidente Mariano Rajoy, con quien me consta que se entendía bien, gracias al carácter sosegado de ambos. No así la reina Letizia, quien hizo a Rajoy algún que otro desaire público, tan innecesarios como injustos y poco fundamentados. Cuando el actual rey me hablaba acerca de lo bien que se estaba desarrollando su ejercicio de la más alta magistratura del país y de lo plácido que estaba siendo su reinado, aún no había llegado el Gobierno *Frankenstein* de Sánchez e Iglesias ni había comenzado la campaña de acoso a la monarquía a través de la figura de don Juan Carlos y de sus relaciones económicas y afectivas con Corinna Larsen.

En aquel despacho que mantuve con el rey Juan Carlos en marzo de 2012, me contó la emoción que sintió en la apertura de la legislatura de la mayoría absoluta de Rajoy. Había tenido lugar en los últimos días del anterior diciembre. El monarca me dijo que se le había erizado la piel cuando los diputados le aplaudieron por espacio de más de dos minutos. El domingo siguiente lo relaté en un artículo de *ABC*. Alguien en *El País* había contado lo mismo aquellos días. Parecía claro que Juan Carlos estaba emocionado, motivado y dispuesto a continuar en su sitio: ocupar y desempeñar la jefatura del Estado.

Entre los recuerdos más vivos de aquel encuentro, que

también compartimos con el editor gráfico de *ABC*, Matías Nieto, se encuentran las últimas palabras que me dijo el rey. Me enseñó con detalle su despacho oficial, donde tuvo lugar la sesión fotográfica tras abandonar aquel cuartito donde hablamos por espacio de una hora. A continuación me acompañó, con dificultad en el caminar, hasta la puerta. Entonces le pregunté, por cortesía, si quería algo especial de *ABC*. Me contestó: «No necesito nada especial, dales recuerdos a las hermanas Luca de Tena». La verdad es que poca queja podía tener de nuestro periódico: *ABC* era y es un diario monárquico, nació con ese carisma por voluntad de su fundador, pero es que además apenas habíamos sido críticos con la Corona. Eso dejó de ser así poco tiempo después: Urdangarín, Corinna Larsen, la cacería y caída en Botsuana y la propia reina Letizia nos obligaron a adoptar una actitud más crítica. La institución —así como los valores y principios que la sustentan— nos obligaba a defenderla a través de la reprobación de ciertos modos de proceder, en lo personal, poco ejemplares.

Lo cierto es que, apenas unos segundos después de decirme don Juan Carlos que no quería nada especial, en medio del pasillo, me soltó: «... Sí, por cierto, una cosa quiero, trátame bien a los catalanes». Era marzo de 2012, presidía la Generalitat Artur Mas. Todavía estaba por llegar todo el terremoto catalán. Aquella misma tarde, ya de regreso en la redacción, celebramos la habitual reunión del consejo de redacción, en la que valoramos contenidos y decidimos la portada del día siguiente. Comencé aquel cotidiano encuentro contando a los redactores jefes la sugerencia que sobre los catalanes me había hecho el rey. Todos se quedaron callados. Yo solía compartir casi todo con aquel grupo, porque, como ya dije, la transparencia siempre me pareció fundamental en la vida de una redacción. Jamás desde tan alta magistratura nos habían pedido nada, así que a todos les sorprendió la petición del monarca. Tras el silencio inicial, dimos paso al análisis de los temas que ocupaban nuestras páginas y en los que estaba trabajando la redacción. Empezó, como siempre, el redactor jefe de «Nacional», a la sazón Manuel Marín. Sus palabras fueron: «Nosotros llevamos en la sección precisamente unas declaraciones de Artur Mas en las que insiste en desligarse de España». Nos reímos todos y yo concluí en voz alta: «Lo siento por el rey, pero estos nacionalistas catalanes no se dejan ayudar».

Tuve una sola audiencia con el rey Juan Carlos. En aquella época, la relación con los medios la llevaba Javier Ayuso y Rafael Spottorno era el jefe de la Casa del Rey. Con Felipe VI, sin embargo, estuve en tres ocasiones en la Zarzuela. En todos los casos, los encuentros discurrieron dentro de una cordialidad exquisita. Es cierto que era más locuaz y campechano el padre que el hijo, pero también lo es que yo hablé mucho más en las audiencias de Felipe VI, quien demostraba un conocimiento e información de los asuntos de la actualidad verdaderamente admirable.

Don Juan Carlos me mostró una escultura que tenía en su despacho, cuya autoría desconozco, que representaba a un hombre al borde de un precipicio. El rey me dijo que la tenía allí porque era una metáfora de España, un país siempre al borde del abismo, pero que siempre es rescatado por algo o por alguien para no caer en él.

Ambos, padre e hijo, son personas de enorme afabilidad, pero saben mantener las distancias. Nadie puede presumir de una amistad especial con ellos. Tristan Garel-Jones, quien fuera responsable de Asuntos Europeos del Reino Unido en la época de Thatcher, me comentó durante una comida en *ABC* que el sucesor de Juan Carlos debería volver a un protocolo más estricto que el practicado hasta entonces en Zarzuela, aunque no llegase al de Buckingham Palace. Estaban presentes en la comida Martí Fluxá y Ramón Pérez-Maura. Coincidimos los tres en que eso era imposible y en que lo que hacía cercana a esta monarquía era justamente esa ausencia de encorsetamiento y esa sencillez de las formas. Ya no era posible otra conducta ni otro estilo.

Esa cercanía es la que justificaba que el rey hablase con los periodistas. Recuerdo haber leído en el texto de un antiguo director de otro diario de Madrid algo así: «Me dijeron que el rey quería hablar conmigo». En realidad, el rey quiere hablar con todos y así suele hacerlo, no creo que se pueda presumir de ello. Es una cuestión casi profesional entre él y su interlocutor periodista, sea quien sea este último. A mí, como director de *ABC*, jamás se me singularizó ni privilegió desde la Zarzuela. Ni a mí ni al diario que dirigía. Ni en mi época ni en la de anteriores directores. Es más, me consta que don Juan Carlos le dejó claro a Luis María Anson que ese tipo de diferenciaciones positivas ya no tenían sentido en este tiempo. Yo me atrevería a decir que si algún diario recibió algún trato de favor —muy pequeño, por cierto— mientras yo dirigía *ABC*, fue *El País*. El rotativo de Prisa tuvo oportunidades más singulares para mostrar alguna cotidianidad de la familia real que nosotros nunca tuvimos.

Es cierto también que en los diez años que fui director de *ABC* jamás recibí presión alguna de la Casa del Rey. Jamás. Eran, y creo que siguen siendo, exquisitos y neutrales como ninguna otra institución. Ni en la crisis de Urdangarín, ni en la de la cacería de Botsuana, ni en la de los líos con Corinna Larsen se nos llamó para pedirnos favor alguno o ejercer presión de algún tipo. Ni Spottorno ni Alfonsín, ni Ayuso ni Gutiérrez. Nadie. En muy escasas ocasiones me llamaba, como me imagino que a los demás medios, el portavoz de la Casa, o a veces el jefe de esta, para ofrecer algún tipo de aclaración posterior a la publicación de una noticia; o, en la mayoría de los casos, para adelantarnos algún hecho que iba a ocurrir y que ellos consideraban relevante.

Rafael Spottorno era un magnífico jefe de la Casa del Rey. Le tocó lidiar con situaciones complejas. En una de las pocas oportunidades que tuvimos de hablar sobre los acontecimientos de los que era protagonista don Juan Carlos, me dijo, y creo que tenía toda la razón, que aquel gesto de petición de perdón del rey al salir de la clínica tras romperse la cadera en Botsuana, y que la prensa ensalzó como extraordinario, no dejaba de ser una anécdota, como también lo fue la propia caída. Para Spottorno todo se había exagerado, tanto una cosa como la otra. No le faltaba razón. La sociedad española tiende a sobrerreaccionar, casi siempre por cuestiones intrascendentes, mientras permanece silente y amodorrada ante temas tan vitales como que alguien intente cambiar el modelo de Estado.

A los jefes de la Casa del Rey se les atribuye más poder del que en realidad tienen. De hecho, en círculos muy próximos a don Juan Carlos se solía decir que cada jefe de la Casa que osó censurar ciertas actitudes del monarca solía ser destituido al poco tiempo. Los que de verdad podían influir en la conducta del jefe del Estado eran los distintos presidentes del Gobierno. Felipe González solo quería que el rey Juan Carlos no se metiese en política, como había hecho hasta que llegaron los socialistas. A cambio de eso, González le permitió hacer lo que quiso en su esfera privada y en otro tipo de actividades. A González y a Aznar les gustaba mucho la vida internacional, pero ambos le dejaron un gran protagonismo al rey en esa materia. Lo de Zapatero ya fue una entrega total. Le dejó hacer de todo y además le cedió todo el protagonismo en el ámbito de las relaciones institucionales, en especial en Iberoamérica. A Mariano Rajoy le tocó ya gestionar las peores crisis de la monarquía, incluida la abdicación. Rajoy no solo tuvo que preocuparse por la soledad que muchos fines de semana debía sobrellevar don Juan Carlos, sino que además tuvo que oponerse a algún viaje internacional que se veía como inconveniente tras la crisis de Botsuana.

En el caso de la abdicación no hubo adelanto alguno a ningún medio. Se mantuvo ejemplarmente en secreto, a pesar de que unas cuantas personas comenzaron a trabajar en ello con meses de antelación. Hay quien asegura que lo supo minutos antes. Es posible, pero ese tiempo de apenas cinco minutos fue irrelevante. Esa mañana yo participaba en *Los desayunos de TVE* y nos preguntaron acerca de para qué podría ser aquella convocatoria urgente e inesperada desde la Zarzuela. Más tarde, aquella misma mañana, hablé con Leopoldo González Echenique, en aquel momento presidente de RTVE. El viernes anterior habíamos estado tomando un café y él se había quejado de la politización interna de la redacción del canal público y de la censura que determinados miembros de esa redacción ejercían a través del denominado Comité de Informativos, una especie de censor interno que se presentaba como conciencia de la redacción de RTVE. Aquel viernes 30 de mayo, mientras me contaba con cierta desazón lo difícil que era la convivencia serena en el seno de RTVE, lo llamó Soraya Sáenz de Santamaría, vicepresidenta del Gobierno, y lo convocó de urgencia en la Moncloa. El propio Leopoldo se quedó extrañado, por el día y por la hora. El lunes siguiente, el mismo día del anuncio, me contó que en esa reunión se le había encargado que preparara todo el dispositivo especial para la comparecencia del rey Juan Carlos, quien anunciaría su renuncia al trono.

ABC es un periódico monárquico porque así lo quiso su fundador, Torcuato Luca de Tena. Como ya he contado, él mismo definió el diario como «independiente en política, monárquico de corazón y liberal en la actitud». No me cansaré de repetir que así fue, al menos bajo mi dirección, y compruebo que muchas de las críticas solo evidenciaban que quienes las hacían no leían nuestras páginas. Su censura no concordaba con los textos de nuestras informaciones o artículos de opinión. Es algo que reitero en este libro. Me sorprende el buen número de personas que, al hablar de *ABC*, solo estaban demostrando que no leían el diario.

Esa condición de periódico entregado a la defensa de la Corona en España ha sido matizada a lo largo de los años. *ABC* sigue siendo una publicación con una apuesta monárquica, pero ello no ha supuesto, como ya expliqué, ningún tipo de ventaja; al menos, en los últimos cuarenta años. Nunca tuvimos información privilegiada. Tampoco desde Zarzuela se distinguió en nada al diario de los Luca de Tena. No podía ser de otra manera. Yo lo entendí siempre perfectamente, tal vez otros directores de décadas pasadas no.

El último episodio sobre esta materia ocurrió el pasado 2 de agosto de 2020. Ramón Pérez-Maura, un periodista que posee magníficas fuentes, me llama desde su lugar de vacaciones en Santander para decirme que le aseguran que el rey Juan Carlos abandona España tras largas conversaciones con su hijo y por presiones del Gobierno socialcomunista que exige un gesto por parte de la Casa del Rey. Hablo de ello con Luis Ventoso, que era quien estaba esa tarde de domingo al frente de la redacción, y con Almudena Martínez Fornés, redactora que lleva más de una década cubriendo la actividad de los reyes. Ninguno logra confirmar esa información. Entonces decido llamar directamente a Jordi Gutiérrez, el director de Comunicación de la Zarzuela. Me asegura que no sabe nada: «Si hubiese algo, yo lo sabría», me dijo. Las buenas prácticas periodísticas que nos habíamos impuesto en *ABC* nos impedían publicar una información que no solo no estaba contrastada, sino que en la propia Casa del Rey afirmaban desconocer. Hubiese sido una magnífica exclusiva. Algunos creerían que nos la habrían dado desde Zarzuela. Lo que pudo ser y no fue.

Lo cierto es que el 3 de agosto se anunció el abandono temporal de la Zarzuela y de España del padre del rey. Compensamos aquella exclusiva fallida revelando, solo nosotros, el destino de Juan Carlos y cómo había sido su viaje desde Vigo a Abu Dabi. Hay que decir que en ese caso la información nos la ofreció un periodista *freelance* que se dedicaba más a cuestiones de prensa rosa, por lo que me pasé toda aquella tarde dudando sobre si deberíamos darla o no. Finalmente, logré el refrendo de que los datos que manejábamos eran ciertos gracias a la confirmación de un periodista notable, buen amigo de don Juan Carlos. Repito que siempre preferí perder una noticia a dar una falsa por no cumplir las diligencias inevitables del contraste de esta por varias fuentes. Aun así, metemos la pata en más ocasiones de las que nos gustaría. En esos casos, hay que tener humildad para rectificar y pedir perdón.

Me consta que don Juan Carlos le tenía aprecio personal a Guillermo Luca de Tena. Más allá de eso, el diario, como ya dije, no obtuvo nunca ninguna ventaja periodística de la institución, lo cual no lamento. Me quedó, eso sí, la satisfacción de ver que en la foto oficial de la firma de la abdicación, en la que se veía al monarca con Mariano Rajoy en el despacho oficial, el único diario que aparecía sobre la mesa era *ABC*. Don Juan Carlos nunca improvisaba esos detalles. Las fotografías y objetos de su despacho siempre llevaban un mensaje implícito. De alguna manera, nos decía en ese último acto que éramos su periódico.

18

La moción de censura

Si alguna conducta del rey Juan Carlos fue reprochable, el proceso que llevó a la moción de censura contra Rajoy no lo fue menos. Cuando el PSOE de Pedro Sánchez registró el viernes 25 de mayo de 2018 una moción de censura contra Mariano Rajoy, reconozco que pensé que fracasaría. Creo que buena parte de la opinión pública española tenía la misma idea. El Gobierno de Rajoy acababa de sacar adelante los presupuestos generales del Estado de aquel ejercicio. Había contado con los votos del PNV y el propio Sánchez se había mostrado especialmente proclive a apoyar la política del Ejecutivo en Cataluña. No había ninguna razón especial para pensar que una nueva moción de censura, tras la que ya había presentado Unidas Podemos el año anterior, fuera a prosperar con los antecedentes que se manejaban. Lo creíamos todos menos el propio Mariano Rajoy, que aquel mismo viernes pidió a José Luis Ayllón, su jefe de Gabinete, que estudiase qué ocurriría si él dimitiese. El informe de Ayllón fue esclarecedor: «Ningún candidato del PP obtendrá la mayoría necesaria ni en primera ni en segunda vuelta». No olvidemos que Rajoy era presidente porque el PSOE se había abstenido en la segunda vuelta del proceso de investidura, en otoño de 2017.

Esta cuestión se ha debatido hasta la extenuación después de la llegada de Sánchez a la Moncloa, en un intento permanente e injusto de descalificar a Mariano Rajoy. Fue él, a diferencia de sus colaboradores y de muchos analistas políticos, quien intuyó que esa vez sí podía prosperar la moción de censura. Entrevió también el cambio de rumbo del PNV y planteó desde el principio la posibilidad de dimitir, siempre y cuando con ello se solucionase algo. José Luis Ayllón fue el encargado de explicar al propio Rajoy y a sus más estrechos colaboradores que no quedaba otra alternativa que ir a la moción de censura, debatirla y tratar de ganar el apoyo del nacionalismo vasco liderado por Urkullu.

El punto de arranque del acoso y derribo del presidente Rajoy había tenido lugar, teóricamente, el 24 de mayo, la víspera de la moción de censura. Ese día se dio a conocer la sentencia de la Audiencia Nacional sobre una de las piezas del caso Gürtel, en la cual se daba por probada la existencia de una estructura de contabilidad no oficial, en dinero no declarado, en la contabilidad del PP. Se trataba, al parecer, de una contabilidad paralela a la legal. La sentencia daba por probado que los dirigentes del Partido Popular habían creado un sistema genuino y efectivo de corrupción institucional a través de la manipulación de la contratación pública central, autonómica y local. Hasta ahí todo entraba en los cálculos que el propio PP hacía sobre el texto de los magistrados. Pero, en medio de casi un millar de folios, uno de los magistrados, José Ricardo de Prada, deslizó un breve párrafo en el que consideraba que Mariano Rajoy no había sido «veraz» en su testimonio como testigo durante el juicio.

El día anterior, el 23 de mayo, yo había tenido la oportunidad de comer con Rafael Catalá, a la sazón ministro de Justicia, en el restaurante Alabaster de Madrid. Catalá se temía lo peor de esa sentencia. Hasta donde podía saber el ministro, nada bueno presagiaba para el PP, pero, por supuesto, no se imaginaba ni sabía que De Prada, amigo cercano de Dolores Delgado y de Baltasar Garzón, introduciría una morcilla en medio de cientos y cientos de folios. Ese párrafo, más valorativo que otra cosa, pues era una mera especulación, sirvió de disculpa para presentar en cuestión de horas una moción de censura. Ahí está la parte más oscura, todavía por contar y descifrar, de esa página de la historia reciente de España. Lo extraño no fue la *no dimisión* de Rajoy, que no llevaba a ninguna parte, sino cómo se alinearon todas las fuerzas en torno a una conspiración judicial. Una conjura en la que, tanto el presidente del tribunal, Ángel Hurtado, como el otro magistrado, Julio de Diego, que se pasó toda la vista durmiendo, parecieron no enterarse de ese pequeño párrafo que sí conocían con anterioridad personas ajenas al tribunal.

Insisto en que ese sí es un buen tema para un periodista de investigación: ¿cuál fue la trama judicial que estuvo detrás de ese párrafo? ¿Hasta dónde sabía Sánchez y quién le informó? ¿Con cuánta antelación fueron conocedores en el PSOE de la introducción de un párrafo que iba a servir para justificar una moción de censura? ¿Con cuánta anticipación comenzaron las negociaciones con los distintos partidos —especialmente Podemos, ERC y Bildu— para conseguir la mayoría que permitiese el desalojo del PP del Gobierno? Tiempo después, el propio Miquel Iceta, ministro de Administraciones Públicas, acudió a Vitoria a firmar la entrega de la competencia de Prisiones y afirmó: «Vengo a pagar una deuda».

Hoy ya se conocen algunas respuestas. Sabemos que ese párrafo, esa *morcilla* de José Ricardo de Prada, era extemporáneo, innecesario y no ajustado a derecho. También averiguamos que el pago al apoyo del PNV no era otra cosa que el acercamiento de los presos etarras y el traspaso de la competencia de Prisiones. Y nos percatamos de que la denominada «mesa de diálogo con los independentistas» y el posible indulto a los golpistas era otro de los pagos que Sánchez debería atender para contar con los votos favorables que harían que aquella moción saliese adelante. Es decir, Sánchez había decidido traspasar todas las líneas rojas posibles para poder dormir en la Moncloa. La verdadera base de aquella iniciativa de los socialistas para desalojar a Rajoy del poder no fue, por tanto, una sentencia judicial, sino la instrumentalización de esta para obtener un beneficio personalísimo que nada tenía que ver con la voluntad de la ciudadanía española. No olvidemos que en las elecciones anteriores el PP había obtenido 52 escaños más como consecuencia de cosechar nada menos que dos millones y medio de sufragios más que el PSOE. Eso es lo ciertamente inquietante de Sánchez, su endeble fibra democrática.

De Prada fue señalado por el propio presidente del tribunal al afirmar que «al Partido Popular no se le ha enjuiciado por actividad delictiva alguna». Todo aquello quedó envuelto en un aire de sospecha. Media España estaba estupefacta por la instrumentalización perversa de la Justicia. Cada día crece más el clamor que pide una profunda reforma del sistema judicial español para evitar algunas de las perversiones que hoy vivimos. Fiscales que no responden de sus fracasos, jueces que entran en política y a los quince minutos de abandonarla vuelven a los tribunales, conspiradores que pactan sentencias con políticos, filtraciones interesadas y una inquietante sensación generalizada de desprotección de la ciudadanía. Ejemplo de todo ello fue lo que ocurrió con ese párrafo. Utilizando esa sentencia como palanca se dio a entender que los ministros del Gobierno habían sido condenados, cuando no hubo tal cosa. Ni uno solo de ellos fue investigado, ni juzgado ni condenado. Sin embargo, las percepciones ofrecidas por el sistema mediático, con su visión desde la izquierda, y el propio discurso de esa misma izquierda lograron orquestar una de las más monumentales *fake news* de los últimos tiempos. Tan monumental que se llevó un gobierno por delante.

Como ya he dicho, Mariano Rajoy fue el primero en intuir que aquella iniciativa, a diferencia de la del año anterior que había presentado Pablo Iglesias, iba a triunfar, pues pudo comprobar cómo el PNV remoloneaba. Ortuzar y Aitor Esteban, así como su mujer, Itxaso Atutxa, presidenta del partido en Vizcaya, eran partidarios de seguir apoyando al PP. Sin embargo, Urkullu y el resto de los dirigentes nacionalistas querían un cambio de Gobierno. El motivo último de Urkullu, cuya moderación siempre alababan los servicios de inteligencia, era que quería a Sánchez para poder acercar a los presos etarras al País Vasco. En aquella semana última de mayo se movilizó mucha gente, pero muy especialmente destacadísimos empresarios vascos que presionaron todo lo que pudieron al PNV para que no saliese adelante la moción de censura. Imposible. Iñigo Urkullu lo tenía claro y Ortuzar fue el encargado de decírselo a Rajoy.

Los colaboradores del entonces presidente del Gobierno pudieron comprobar aquellos días la capacidad de Rajoy para escribir sus propios discursos y adaptarlos a situaciones distintas y para responder a los diversos portavoces. Mariano tomaba notas con la documentación que le pasaba su equipo, pero las intervenciones las elaboraba él de su puño y letra. Solía decir el entonces presidente que «los discursos no sirven para ganar votaciones, pero deben ser buenos por respeto a las personas que te escuchan y te apoyan». Rajoy era un magnífico parlamentario, sobre todo cuando aplicaba su retranca gallega y su sentido del humor tan especial.

Un escaño ocupado por un bolso

Entre las distintas polémicas periodísticas que surgieron los dos últimos días de mayo de 2018, estuvo la ausencia de Rajoy en el debate de la tarde del 31. Él ya sabía que perdía y estaba golpeado anímicamente. Pero no solo tenía la certeza de que esa batalla ya no la iba a ganar, sino que además era consciente de que era el fin de su carrera política. Estaba dolido, pero también admitía que su carrera no podía haber sido más exitosa, desde su temprana experiencia municipal en Pontevedra hasta la presidencia del Gobierno. Muchos opinábamos en aquel momento que Mariano Rajoy era el único dirigente riguroso que había en España. Creo que él pensaba algo parecido.

Se le exigía coraje para sentarse en su escaño y escuchar las intervenciones de la oposición. Claro que tenía coraje, lo demostró en muchas ocasiones, pero reconoce que ese día no tenía ánimo. Insisto, no fue porque no pudiese, sino porque fue consciente de que su servicio a España terminaba. Honestamente, más allá de la anécdota del bolso de Soraya sobre el escaño del presidente, me atrevo a escribir aquí que Rajoy concluyó su paso por el poder con grandeza, erguido, con limpieza, integridad y sin perder la dignidad.

Uno de sus colaboradores, Rafael Hernando, organizó una comida en un restaurante cercano al Congreso de los Diputados, el Arahy. En contra de lo que dicen las versiones que por ahí circularon, no estaban ni Soraya Sáenz de Santamaría ni Carmen Martínez Castro; esta última se sumaría más tarde. Quienes sí acompañaron al presidente en aquel almuerzo fueron María Dolores de Cospedal, Dolors Montserrat, Fátima Báñez, Íñigo de la Serna y el propio Rafa Hernando. Cospedal abandonaría la sobremesa para acudir al Congreso y desmentir los rumores de una posible dimisión de Mariano.

Sobre esa comida corrieron ríos de tinta, todos orientados a descalificar al entonces presidente del Gobierno por una supuesta falta de valentía. No era tal cosa; era, en gran medida, desánimo y cansancio, toda vez que en aquella misma comida fue Ortuzar quien le informó, con gran pesadumbre, que el PNV, que dos semanas antes le había ayudado a sacar adelante los presupuestos, no le prestaría sus votos y, por tanto, Sánchez sería el nuevo presidente.

El enigma Feijóo

Estaba claro que perder aquella moción de censura —la primera que triunfó en el ámbito nacional en cuarenta años— suponía el fin de un ciclo y, sobre todo, que Rajoy se marchara definitivamente de la política. Hacerlo como lo hizo él, con su mesura habitual y de manera limpia, es infrecuente. A él no lo echaron los votantes ni su partido, lo echó una coalición de partidos de escasa fe democrática cuyos miembros, si no todos, gran parte, no creían en la idea de España. La historia de esa renuncia demostrará que despedirse de esa manera es un honor.

En distintas ocasiones, en las conversaciones que pudimos mantener, Rajoy solía decir que él no tutelaría el futuro de su partido, que el nuevo líder del PP debería salir de un congreso democrático. Y así fue. Aquí se esconde, por cierto, otro de los misterios de todo aquel proceso: la renuncia de Alberto Núñez Feijóo a ser el sucesor y liderar el PP del futuro.

Tanto María Dolores de Cospedal como Soraya Sáenz de Santamaría me dijeron personalmente aquellos días que ellas nunca se hubiesen presentado a la presidencia del PP si Feijóo hubiese decidido participar en la carrera. Pero, con gran sorpresa para todos, desde luego para mía, el dirigente más sólido y mejor colocado del PP renunció a dar ese paso. Él alegó la precipitación de los plazos. Fue una explicación poco convincente. Solo él sabe lo que en realidad se esconde tras su decisión. Personalmente, creo que de haberse presentado no solo alcanzaría el liderazgo del PP, sino que le hubiese ganado las elecciones de 2019 a Pedro Sánchez y hoy sería presidente del Gobierno. Eso, de todos modos, forma ya parte de lo que pudo ser y no fue, y sigue resultando un ejercicio absolutamente estéril. Lo único cierto es que el presidente de la Xunta no dio el paso y Pablo Casado se hizo con todo el poder del partido en una demostración de cómo la democracia termina siempre regenerándose a sí misma. Casado representa ya a una nueva generación de políticos sin apenas hipotecas, con algunas limitaciones, como puede ser la falta de experiencia, pero con una frescura que alienta a creer en un tiempo nuevo y diferente.

Feijóo y Rajoy mantuvieron una conversación una vez que el presidente del partido decidió hacerse a un lado y abrir el proceso electoral para elegir a su sucesor. Nunca llegaron a comer juntos esos días, ni Mariano viajó a Galicia. Fue por teléfono, y en esa charla entre gallegos, Feijóo parecía querer comprobar si Rajoy lo apoyaría y, sobre todo, si podía ser el único candidato. Pablo Casado ya había anunciado su candidatura, pero Rajoy le dijo a su paisano: «Alberto, yo creo que debes presentarte». No lo hizo.

Ya en días previos al congreso, Rajoy hizo saber a sus más allegados que a él le gustaría que ganase Soraya Sáenz de Santamaría, quien había sido vicepresidenta todos aquellos años y había generado muchas enemistades entre sus propios correligionarios. Buena parte de ellos le reprochaban no haber cuidado más la figura del presidente y sí mucho la suya. Eran muy conocidas sus amistades —algunas peligrosas— con personajes señalados del campo mediático. De nada de eso se benefició Rajoy, al contrario. Fue, con mucho, el presidente más azotado por un sistema televisivo cuya óptica está instalada desde hace años en la izquierda.

Lo he escrito en varias ocasiones, también en este libro, pero siento la necesidad de volver a decirlo: la historia agrandará la figura de Mariano Rajoy. El presidente menos vanidoso, más a pie de calle, al que le tocó hacer frente a algunas de las situaciones más complejas de los últimos años y que demostró siempre limpieza de conducta y compromiso con su patria. Sin duda, España era mejor en 2018 que cuando él la heredó en 2011. Claro que quedó en las peores manos posibles.

La elegante salida del poder, sin dilación alguna, del entonces dirigente máximo del PP fue ejemplar y además espero que sirva de precedente para otros. Siempre es complejo traspasar esa línea, casi indefinida, que te lleva a ser el ciudadano Rajoy, titular de una plaza de registrador de la propiedad en Santa Pola, y a abandonar todos los oropeles del poder y la influencia. Es también difícil renunciar de golpe a todo eso y no arrastrar cierta amargura o tristeza. El tiempo suele ayudar a la memoria a seleccionar tan solo los momentos más agradables y los recuerdos positivos, aunque en los primeros meses siempre acuden *amigos* a emponzoñar y a combatir la melancolía con el acíbar de las quejas sobre los distintos sucesores. También aquí el tiempo actuará como bálsamo de las penas, que, desde lejos, ni eso son.

Para que quede claro

Dos cosas conviene que queden claras en este capítulo. La primera es que Mariano Rajoy no podía hacer otra cosa que debatir la moción de censura y la segunda es que el PSOE, desde 2004, ha logrado desalojar al PP del Gobierno siempre por vías traumáticas. Una, por el desconcierto de toda España tras el 11M; la otra, con una moción de censura apoyada por los partidos que quieren romper el país y con el PSOE que menos apoyo ciudadano había alcanzado en la historia democrática reciente.

Ni dimitir ni convocar elecciones hubiese impedido la obligación legal de abordar el trámite parlamentario de la censura puesta en marcha por los socialistas. Es ilustrativo en este terreno lo que se pretendió en abril de 2021, cuando Isabel Díaz Ayuso se adelantó por horas a convocar elecciones autonómicas en Madrid. En esa ocasión, la secuencia fue exactamente la contraria: hasta dos fuerzas distintas —PSOE y Más Madrid— presentaron sendas mociones de censura para impedir la convocatoria de elecciones. Rajoy lo explica muy bien en su libro *Una España mejor*: «Encargué que se estudiaran las consecuencias de mi dimisión como fórmula para sortear la moción socialista y mantener el Gobierno. Pero vimos muy pronto que ese recurso no serviría de nada, porque la dimisión del presidente no detenía el trámite de la moción ni impedía la votación», pues así lo establece la Ley Orgánica del Régimen Electoral General en su artículo 197.3.

Tampoco hubiese resuelto nada disolver las Cortes y anticipar elecciones, como afirmaban algunos. La Constitución española establece que el presidente del Gobierno no puede convocar elecciones cuando está en marcha una moción de censura. Vuelvo al ejemplo inverso de Díaz Ayuso. Por tanto, insisto en que Mariano Rajoy no dimitió ni convocó elecciones porque no solucionaba nada y porque además no se lo permitía la ley.

«Ha sido un honor dejar una España mejor que la que encontré. Ojalá mi sustituto pueda decir lo mismo en su día. Se lo deseo por el bien de España». Estas fueron algunas de las palabras que el 31 de mayo de 2018 pronunció Rajoy en su última sesión en el Congreso de los Diputados. No es su epitafio político, ni mucho menos, pero sí una buena síntesis de lo que fue su trayectoria y de la que debe ser la mayor aspiración de un político de vocación sana: servir a los demás. Me temo que ese no es el aliento que acompaña a la mayoría, sobre todo en los días en que escribo estas líneas.

La moción de censura de mayo de 2018, la primera que obtiene el derrocamiento de un gobierno, no es una página para sentirse orgulloso de nuestra democracia. Fue un atajo, un acceso por la puerta de atrás. Supuso el traspaso de una línea roja que hasta entonces nadie había cruzado: contar con el apoyo de quienes no creen en la democracia, aunque esa democracia sea lo que les permite existir.

19

La tesis plagiada de Sánchez

Lo que sí debería haberse sometido a una moción de censura fue la tesis doctoral de Pedro Sánchez, quien llegó a ser presidente del Gobierno a pesar de los pesares. En vieja expresión periodística, era un clamor en todos los cenáculos políticos de Madrid de aquel 2018 que el trabajo de doctorado de Pedro Sánchez, inquilino aquellos días de la Moncloa, estaba plagiada. Es más, quienes lo conocían de cerca no salían de su asombro por el descaro con que, en su intervención en el Parlamento que le llevó al Gobierno, citó como ejemplo de moralidad y regeneración el caso del ministro alemán de Defensa, Guttenberg, quien cesó por plagiar algunos párrafos: «Lo que hay en Europa son gobiernos, como en Alemania, en los que, por ejemplo, personas que han desempeñado responsabilidades ministeriales y a las que se le ha descubierto que han plagiado una tesis lo que han hecho ha sido dimitir».

Estaba muy extendido que su tesis era de escaso nivel y que contenía textos copiados de otros autores sin citarlos y sin comillas en algunas de sus páginas. En su día, el que fuera ministro de Industria con Zapatero, Miguel Sebastián, había dado a entender que desde su Gabinete se le había ayudado. También en un libro de Jesús Maraña, *Al fondo a la izquierda*, se contaba algo acerca del apoyo prestado por el entorno de Sebastián a ese texto que estaba bajo sospecha.

A lo largo de ese verano pensé varias veces que deberíamos hacer algo, pero Javier Chicote, sin duda un periodista excepcional, ya había tomado la iniciativa. Cuando regresé a finales de agosto de mis vacaciones, Chicote apareció en mi despacho con su trabajo. Había mantenido en secreto sus idas y venidas a la biblioteca de la Universidad Camilo José Cela, donde se custodiaba un ejemplar de la tesis de Sánchez como si fuese el *Códice calixtino*. El texto que le permitió ser doctor en Ciencias Económicas lleva por título *Innovaciones de la diplomacia económica española*. Estaba claro que, tanto en la universidad como en el entorno del presidente, había ya cierta inquietud por el interés que aquel texto suscitaba. De ahí que Javier Chicote tuviese bastantes dificultades para acceder a tan señalado documento y no solo consultarlo, sino también fotografiar sus páginas con el teléfono móvil, ya que no era posible hacer una copia o acceder a ella por internet, como sí ocurre con las miles de tesis doctorales que cada año se presentan y se suben al sistema Teseo del conjunto de las universidades españolas. El sistema Teseo se creó para que la comunidad científica y universitaria compartiera las investigaciones y el conocimiento.

El trabajo dc Chicote llevó más de dos meses, pues hubo que hacer muchas comprobaciones para poder constatar que había párrafos copiados de otros autores, que su trabajo doctoral contenía también irregularidades impropias de la excelencia universitaria y que, en todo caso, no parecía que fuese merecedora de aprobación. La universidad española también se ha ido deteriorando en los últimos años y en parte tiene que ver con la progresiva decadencia de la educación que se da desde hace tres décadas.

Volvamos a Sánchez y su tesis y a cómo *ABC* lo puso al descubierto. Nosotros llevábamos tiempo trabajando en el asunto. Teníamos previsto publicar la información la semana del 17 de septiembre. Paralelamente, me había llegado un artículo para nuestra Tercera de un colaborador habitual que suele trabajar mucho sus textos, José Félix Pérez-Orive. Este venía a reclamar la publicación de ese trabajo doctoral, ya que era un clamor entre ciertos grupos que estaba lleno de incorrecciones y de plagios. Me pareció oportuno publicar esa Tercera el 12 de septiembre. Curiosamente, Albert Rivera, entonces líder de Ciudadanos, tenía previsto en el pleno de control al Gobierno preguntarle al presidente acerca de su tesis y de las posibles irregularidades académicas y administrativas que detrás de ella se guarecían. La verdad es que para nada estábamos coordinados, aunque alguien pueda pensar lo contrario. Fue una simple casualidad. O tal vez Rivera leyó *ABC* aquella mañana y decidió hacer esa pregunta. En todo caso, la intervención del dirigente de Ciudadanos nos obligó a publicar el jueves toda la información que teníamos sobre el plagio. La reacción no se hizo esperar. Desde la Moncloa negaron todo y anunciaron una querella contra *ABC*. La querella nunca llegó. Mientras escribo estas líneas, tres años después, sigue sin haber amago ni atisbo alguno de la acción judicial que Sánchez iba a interponerle al diario.

Para entender en toda su extensión este escándalo, hay que recordar que días antes, el presidente del Gobierno, acusado luego de comportamiento académico poco edificante, había hecho dimitir a su ministra de Sanidad, Carmen Montón, por haber copiado un trabajo de fin de máster. En medio, además, estaba la polémica sobre el currículum de Cifuentes, así como la artificial campaña que le montaron a Pablo Casado con el fin de deteriorar su imagen, si bien las diferencias entre Casado y Cifuentes eran notorias, como se demostró posteriormente.

El escándalo de la tesis plagiada conmocionó a la opinión pública. Si Sánchez fuese coherente con lo que decía y con lo que hacía con sus ministros, habría dimitido. Yo sabía que eso no ocurriría. No había que ser un lince para saber que Pedro Sánchez no era precisamente un hombre de palabra. Parecía, sin embargo, que la ola de moralidad con la que se quería estrenar este tiempo de la política española, y tras los casos de Màxim Huerta, Montón, Casado y Cifuentes, obligaba a la opinión pública española, si creía vivir en una democracia de calidad, a exigir que

Sánchez hiciese pública su tesis y no permaneciera guardada en un cofre de siete llaves. Al fin y al cabo, él era quien presidía el Gobierno, un órgano que toma muchas decisiones sobre todos nosotros. Era y es un derecho que los españoles tenemos. El Portal de Transparencia al que acudimos desde *ABC* desveló algunas irregularidades, pero sigue siendo una página negra de la biografía de este político que, estoy convencido, más tarde o más temprano le va a explotar en las manos. Nada hay escondido que no llegue a descubrirse. Tampoco entiendo su temor a enseñarlo, salvo que la solvencia de su contenido no lo haga merecedor de la luz pública.

Los dirigentes de Vox entendieron que aquella era una buena oportunidad para acosar al inquilino de la Moncloa y presentaron una demanda contra Sánchez y su plagio. A mí me pareció un error, porque no se trataba de llevar aquello al campo de la justicia, sino al de la ejemplaridad ética de la que carecía el político socialista. Ocurrió entonces lo que nos temíamos. El Tribunal Supremo ni la consideró al solicitar el archivo el teniente fiscal del Supremo, Luis Manuel Navajas, quien adujo que no existía la figura penal del plagio y que la querella se basaba en informaciones periodísticas «vagas e imprecisas». A nosotros nos molestaron especialmente estas últimas palabras. Navajas pudo ceñirse a la parte técnica de los códigos sin necesidad de entrar a valorar el trabajo de los periodistas y de descalificarlos de esa manera. Así se lo hicimos ver en un editorial al día siguiente de hacer público su escrito.

Luis Navajas, se destapó más adelante como un hombre siempre presto a atender a la superioridad. Esa vez acudió en socorro de Sánchez, tal vez por congraciarse con María José Segarra, la fiscal general del Estado y próxima al Gobierno socialista. Podría haber encargado el trabajo a más de una veintena de fiscales del Supremo, no se entiende todavía hoy su interés por ser él quien informase negativamente sobre la demanda presentada por Vox. Seguramente no había cauce legal para que prosperase, pero Navajas tomó partido con poca elegancia y de manera muy personal.

El viernes 14 de septiembre, Sánchez envió a mi nombre un burofax en el que trataba de defender en seis puntos las razones por las que su tesis no era un plagio y deslizaba la amenaza de llevarnos a los tribunales. Nosotros, lógicamente —y así lo hice siempre con cualquier persona que invocaba su derecho de rectificación—, publicamos el contenido de su burofax, pero también explicamos a nuestros lectores por qué considerábamos que las explicaciones del presidente no eran suficientes para nosotros. Así, el sábado 15 de septiembre, nuestra portada llevaba un titular tan corto como elocuente: «Nos ratificamos». En los días siguientes fuimos desgranando toda la información que teníamos y que mostraba nuevas evidencias del bajo nivel del texto, calificado *cum laude*. Había las suficientes evidencias y motivos sólidos para que, al menos, se abriese una investigación. El político que se permitió en la tribuna del Congreso de los Diputados poner como ejemplo a la Alemania que obligaba a los ministros a dejar el cargo por plagio se atrincheraba en su ya conocida capacidad de resistencia; incluso llegó a decir que hablar de su tesis era «enturbiar la calidad de la democracia». No debió de pensar lo mismo de los plagios de Manuel Cruz, presidente del Senado durante su mandato y a quien arrumbó al sencillo escaño de la Cámara Alta tras las elecciones de noviembre de 2019.

El diario *El País* informaba días después de que el libro que Pedro Sánchez y Carlos Ocaña habían publicado partiendo del texto que le dio el doctorado al primero sí tenía párrafos copiados, como, por ejemplo, el de una conferencia del embajador Manuel Cacho. Nosotros pudimos comprobar que en ese libro se repite hasta en dos ocasiones un fragmento plagiado. Los autores habían reproducido una respuesta parlamentaria al pie de la letra y se puede comprobar en el Boletín Oficial del Congreso de los Diputados, serie D, número 459, de 14 de octubre de 2010. En total, había hasta seis textos ajenos que ocupaban párrafos completos sin comillas ni referencias a los documentos originales. Ese libro se ha convertido en una joya bibliográfica, ya que ha desaparecido de las librerías y es imposible encontrar un ejemplar. Confieso que yo tengo uno que ya reposa en los anaqueles de libros raros de mi biblioteca.

Eran muchas las personas que se afanaban en defender y disculpar, cuando no negar, el plagio de Sánchez: periodistas, fiscales, editores, funcionarios de la Moncloa... El propio Pablo Iglesias, dentro de su soberbia, calificó en TVE la tesis de bajo nivel, aunque convirtió la polémica en «ataque de la derecha mediática» contra el irrefrenable ascenso de la izquierda. Como siempre, descalificando sin proporcionar un solo dato objetivo que lograse desmentir la información que se estaba aportando.

Tampoco anduvo muy fino el Partido Popular. Ciudadanos intentó que el asunto se debatiese en el Congreso de los Diputados, pero las tretas del reglamento y la aritmética de la Cámara lo impidieron. Quedaba el Senado. Allí el PP tenía mayoría absoluta. Era la ocasión para que la ciudadanía disfrutase de un ejercicio democrático de escrutinio a un presidente de dudosa decencia en materia académica. El Gobierno solicitó un aplazamiento y los populares, con su portavoz Ignacio Cosidó al frente, aceptaron. Llegó febrero de 2019, era la gran oportunidad que teníamos, ya que los tribunales nunca recibieron la querella de Sánchez contra nosotros. Hubiese sido el momento de aportar todas nuestras pruebas, pero los populares aceptaron una segunda prórroga solicitada por el Gobierno socialista. Poco después, el Gobierno, que venía viviendo con los presupuestos de Rajoy del año anterior, no logró aprobar las cuentas del Estado para el siguiente ejercicio, por lo que decidieron convocar elecciones para el 28 de abril. Se suspendía así toda actividad parlamentaria y Sánchez se libraba de comparecer en el Senado. Salvado por la campana. Nunca entendimos la actitud del PP, aunque algunos en *ABC* la explicaban con el argumento de que Pablo Casado se sentía marcado por la polémica de su máster, que el Tribunal Supremo también había archivado, aunque no con la diligencia y velocidad de Navajas con la tesis del presidente.

Sin embargo, la comunidad universitaria española en su mayoría, sí estaba escandalizada y en nuestras páginas recogimos innumerables testimonios de catedráticos y doctores que no entendían cómo la Universidad Camilo José Cela no le retiraba el doctorado o abría al menos una investigación en condiciones y hacía públicas las conclusiones. Nunca alcanzamos ese objetivo que añadiría crédito a nuestra universidad. Tal vez eso explique por qué —un año sí y otro también— aparece tan mal clasificada en los rankings mundiales. Nosotros, por nuestra cuenta y sin que nos siguiera ningún otro medio, continuamos la investigación y comprobamos que el doctor Sánchez plagió según las normas académicas de Oxford o de la Complutense. Había incumplido al menos siete de esas normas antiplagio.

A Javier Chicote el trabajo le sirvió para que los profesionales del periodismo de Madrid, a través de la Asociación de la Prensa, lo nombraran mejor periodista del año. Era más que merecido, era justísimo. La verdad es que Chicote es un investigador periodístico riguroso y muy concienzudo. Día tras día iba desmontando las mentiras del entorno del presidente. Había encontrado nada menos que trece plagios. El resultado era inapelable y vino a reafirmarlo la empresa alemana PlagScan, cuyo programa antiplagio había sido invocado por la Moncloa para asegurar que tan solo había un 0,96 por ciento de coincidencias en el texto, mientras que los alemanes encontraron nada menos que el 21 por ciento, prácticamente la cuarta parte.

Desde *ABC* acudimos posteriormente al Portal de Transparencia para conocer más detalles acerca del comportamiento de los funcionarios de la Moncloa en torno a este asunto. Nuestra sorpresa fue que aquella nota de Moncloa señalando el pequeño porcentaje de coincidencias la había hecho un particular, no la oficina de la propia sede de la Presidencia del Gobierno, y que se habían utilizado de manera no oficial los medios y los logos del propio Gobierno. A pesar de todo, nadie se escandalizaba. En España la gente solo se escandaliza por casos de corrupción económica. Somos una sociedad tolerante en exceso, o al menos eso parece cuando se trata de casos de corrupción de la izquierda. La hemiplejia moral que caracteriza el tiempo presente de España es, cuando menos, inquietante mirado desde la perspectiva moral de la idea de dignidad política.

Claro que no siempre sucede así. Un año después, en *ABC* descubrimos los distintos plagios del filósofo y catedrático Manuel Cruz, presidente del Senado en el momento en que publicábamos la información. Cruz había copiado a nueve autores distintos en su manual de filosofía y no los citaba. Se incumplían otra vez las honestas y limpias normas académicas. La información, nuevamente de Javier Chicote, nos había llegado desde el entorno académico del propio Cruz. Es decir, que en su universidad era un secreto a voces. Volvimos a poner en marcha los distintos sistemas de contraste. Le pedí a Chicote que hablase con un señalado catedrático de Filosofía de la Complutense para que nos diese su opinión acerca de si aquello era plagio o podía entenderse como algo habitual en un manual universitario. Su respuesta fue demoledora: «Si me ocurriese algo así a mí, me tiraría de un puente». Semejante afirmación nos quitó cualquier sombra de duda.

Días después, ya con la lupa puesta, pudimos comprobar que Cruz había copiado a más autores en otras publicaciones. El inicial apoyo al filósofo convertido en presidente del Senado fue desapareciendo lentamente. Sánchez no quería significarse en tal asunto, sabía que hablar de falta de originalidad en los trabajos académicos e intelectuales no le convenía. A medida que mostrábamos y demostrábamos las coincidencias, a veces obscenas, de las palabras de Cruz con las de otros autores, el respaldo socialista a su emblemático senador iba menguando. El entonces presidente de la Cámara Alta llegó a presentar como propias reflexiones filosóficas sobre el paso del tiempo del surcoreano Byung-Chul Han, una de las grandes estrellas del pensamiento contemporáneo. La consecuencia fue que en la nueva legislatura, iniciada tras las elecciones del 10 de noviembre, Manuel Cruz ya no tuvo destino alguno, salvo calentar su escaño en el Senado. Sánchez había sido implacable con él. No así consigo mismo.

Ya se sabe que la virtud de la coherencia no acompañó nunca a Pedro Sánchez. Su concepto de la dignidad es tan flexible como en otros muchos valores que hicieron grandes y decentes a políticos notables. No es el caso. La tesis plagiada de Sánchez es hoy uno de los capítulos más reveladores del mal periodismo que se practica en España y de la bajísima calidad ética y moral de nuestra clase política. Tal vez sea el reflejo de una sociedad en decadencia. Queda para los años venideros la tarea de hacer justicia con este asunto si queremos que la vida política de nuestro país se regenere.

20

El *Prestige* a pie de playa

Hacer justicia... Algo pendiente aún, diecinueve años después del cataclismo provocado por el vertido de fuel de un buque cisterna en nuestras costas. Justicia para paliar los efectos desastrosos a nivel ambiental, social, psicológico, económico, cultural... El día a día, la actualidad, es todo un universo caótico. Paradójico, sí, pero es que la actualidad es caótica. La obligación del periodista es administrar ese caos y ofrecerlo bien ordenado e interpretado a los lectores, a las audiencias. Nunca sabes cuándo van a ocurrir determinados hechos o cuándo se van a dar situaciones inesperadas como puede ser la renuncia de un papa, la muerte de un gran banquero o un temblor de tierra que se lleva centenares de vidas por delante. Tampoco sabemos cuándo un barco de considerables dimensiones y con mercancía peligrosa en sus bodegas puede naufragar frente a nuestras costas y provocar una tragedia ecológica. Guardo, todavía hoy, el nítido recuerdo de la tarde del 13 de noviembre de 2002. Ese día, consecuencia de la marea negra vertida por un petrolero llamado *Prestige*, de bandera de conveniencia, que inundó nuestras costas y nuestras rías, comenzó a escribirse una página negra de la vida de Galicia. Fue, sin embargo, una oportunidad para mostrar a España y a toda Europa la fibra profesional que se atesoraba en la redacción de *La Voz de Galicia*, que lideró, sin ningún género de dudas, la información de aquella catástrofe.

La cobertura le valió al diario, que entonces yo dirigía, el Premio a la Libertad de Expresión —de la Fundación de los Medios de Leipzig—, así como el reconocimiento, entre otros muchos, de la primera edición de los premios periodísticos de *El Heraldo de Aragón*. Pero, sobre todo, sirvió para otorgarles protagonismo nacional e internacional a los profesionales que cubrieron desde las páginas del periódico aquellos tristísimos hechos. Todavía hoy, si consulto la hemeroteca de *La Voz de Galicia*, me impresiona la calidad, el rigor y la intensidad —con lo que ello conlleva en ocasiones— de la información de aquellos días.

La tarde del 13 de noviembre de 2002 me dirigía desde A Coruña a Santiago por la autopista del Atlántico. Me había invitado Xosé López, decano de la facultad de Xornalismo de Compostela, para hablarles a los alumnos de la profesión que aspiraban alcanzar. Justamente, aquella tarde les expliqué mi visión acerca de lo caótica que es la materia prima que los periodistas manejamos y el inevitable grado de improvisación con el que tenemos que trabajar. Mientras me dirigía al campus universitario me llamó por teléfono el director adjunto, Xosé Luis Vilela, para comentarme que un petrolero, cuyo nombre todavía no se conocía, había lanzado un SOS hacia las cuatro de la tarde —hacía, por tanto, apenas una hora—; se encontraba muy cerca de la costa, a unas veintiocho millas de Fisterra. Era algo relativamente habitual. Entre octubre y marzo, frente a Galicia, casi todos los años se registraban situaciones de este tipo que cada cierto tiempo terminaban en tragedia, como habían sido los casos *Erkowit*, *Casón* o *Mar Egeo*. Sin embargo, la mayoría de las veces solían resolverse positivamente, como ocurrió con el gasero argelino que navegaba rumbo a Amberes unas semanas antes. El porcentaje de barcos siniestrados con consecuencias negativas en materia ecológica era muy bajo si tenemos en cuenta que por las costas gallegas navegan diariamente más de seiscientos buques de gran tonelaje, un buen número de ellos transportando mercancías peligrosas. Por tanto, en la redacción de *La Voz de Galicia* teníamos una amplia experiencia en gestionar este tipo de informaciones.

Esa experiencia nos llevó a detectar muy pronto, en las primeras horas de aquella tarde, el peligro que se cernía sobre nuestras costas. Recuerdo que les hablé de ello a los alumnos de Xornalismo de Compostela. A las siete y media de la tarde ya estaba de regreso en la sede del diario en Sabón, Arteixo. En la reunión de Primera, que habíamos retrasado de manera deliberada para ver cómo evolucionaba la peripecia del petrolero en medio de aquella tormenta, decidimos apostar fuerte desde el principio y titular: «Un petrolero a la deriva amenaza Galicia con otra marea negra»; advertíamos además que ya estaba vertiendo fuel a cincuenta kilómetros de Fisterra. Fuimos, con mucho, el medio de comunicación que más en serio se tomó en aquellas primeras horas lo que estaba ocurriendo. Los medios de Madrid, por ejemplo, no se percataron de la verdadera dimensión de aquella tragedia hasta el fin de semana, por increíble que parezca. Después se volcaron en el asunto, en algún caso incluso de manera hiperbólica.

Es posible que peque de inmodestia, pero *La Voz de Galicia* fue con diferencia quien mejor cubrió aquella catástrofe marina, ecológica y, por ende, política. Vimos el problema desde su inicio y teníamos una redacción entrenada para reaccionar ante un hecho como aquel. Las informaciones, los textos, las infografías, las fotografías, los enfoques, la densidad de los contenidos..., todo nos diferenciaba notablemente del resto.

El editor y propietario del diario, Santiago Rey Fernández-Latorre, se encontraba de viaje particular en Isla Mauricio, pero yo lo mantenía informado personalmente de todo cuanto estaba aconteciendo. Tan pronto como regresó a A Coruña nos animó y nos respaldó todavía más para que cumpliésemos con nuestro cometido, que no era otro que informar a la ciudadanía y poner al descubierto todo lo que los gobiernos, tanto el central de Madrid como el de Galicia, querían ocultar. No era una decisión fácil. Teníamos enfrente al todopoderoso Gobierno de José María Aznar y a una presionante Xunta de Galicia que presidía Manuel Fraga, pero aun así no dudamos en ponernos del lado de una sociedad, especialmente la gallega, estupefacta con la gestión y el desarrollo de aquella crisis.

Una crisis también informativa

Como digo a menudo, la actualidad es caótica y siempre hay un componente de azar que la envuelve en un cierto halo de misterio. Nadie podía prever que un viejo barco de bandera de conveniencia, con el casco agrietado, propiedad de una empresa armadora griega y capitaneado por un veterano capitán de la misma nacionalidad, se tendría que enfrentar en la tarde del 13 de noviembre de 2002 a una tormenta que no podría vencer, lo que desencadenaría aquel desastre ecológico. Seguramente no se le podría reprochar nada, o muy poco, al Gobierno de Aznar si se hubiese puesto desde el principio al frente de aquella crisis y, sobre todo, si no hubiese infravalorado lo que allí acontecía. Como en tantas otras crisis, en la del *Prestige* se mostró ante todo una enorme impericia en la gestión de la comunicación. De haber reconocido el problema desde el inicio, probablemente aquello hubiese ido de otra manera. La arrogancia de Aznar provocó lo contrario. De hecho, no se acercó a Galicia hasta el 14 de diciembre, nada menos que treinta y un días después del arranque de aquella hecatombe ecológica. Los argumentos eran tan peregrinos como que «no quería molestar a la gente que estaba trabajando».

Mariano Rajoy fue quien se comió el marrón. Al igual que había ocurrido en el asunto de las vacas locas, el vicepresidente fue encomendado por Aznar para coordinar la crisis. Le llovió de todo: improperios, amenazas... y hasta huevos. Mariano solía lamentarse de que en esa ocasión no había encontrado un Badiola con el que sí contó en el caso de la encefalopatía bovina: un experto que aclarase a la población cada hito del desarrollo de aquel dificultoso trance.

Rodolfo Martín Villa, que venía de ser presidente de Endesa, fue el otro personaje al que Aznar dio un protagonismo especial en la gestión de las consecuencias del *Prestige*. El Gobierno lo nombró comisionado especial para la gestión de aquel suceso. Tuve la oportunidad de compartir algunos encuentros con él y he de decir que fue todo un descubrimiento para mí. Relataba historias de su pasado político y de su experiencia de la vida en general, lo que me dio la oportunidad de conocer a una persona de una excepcional categoría, con un acusado sentido del servicio público y a quien adornaban además la prudencia y la tolerancia. Martín Villa hizo todo lo que pudo y además aprendió mucho del mundo marítimo.

Ya en los primeros días de enero de 2003 se organizó una cena en la casa de *La Voz de Galicia* en la que participamos Mariano Rajoy, Martín Villa, el propietario del diario —Santiago Rey, que actuaba de anfitrión— y yo. La fantasía popular de aquellos días, lo que en Galicia llamamos «*o díxome díxome*», relataba que de aquella cena habían salido grandes pactos entre el Gobierno y el diario, según los cuales nosotros levantábamos el pie del acelerador en materia informativa y la Xunta nos volvía a tratar con la misma consideración que a los demás medios de comunicación. Hay que señalar que el Gobierno autonómico de Fraga nos retiró en aquellos meses cualquier tipo de apoyo y que el veto duró casi un año. También hay que decir que nosotros nos mantuvimos dignos y firmes en nuestra posición.

De aquella cena, en realidad, solo sacamos el educadísimo enfoque de la crisis de Rajoy y Martín Villa, pero ningún tipo de presión. Pueden creerlo o no, pero así fue. Se limitaron a darnos su visión de lo acontecido y hasta hicieron algo de autocrítica. Fue un encuentro correcto entre los dos máximos responsables del Gobierno en la gestión del caso *Prestige*, el propietario del medio que más relevancia tenía en la información del mayor desastre ecológico de Galicia y el director del mismo.

En el verano de 2006 se produciría un desastre mayor con la quema de casi doscientas mil hectáreas de bosque y la muerte de tres personas. Gestionaba esa situación el bipartito autonómico del PSOE-BNG. De nuevo, la asimetría informativa hizo su aparición. Yo ya no era director de *La Voz de Galicia*; de lo contrario, hubiésemos sido tan críticos con aquel otro desastre como lo fuimos con el del *Prestige*.

Restablecer las relaciones de normalidad con la Xunta de Galicia nos llevó casi un año. A ello me dediqué yo casi en silencio y en soledad, manteniendo dos discursos paralelos. No lo considero ningún mérito especial, era mi obligación. Creía que podíamos ser firmes en nuestra línea y cordiales en las formas. La historia, como en tantas ocasiones, se puede reescribir de muchas maneras: el pasado siempre te puede dar sorpresas. Yo dejo aquí plasmado lo que viví. La capacidad de fabular de otros queda a su arbitrio y le corresponde a la inteligencia y perspicacia del lector su interpretación.

La mala gestión informativa del Partido Popular, tanto desde el Gobierno central como desde la Xunta, concluyó con una crisis de relaciones entre el diario y el Ejecutivo autonómico. También, casualmente, se le abrió una inspección de Hacienda a la empresa editora del diario. Recuerdo que el jefe de la inspección me aseguró que nada tenía que ver la línea que habíamos seguido a la hora de informar con la puesta en marcha de aquella revisión de tributos. Me dijo sencillamente: «Ya tocaba».

En la vida siempre acaba *tocándote* de una u otra manera. Por eso sigo reivindicando en el periodismo la buena voluntad y la idea de servicio. Releyendo a Ángel Herrera Oria, fundador de *El Debate* y creador de la primera escuela de periodismo de España, me reafirmo en que el periodismo tiene que ser servicio. Y creo que eso es lo que fuimos desde el primer diario gallego en aquellos oscuros y tristes días de finales de 2002.

Tristes por la hecatombe ecológica y por la sensación de indefensión y abandono inicial de toda una comunidad; sin embargo, en el campo profesional, informativo y de resultados empresariales, fueron de los mejores que he vivido. *La Voz de Galicia* vendía más ejemplares que nunca, de los de verdad, de los que compran los lectores en los quioscos. Aquel año, además, celebrábamos el 120 aniversario del diario y por ello pusimos en marcha la colección de literatura gallega «Biblioteca 120», que constituyó todo un éxito gracias al trabajo de muchos, pero muy especialmente de Tucho Calvo y Rafael Sanguino. No solo batimos el récord de ventas, no solo tuvimos muchas iniciativas editoriales, no solo rediseñamos totalmente el diario, sino que, a día de hoy, sigue siendo el mejor ejercicio de la empresa, con un ebitda de más de trece millones de euros. Esto viene a demostrar que el buen periodismo termina siendo recompensado y además es un buen negocio.

Plan Galicia de mierda

El Gobierno de José María Aznar, que ya comenzaba a cojear, era consciente del enorme error que había cometido en la gestión del naufragio inducido del *Prestige*. Como consecuencia de aquel reconocimiento, José María Aznar decidió celebrar un Consejo de Ministros extraordinario en el palacio de María Pita, sede del Ayuntamiento de A Coruña. Paco Vázquez, que llevaba ya la friolera de veinte años en la alcaldía de la ciudad herculina, actuó de anfitrión. Demostró su acusado sentido de lealtad institucional y ofreció todas las facilidades para la celebración de aquel Consejo de Ministros. De ese cónclave gubernamental salió el denominado Plan Galicia. Se trataba de un diseño ambicioso de infraestructuras que permitirían a Galicia entrar de verdad en el nuevo siglo. Equipamientos que, inevitablemente, también pasarían a beneficiar a Castilla y León y a Asturias. Pero en aquel magno proyecto programado por el Gobierno de Aznar no solo se hablaba de obra pública. Era la manera en que se entendía que se podía desagraviar a Galicia tras el desastre del *Prestige*.

Aquella iniciativa apenas si recibió crítica alguna, a excepción de las de determinados socialistas gallegos. No de Paco Vázquez, quien, al contrario, se mostró eufórico por la decisión de que en el plan también se incorporase la construcción de un puerto exterior en A Coruña y otro de refugio en Corcubión por si algún día volvía a ocurrir una desgracia como aquella. Han transcurrido casi veinte años de aquel cónclave gubernamental en María Pita y gran parte de lo que allí se aprobó nunca llegó a materializarse ni sobre el papel. Todo tiene su explicación, y aquí va...

Apenas quince meses después de la aprobación de aquel amplio programa de inversiones, ganó las elecciones el PSOE de Rodríguez Zapatero tras la infausta jornada del 11M. Zapatero colocó al frente de la cartera de Fomento a la andaluza Magdalena Álvarez, a quien precedía una fama de mujer compleja en la gestión durante sus años de consejera en la Junta de Andalucía. Desde el minuto uno tomó la decisión de no llevar a cabo ninguna de las acciones que se habían planteado en el Plan Galicia, concebido para compensar a aquella esquina del noroeste español del desastre ecológico. Suele ser muy habitual en la izquierda española ese notorio desprecio a la idea de la coherencia entre lo que se dice y lo que se hace.

Desde *La Voz de Galicia*, conocedores de la decisión de Magdalena y, por tanto, del Gobierno Zapatero, de no cumplir lo aprobado en su día, comenzamos una campaña de denuncia de la situación. En todas las ruedas de prensa en las que comparecía la ministra de Fomento aprovechábamos para preguntar por el estado del Plan Galicia, hasta que en una ocasión, Magdalena Álvarez, mujer de notable intemperancia, dijo aquello de que estaba hasta las narices del «... Plan Galicia de mierda».

Tengo que confesar que a mí, como gallego y como ciudadano de un país democrático, aquella salida de tono de la ministra socialista me dolió. Fue la constatación de que no se iba a hacer nada y una muestra de la frivolidad con la que actuaba un personaje llamado Rodríguez Zapatero, cuya abrasiva gestión se completó con la llegada de un socialismo disolvente como el de Pedro Sánchez. Que nadie dude que este último es hijo y consecuencia de aquel Gobierno que llegó a lomos del desconcierto de un país tras el atentado del 11 de marzo de 2004.

Conciencia crítica del poder

Me siento especialmente orgulloso de aquellos años en los que dirigí *La Voz de Galicia*. Con toda humildad, me atrevo a decir que no nos casamos con nadie y que tratamos de ser un periódico al servicio de la ciudadanía y no de quienes ostentaban el poder. Primero fuimos muy críticos con el PP y con los gobiernos de Aznar y Fraga. Meses después lo fuimos con Zapatero y sus ministros. En ambos casos solo nos movió la defensa de los intereses más nobles de Galicia y el bien común. Lo que ocurre es que cuando se trabaja así, desde la independencia, tus críticos, de cualquier orilla ideológica, no quieren entenderte porque, en el fondo, se ven descubiertos. Pero ese periodismo no deja de ser, fundamentalmente, una prestación de defensa de los intereses de los ciudadanos. Poco más se le puede pedir a este recto trabajo.

El *Prestige* será recordado siempre como un episodio aciago de la historia reciente de Galicia, pero, sin duda, como una de las mejores páginas de *La Voz de Galicia* y como la demostración de que un periodismo valiente y responsable termina siendo bueno para el conjunto de la sociedad. También quedarán nombres tiznados por la negrura de sus comportamientos, al menos en la memoria colectiva de los gallegos, y uno de ellos es el de Magdalena Álvarez. El proyecto de infraestructuras que estaba previsto desarrollar en aquel plan hubiese contribuido a combatir la hemiplejia de una España volcada al Mediterráneo y que se ha desentendido de la orilla atlántica. El BNG, dirigido entonces por un posibilista equipo encabezado por Anxo Quintana, salvó en noviembre de 2007, con sus dos votos, a dicha ministra de ser reprobada en el Congreso de los Diputados. El partido nacionalista al que tanto se le llenaba la boca con la denuncia de los *aldraxes* (agravios) que el Gobierno central cometía con Galicia, no tuvo ni la honra ni la gallardía de ponerla en su lugar; hecho que sí se produciría apenas un año después: Magdalena Álvarez se convertiría en la primera ministra de la democracia en ser reprobada por el Congreso de los Diputados. Honor más que dudoso.

La cobertura que dimos de la tragedia ecológica del *Prestige* nos sirvió para muchas cosas; afianzamos el modelo de trabajo que habíamos estrenado aquel año, conferimos orgullo de pertenencia a nuestros periodistas, recibimos un buen número de reconocimientos en España y fuera de ella y, lo más importante, reforzamos nuestra credibilidad y nuestro compromiso con los lectores. Ojalá aquel barco nunca hubiese pasado aquella tarde del 13 de noviembre de 2002 frente a las costas gallegas. Pero, una vez que ocurrió y ya con la lejanía del recuerdo, confieso que fue una de las grandes batallas informativas en las que pude participar. El tiempo, como la memoria, va colocando todo en su sitio.

21

El 11M: Aznar no me llamó

El 13 de noviembre de 2002 la actualidad se tiñó de negro. Dieciséis meses después, de rojo. Es difícil olvidarse de la mañana del 11 de marzo de 2004. Seguro que el lector recuerda perfectamente dónde estaba en ese preciso instante. Mantengo vivo en mi memoria el recuerdo de aquel momento y de las horas posteriores. En aquella época yo aún era director de *La Voz de Galicia*. Acababa de levantarme y en todos los programas matinales de televisión y radio solo se hablaba, como no podía ser de otra manera, del atentado que se acababa de perpetrar en varios trenes en Madrid con un saldo de muertes que todavía no se podía calcular con exactitud. Vivíamos los últimos días de una campaña electoral y todo apuntaba a que el candidato del PP, Mariano Rajoy, iba a ganar las elecciones. En aquellas primeras horas todavía no se podían estimar bien las consecuencias de aquella tragedia en la historia de España en general ni en las elecciones del domingo siguiente en particular.

Entre las primeras personas que aparecieron públicamente para condenar los atentados que, en un principio, parecían obra de ETA, estaba el lendakari Ibarretxe, que llegó a calificar de «alimañas» a los terroristas. Mientras escuchaba las primeras reacciones, llamé a algunos de mis más cercanos colaboradores; luego me dirigí a las instalaciones del diario. A las diez de la mañana estábamos sentados en la sala de reuniones todos los jefes del periódico. Todo era confusión. Yo acababa de escuchar en la BBC que el ministro de Exteriores británico, Jack Straw, había comentado en Londres que el atentado podría haber sido obra de ETA con colaboración islamista, pero en aquel momento y durante toda la mañana, la versión oficial del Gobierno era que los atentados habían sido obra de ETA. De hecho, varias semanas antes se había detenido a un comando que transportaba varios centenares de explosivos en una furgoneta y se venía hablando de manera reiterada de un posible gran atentado de los terroristas vascos.

La historia es bien conocida, aunque en ocasiones se tiende a desvirtuar por perversas razones políticas. El caso fue que, durante toda la jornada, repito, la versión oficial del Gobierno de Aznar, con Acebes como ministro de Interior y Zaplana como portavoz, fue que la masacre la había perpetrado la organización terrorista ETA. Nosotros habíamos repartido el trabajo entre las distintas secciones; era uno de esos días que te gustaría que nunca hubiese existido, pero que se vive con una intensidad especial en las redacciones, con tensión y hasta con cierta emoción, pero sobre todo con gran responsabilidad profesional y ciudadana. Ese día, además de en la controversia sobre la autoría, que comenzó a hacer más ruido a partir de primera hora de la tarde, el acento se ponía, desde el punto de vista informativo, en el número de víctimas —el mayor en la historia del terrorismo en España— y en sus perfiles, en sus biografías y demás circunstancias. También analizábamos las consecuencias políticas y su influencia en la campaña, así como los ecos del atentado en el mundo entero.

La redacción de *La Voz de Galicia* fue siempre de las mejores de España, tanto por la calidad de sus periodistas como por la de sus cuidadas instalaciones. En medio de aquella vorágine, donde la engrasada organización del diario preparaba la edición del día siguiente, recibo en mi despacho una llamada de José Blanco, quien ocupaba en aquel momento el puesto de secretario de Organización del PSOE. Desde siempre mantenía una buena relación con él y solía aportarme información relevante. En la crisis del *Prestige* mantuvimos fluidos diálogos y conocía bien la bandera que desde nuestro periódico enarbolábamos, que no era otra que la de la defensa de los intereses de Galicia ante los agravios que sufría en comparación con otros territorios. Era uno de los temas recurrentes en mis conversaciones con él y con el propio Zapatero, que me había llegado a decir que iba a proponer un pacto por el noroeste para desarrollar las infraestructuras de esa parte de España y evitar así la ya comentada hemiplejia del país. Más tarde, Zapatero llegó a la presidencia del Gobierno y se olvidó por completo de esas inquietudes.

Pepe Blanco, que era como yo lo conocía, me soltó a bocajarro: «Nuestra gente en la Policía nos dice que los autores del atentado son islamistas y no etarras; te lo digo por lo que te pueda servir de ayuda». Yo venía siguiendo durante toda la tarde la polémica que en algunos medios se había planteado al respecto, pero, salvo en la cadena SER, nadie prestaba especial atención a esta cuestión, nadie dudaba de la autoría de ETA; incluso daba la impresión de que alguna información de la SER estaba muy poco contrastada.

A mí siempre me gustó dirigir alrededor de las mesas de redacción. En jornadas como aquella había que ser ágiles, así que salí a la sala común y convoqué allí de pie al director adjunto, Xosé Luis Vilela, a varios redactores jefes y a Julio Fariñas, nuestro experto en narcotráfico y el hombre con más contactos en el mundo policial. Les conté la llamada de Pepe Blanco y la intuición que yo tenía de que aquello podía ser verdad. Le pedí a Fariñas que tratara de recabar alguna información entre sus fuentes policiales. A los cinco minutos, Fariñas vino con la respuesta: «He llamado a un antiguo comisario que hoy forma parte del equipo de seguridad de Renfe y me lo ha confirmado». La respuesta del policía amigo de Julio Fariñas fue muy curiosa: «Julio, hoy no es buen día para hablar, pero entre moros y cristianos, quédate con moros».

Inmediatamente tomé la decisión de cambiar todo el

enfoque de nuestra información. Habíamos programado un *primer plano* con cerca de treinta páginas y había que cambiar un buen número de ellas. Pasaba de las siete de la tarde y llevábamos trabajando desde por la mañana, pero toda la información que empezamos a reunir por otros medios nos orientaba en dirección contraria a la que habíamos planificado inicialmente. Recuerdo, una vez más, a David Beriain, el joven periodista que más tarde triunfaría en el reporterismo, preparando una documentadísima página titulada «Demasiado complejo para ETA». Beriain hacía un recorrido por los distintos atentados de ETA en el que se comprobaba que nunca había hecho nada parecido, ya que para llevar a cabo una acción terrorista como aquella del 11 de marzo de 2004 era necesario movilizar a mucha gente.

Al día siguiente, fuimos el único diario de toda España que salimos en nuestra primera página con este titular: «Infamia. Al Qaeda perpetra en Madrid la peor matanza de la historia de España». La prensa de Madrid y Barcelona presentaban un enfoque totalmente distinto, adjudicándole a ETA la autoría de la masacre. Ese día, 12 de marzo, se superaron todos los registros de ventas de ejemplares en España. Nosotros habíamos hecho una tirada especial, muy por encima de lo habitual, y vendimos absolutamente todo. Era llamativa la voracidad informativa que los españoles tenían en aquel instante. Reflexioné sobre esta cuestión en distintas ocasiones: al día siguiente de una de las fechas de más consumo de radio y televisión de nuestra historia reciente, se vendieron más periódicos que nunca. Toda la ciudadanía sabía lo que había pasado y, sin embargo, acudió al quiosco como jamás lo había hecho. ¿Qué buscaba? Explicaciones, entender lo que había ocurrido. Pasados ya tres lustros, hoy podemos decir que el periodismo español no estuvo a la altura.

David Beriain aquella tarde

Cuando aún escribía estas páginas, el 27 de abril de 2021, ocurrió la tragedia de los asesinatos del periodista David Beriain y de su compañero Roberto Fraile en Burkina Faso a manos de un grupo terrorista de Al Qaeda. Fue una noticia muy triste que, inevitablemente, me llevó a recordar al joven periodista navarro que contraté en 2001 gracias a la recomendación que me hizo su profesor, Paco Sánchez. David vino a enriquecer una redacción llena de talento. En aquella época yo estaba empeñado en incorporar periodistas de extracciones muy diversas, ya que consideraba, y a día de hoy mantengo esa idea, que eso revaloriza y estimula cualquier redacción.

Beriain pertenecía a la categoría de los grandes. No lo escribo ahora porque ya no esté entre nosotros. Se lo reconocía ya antes, pero también le advertía siempre acerca de los riesgos que asumía. Llegó a *La Voz de Galicia* procedente de un diario argentino de Santiago del Estero. En aquel momento queríamos que se encargase de hacer periodismo de investigación. Pronto se hizo popular en la gran redacción del primer diario de Galicia y pronto también comenzó a proponer iniciativas ciertamente novedosas para un diario regional en España, como viajar como enviado especial a la guerra de Irak. Finalmente, logró su objetivo.

Recuerdo su empeño en entrar en Irak, estuvo dos días desconectado de la redacción. Al final, lo consiguió a través de la frontera de Siria, escondido en los bajos de un camión. Fueron dos días duros para mí porque me planteaba si había acertado al aceptar su propuesta: era la primera vez que *La Voz de Galicia* enviaba a alguien a una guerra y podría morir en ella. David siempre jugó con la muerte, siempre la tuvo excesivamente cerca. Cuando regresó de su primer viaje al Irak de la contienda, mantuvimos una larga conversación acerca de los riesgos que corría y de lo mucho que eso me preocupaba; y con aquella sonrisa que a todos derrotaba, que abatía cualquier resistencia, me convenció de la necesidad de hacer un segundo viaje a Irak. A partir de ahí, se convirtió en una especie de reportero volante que le otorgaba al diario un plus de calidad. Pero en esos viajes su espíritu irrefrenable de aventura le hizo concebir otra vida, ya lejos de las redacciones, y un buen día se fue de A Coruña.

El día de su muerte, otro periodista de *La Voz de Galicia*, Tomás García Morán, escribió: «Descubrimos que trabajábamos en el mejor periódico del mundo». Me alegró saber que aquella plantilla, aquellos redactores que me tenían de director, se había sentido orgullosamente vinculada a un diario que podía ser, desde una esquina de España, uno de los mejores rotativos del país gracias a la profesionalidad y a la valentía de personas como David Beriain. También me sentí especial e íntimamente satisfecho por el hecho de que mi apuesta por incorporar perfiles diversos a un diario como aquel había merecido la pena.

David Beriain y yo nos encontramos muchas veces en Madrid, ya lejos de las tierras gallegas donde nos conocimos y donde le di la oportunidad de incorporarse a un periódico español por primera vez; desde donde también, bajo mi responsabilidad, viajó a la guerra de Irak. Otros escribirán otra historia; la verdadera es esta. Así lo recordamos él y yo en más de una ocasión. La última vez que nos vimos fue el 16 de abril, apenas doce días antes de su muerte trágica, abatido por las balas del terrorismo islámico. Habíamos quedado en vernos para hablar de proyectos de futuro. Como siempre, la vida del periodista está marcada por el caos de la actualidad y por la improvisación. El futuro es tan incierto como para cualquier otro profesional, incierto e inesperado. Y así lo fue aquel 11 de marzo de 2004, cuando las noticias se sucedían y una serie de factores concatenados nos llevó a ser el único periódico de España que publicó la verdadera autoría de aquel atentado, el mayor de la historia de nuestro país.

David Beriain trabajó aquella tarde del 11 de marzo con la dedicación y el rigor que en él eran característicos, pero no fue el autor de la reorientación de nuestra información. Sin la llamada de Pepe Blanco y la posterior confirmación de Julio Fariñas, nunca hubiésemos cambiado nuestro enfoque inicial. El periodismo es justamente eso, el trabajo en equipo de muchas personas para ofrecer un producto veraz y de calidad a la opinión pública. Eso y solo eso es lo que nos debe mover y motivar.

La llamada de Aznar

José María Aznar, presidente del Gobierno en aquella aciaga jornada, llamó a los directores de los diarios de Madrid y Barcelona y los convenció de que la autoría del atentado correspondía a ETA. A Bilbao, Sevilla, Valencia o A Coruña no llamó. No sé lo que hubiese ocurrido de haber hablado con él. Aquella tarde en *La Voz de Galicia* teníamos claro que había sido Al Qaeda. Alfredo Pérez Rubalcaba utilizó nuestra portada, tiempo más tarde, en la comisión parlamentaria que se creó para esclarecer en lo que se pudo, que no fue mucho, lo ocurrido aquel nefasto día. No cabe duda de que en España cambiaron muchas cosas, y no precisamente para bien.

Otra vez, en aquella nueva crisis, se hizo una mala gestión de la comunicación por parte del Gobierno de Aznar. Algunos medios contribuyeron días después a enrarecer el ambiente y la izquierda política volvió a demostrar poca lealtad institucional, aunque el Gobierno tampoco tuvo los reflejos adecuados. Tendría que haberse suspendido no solo la campaña —que se hizo—, sino también la propia jornada electoral. España entera estaba y votó conmocionada; no era el mejor estado de ánimo colectivo.

La tragedia del 11 de marzo fue un capítulo más de la guerra declarada por el islamismo radical a Occidente. A lo largo de los años se pudo demostrar que aquel atentado fue otro eslabón de la cadena de acciones violentas de lo que, finalmente, terminó siendo el ISIS. Al año siguiente, siempre jugando con números cabalísticos, el 7 de julio de 2005, los islamistas perpetraron un nuevo acto terrorista haciendo explotar bombas en cuatro lugares distintos de Londres, paralizando así el transporte público de la capital británica en plena hora punta del arranque de la jornada laboral. A estos se sumaron los atentados del 13 de noviembre de 2015 en París, especialmente en la sala Bataclan, o los del 14 de julio de 2016 en Niza, con un balance trágico de 86 muertos. En España todavía tuvimos que ver de nuevo su sanguinario rostro el 17 de agosto de 2017, en las Ramblas de Barcelona. Son tan solo algunas de las muchas acciones con las que el terrorismo islámico golpeó al mundo occidental. A lo largo de estos años, todos los servicios de inteligencia de Occidente han elaborado los informes suficientes como para dejar fuera de toda duda que el 11M de 2004 en Madrid fue obra de Al Qaeda y no de ETA.

España, como el Reino Unido o Francia, estaba y sigue estando en la diana del islamismo más extremo. Afortunadamente, nuestro país es uno de los mejor preparados para la lucha antiterrorista. A lo largo de cinco décadas se han ido formando profesionales de primer nivel en información, inteligencia y acciones operativas. Todos esos servidores públicos han sido orientados, tras la derrota de ETA, a la represión y combate de grupos fundamentalistas. En estos momentos, en España, más de doscientos policías se dedican a seguir y controlar a elementos peligrosos, algunos de los cuales han entrado en nuestro país a través de la inmigración ilegal procedente de África.

A día de hoy está fuera de toda duda que la autoría del 11M fue obra de islamistas radicalizados que habían preparado el atentado con mucha antelación. Fernando Reinares, director del «Programa sobre radicalización violenta y terrorismo legal», del Real Instituto Elcano, demuestra nuevamente en su último libro, *11M La venganza de Al Qaeda*, cómo la organización de aquella tragedia se inició años antes y cómo la descoordinación de los distintos cuerpos de seguridad del Estado no ayudó a evitar la matanza. De hecho, Reinares señala en su libro que los entonces jueces de la Audiencia Nacional cuestionaban que en España fuera posible condenar a alguien perteneciente a una entidad yihadista. Asimismo, afirma que en la Fiscalía consideraban este terrorismo de segunda categoría, hasta el punto de que en unas detenciones llevadas a cabo dos años antes, en 2002, se calificó a sus miembros como «el comando Dixan», con un tono jocoso y descalificador por parte de quienes habían llevado adelante la investigación y las detenciones. En 2004, ni el adoctrinamiento, ni la captación ni el adiestramiento terrorista eran delito. Todos los esfuerzos estaban centrados en la lucha contra ETA y nadie prestaba atención al yihadismo. Y de todos los medios, solo nosotros lo hicimos. Otros vivieron durante años de una renta perversa, de publicar portadas y portadas con una información abiertamente falsa.

Los atentados del 11M tuvieron unas consecuencias nefastas para España. Las elecciones generales del domingo siguiente dieron como vencedor, aunque sin mayoría absoluta, al PSOE, con José Luis Rodríguez Zapatero al frente. Al parecer, sus expectativas habían crecido —o eso mantenían Pepe Blanco y alguno de sus colaboradores—, atendiendo al trabajo demoscópico que realizaba Julián Santamaría, tal y como me comentó el propio Blanco aquella misma tarde. Pero tengo para mí que fue determinante para aquella victoria la jornada del 13 de marzo y todo lo que en ella se hizo, desde atacar las sedes del PP hasta enviar masivamente mensajes de texto, incluyendo intervenciones de Rajoy y Rubalcaba en televisión que solo contribuyeron a enrarecer más el ambiente.

España crecía a un ritmo excelente desde 1997. Se había convertido en la admiración de Europa. Todas las estadísticas tenían el viento a favor y nuestro país volvía a ser la potencia que siempre debió ser. José María Aznar se iba por la puerta grande. Podría haber repetido tranquilamente otro mandato, o al menos eso creíamos todos, pero decidió no volver a presentarse y crear el antecedente no escrito de ocupar la Moncloa tan solo durante dos mandatos. Era algo que le gustaba a la mayoría de los españoles. La democracia estaba asentada y el bipartidismo también. Lo mejor era, como digo, que el país crecía, se generaba empleo y se gozaba del respeto del concierto internacional. Aquel atentado rompió con todo aquello. No solo segó la vida de 191 personas, sino que además frenó en seco a España. Por eso hubo un buen número de personas, entre ellas muchos analistas, que quisieron ver una gran conspiración detrás de aquella tragedia. Es cierto que todos los servicios de inteligencia de las grandes potencias estudiaron el atentado y que, a día de hoy, no existen dudas ni de la autoría ni de la mano que movió los hilos desde la retaguardia. Otra cosa bien distinta es lo que esos mismos servicios de inteligencia, muy especialmente los de Francia y Marruecos, podían saber con antelación y qué compartieron con los de España. Esa es otra de las incógnitas de aquel desgraciado suceso.

El periodismo en España intentó esclarecer aquella tragedia y creo que no solo no lo consiguió, sino que vertió sobre la opinión pública mayor confusión. *ABC*, con José Antonio Zarzalejos al frente, militó en el bando de la versión oficial. Era la interpretación y la explicación de los expertos de distintos gobiernos y la que la propia España había asumido; finalmente, terminó siendo la denominada «verdad jurídica».

Cada periodista vive los acontecimientos de la actualidad desde una posición, como le ocurre al resto de la gente. Todos podemos recordar dónde estábamos y qué hacíamos la tarde del 23 de febrero de 1981 o la mañana del 11 de marzo de 2004. Recordamos también la confusión inicial, el impacto emocional, el disgusto, la tristeza, las consecuencias... Yo viví aquel día al frente de la redacción de *La Voz de Galicia* y me siento orgulloso de cómo gestionamos aquella jornada. De cómo orientamos la información en una dirección y de cómo supimos cambiar el enfoque inicial y buscar fuentes, datos y argumentos para sostener en primera página aquel titular. No éramos un rotativo de la capital del país, pero sí uno de los grandes; estábamos en el reducido club de los diarios que vendían más de cien mil ejemplares. Al día siguiente hubiésemos podido vender muchísimos más de los que, a mayores, ofrecimos al público. Todo el mundo se apuraba en los quioscos a llevarse un periódico en el que pudiese encontrar una explicación a tanta barbarie y alguna certeza ante la incertidumbre que se abría. Cuando aquella noche regresé a casa, tras un día de los que no se olvidan, lo hice con la convicción de haber cumplido con el deber primordial del periodismo: contar la verdad, aunque esa verdad no gustara.

Estoy convencido de que el Gobierno de Aznar no quería mentir. Creo que se equivocó, aunque puso mucho empeño en mantener su error. El 11M fue, además de una tragedia que se llevó la vida de 191 personas, un ejemplo de pésima gestión de la comunicación. Ese día le faltaron reflejos al presidente Aznar. Es más, creo que debería haber propuesto en las primeras horas de aquella misma jornada la suspensión de las elecciones del domingo siguiente. La sociedad española necesitaba digerir emocionalmente aquel golpe. Votar, como se hizo, setenta y dos horas después, con un ambiente de acoso al PP y con ciertos medios mancillando el más elemental juego limpio de una democracia, fue un error.

¿Qué hubiese hecho yo si el entonces presidente del Gobierno me hubiera llamado aquella tarde para dar su versión, como hizo con mis colegas de Madrid y Barcelona? Ya no se puede saber. Creo que, ante las evidencias que manejábamos, hubiésemos seguido adelante con el enfoque y con los titulares que dimos. Es cierto —y así lo demostró con su llamada— que un presidente del Gobierno en una situación como aquella puede llegar a ser muy persuasivo, pero los directores de periódicos estamos también para eso, para saber aguantar las presiones, y no solo las que proceden del exterior, pues muchas afloran en el seno interno de la propia empresa. El director debe evitar llevar intranquilidad a la redacción. Durante los años que ocupé ese puesto en distintos lugares, evité siempre trasladar a los redactores esa inquietud provocada por las presiones. Al fin y al cabo, las externas fortalecen si se resiste ante ellas. En ocasiones son mucho peores las internas, y hacerse eco de ellas ante la redacción solo evidencia la debilidad del propio director de la publicación.

El 11M fue una tragedia, un capítulo dramático de nuestra historia. Por ese azar, o no tan azar, llegó el zapaterismo a nuestras vidas. Gran parte de las rupturas que hoy vivimos tienen su punto de arranque en aquel día. Pero aún no lo sabíamos.

22

Cuando todos querían el rescate (menos Rajoy, que tenía razón)

El 11M nos trajo a Zapatero. De él, el Gobierno de Mariano Rajoy heredó una crisis económica de proporciones nunca vistas en los últimos tiempos y que requería grandes remedios que no eran fáciles de abordar. Además, había que hacer mucha pedagogía con la ciudadanía, que, en pleno 2012, echaba la culpa de todo a Rajoy y no a Zapatero. Una vez más, la centroderecha española no sabía explicar ni comunicar.

En marzo de ese año, Mariano Rajoy me concedió la primera entrevista como presidente del Gobierno. Habíamos logrado que nos la diese a nosotros y no a nuestra competencia, aunque algunos de sus asesores dudaban sobre si *ABC* debería ser el primero. Unos días antes, almorzando con él en el comedor de la Moncloa —de las escasas ocasiones en que comí con él— me dijo: «Nunca le haré una putada a vuestro periódico». Tal vez él no se portó mal, tampoco especialmente bien, pero la verdad es que algunos de los miembros de su equipo nos maltrataron con cierta frecuencia, aunque una parte de la opinión pública tendía a creer lo contrario. Lo cierto fue que, para conseguir esa entrevista, nosotros mismos propusimos hacerla junto con tres diarios europeos: *Corriere della Sera*, *Bild-Zeitung* y *Le Journal du Dimanche*. El único diario español era el nuestro. Había que envolver en una operación de prensa europea la deferencia de darle a *ABC* la primera comparecencia del nuevo presidente en un diario escrito.

Tras aquella entrevista, pude quedarme un rato con Mariano y me atreví a sugerirle la necesidad de tener un portavoz exclusivo para explicar a la ciudadanía las difíciles determinaciones que había que tomar para salir de la crisis y evitar el rescate. Le recordé entonces algo que él solía contar con frecuencia. Aznar le había encargado a Mariano Rajoy que gestionase dos crisis diferentes: la de las vacas locas y la del *Prestige*. La diferencia en la gestión de ambas, según Rajoy, había sido contar con un buen portavoz. En el caso de las vacas locas, que explotó en noviembre de 2000, Juan José Badiola, catedrático de Veterinaria de Zaragoza, había contribuido como nadie a tranquilizar a la opinión pública española, a pesar de las salidas de pata de banco de la entonces ministra de Sanidad, Celia Villalobos. Sin embargo, en el asunto del *Prestige*, que también saltó en noviembre, pero de 2002, el Gobierno no supo o no pudo encontrar al experto capaz de aclarar la situación y de dar las explicaciones que los españoles demandaban. Rajoy señalaba ese hecho como la diferencia entre ambas crisis. De hecho, cuando, en septiembre de 2014, saltó la alarma por los misioneros españoles repatriados y por el caso de la sanitaria Teresa Romero contagiada de ébola, Rajoy recurrió a Fernando Simón como portavoz experto. Lejos estábamos de saber hasta dónde llegaría, andando el tiempo, esta figura.

En aquella conversación posterior a la entrevista, le insinué la posibilidad de contar con una especie de portavoz sénior, un economista que comunicase bien, algún veterano de la UCD que conociese en profundidad los entresijos de la crematística y de Europa; alguien que actuase como Badiola, que expusiese lo que estaba ocurriendo y lo que podría ocurrir. Por ejemplo, ¿por qué no había que aceptar un rescate como los de Portugal o Grecia? ¿Por qué la refinanciación de las cajas de ahorros no podía considerarse un rescate económico del país, como se empeñaba el PSOE? ¿Por qué hubo que subir los impuestos en contra de la promesa electoral hecha en su día? ¿Qué nivel de solvencia tenía la banca española en aquel momento? Había todo un rosario de preguntas que los ciudadanos nos hacíamos aquellos días. A Rajoy no le pareció bien la propuesta, supongo que tampoco mal, simplemente me dijo que para eso ya estaban Soraya, vicepresidenta y portavoz, y Carmen, secretaria de Estado de Comunicación. No me resistí a decirle que ese no era el perfil. Yo pensaba en otras personas, sobre todo en expertos en materia económica. Luis de Guindos y Cristóbal Montoro también actuaron en muchas ocasiones como portavoces, pero a ninguno de los dos les concedió Dios el don de la empatía para comunicar. Fue un error de Rajoy, o al menos eso pienso yo. De lo que estoy seguro es de que las crisis se agravan o se solucionan en función de cómo se comunica.

En aquel tiempo en que Rajoy era presidente del Gobierno y yo director de *ABC*, a veces no lográbamos ponernos de acuerdo. No había ninguna obligación para ello, ni siquiera era bueno. Discrepábamos más de lo que se podía creer. Como acabo de explicar, a mí siempre me pareció que el mayor problema de la crisis económica fue no contar de manera clara la cruda realidad de lo que acontecía. Se le reprochaba a Rajoy que no compareciera ante los medios. En este tipo de situaciones hay una inclinación maniquea que consiste en contar las cosas con una amnesia absoluta de la historia reciente. El presidente hacía poca pedagogía, pero no era cierto que no hablase. En *ABC* publicamos, con datos, fechas y fotos, que en mayo de 2012 lo hizo en nada menos que dieciocho ocasiones, incluidas algunas en el extranjero. En todas ellas advertía de la gravedad de la crisis e insistía en aquello de que «el dinero no crece en los árboles» y en que España tenía un serio problema de liquidez. Era una mala noticia, no cabía duda, pero no la escuchaba quien no quería. Aunque aquel Gobierno adolecía de la capacidad para presentar a la ciudadanía un relato —expresión que se puso de moda en aquellos días— bien planteado sobre la crisis. Al no abordar esa tarea, en una parte de la opinión pública se instaló el desánimo y el descrédito permanente acerca de la forma de gobernar.

Por aquel entonces, en *ABC* editorializábamos acerca de la necesidad de que Mariano Rajoy y su Gabinete hablaran con toda crudeza a los ciudadanos: los recortes eran necesarios y suponían la respuesta indeseada a una situación heredada. Mariano Rajoy debería haber explicado con realismo el nuevo escenario de la economía española. Pero lo hacía a trompicones. Faltó una estrategia de comunicación y no creo que la culpa fuese de Carmen Martínez Castro. Rajoy mantenía que había llegado al Gobierno con los medios en contra, muy especialmente las televisiones, y que no los necesitaba. Otro grave error. Es cierto que llegó a la Moncloa a pesar de los medios, pero más cierto es que en democracia no se puede gobernar sin seducir a una parte de la sociedad. Había que hacer pedagogía con que los salarios se ajustasen al caudal dinerario de la España del momento, así como a su productividad real. La mayoría de los españoles lo hubiesen aceptado y hubiesen entendido que las cuentas del Estado solo se arreglan con un esquema bien elemental: gastar menos dinero público e intentar que Hacienda ingrese más. Entender y aceptar lo que estaba ocurriendo en aquel momento hubiese sido más sencillo con un buen discurso. Soraya Sáenz de Santamaría, vicepresidenta y portavoz, se limitaba a dar más lecciones de moralina que a ofrecer información clara sobre el camino que había que recorrer, lo que distanció del Gobierno a una parte de la ciudadanía. Y esa sería, sin duda, la peor noticia del año.

Otras voces, especialmente en el mes de septiembre de aquel 2012, insistían en la necesidad de que España solicitase un rescate multimillonario de la Unión Europea como habían hecho Grecia, Irlanda y Portugal. El rescate económico de España, junto con la prima de riesgo, fue el asunto recurrente de aquel año. El desastre económico dejado por Zapatero, incluidas las mentiras del déficit, fue olvidado. El sistema mediático español estaba entregado a una feroz crítica al Gobierno de Rajoy. Apenas habían pasado unos meses desde la consulta electoral que había llevado al PP a gobernar y todos los analistas estaban instalados en una revisión de los datos, confundiendo la estadística con la política. La inercia del desbarajuste económico socialista se prolongaba durante todo 2012 cuando, se daba la circunstancia, de que ya gobernaba la derecha. La economía iba de mal en peor: el PIB pasó de –0,4 a –1,6 por ciento; la tasa de desempleo se había disparado del 21,5 al 25 por ciento; y había que convivir con el dato escalofriante de que casi dos millones de familias tenían a todos sus miembros sin trabajo. El coste de la vida había crecido, no mucho, pero había crecido. En los años siguientes bajaría, rozando la deflación. El Gobierno de Rajoy aparecía como el gran culpable porque no hacía frente a una Europa empeñada en recortes, y encima Rajoy tampoco hacía caso al coro de empresarios, economistas, medios de comunicación y algún ministro desleal que se empeñaban en que España debía solicitar el rescate.

Una cosa quedó clara: las previsiones de déficit para 2011 se desviaron en dos puntos y el Gobierno de Zapatero mintió cuando hizo el relevo, que el propio PP calificó de «ejemplar». Una vez más, se demostraba que en política no se puede ser bueno, y menos si se tiene enfrente a gente como Zapatero o Sánchez. Rajoy nunca sacó nada en limpio de su bonhomía. Así las cosas, debíamos más de lo que decían. Las reservas del Estado eran casi nulas y en marzo de 2012 se temió no poder pagar las nóminas de los funcionarios. Los informes de Montoro y de De Guindos en el Consejo de Ministros eran deprimentes. No les quedó más remedio que comenzar a hacer una política impopular. El tiempo demostró que la orientación básica en materia económica era la conveniente, no así su estrategia de comunicación. Se perdió la oportunidad de emprender reformas de mayor calado, ya que el estado de opinión pública era muy partidario de que se abordasen esas transformaciones. Tal vez no se atrevían a contar la gravedad de la situación. Sin embargo, aguantaron la presión de modo ejemplar y, gracias a eso, Rajoy dejó una España en mejores condiciones económicas que en las que estaba cuando asumió el poder.

Lo cierto es que Rajoy no tenía otra obsesión que sacar al país del atolladero económico en el que se encontraba. Cuando iba a visitarlo a su despacho, siempre tenía sobre la mesa unos folios que eran una especie de cuadro de mandos del país: la evolución del paro, las exportaciones, la recaudación, la prima de riesgo... Él estaba volcado en eso y tenía enfrente a los grandes empresarios pidiendo el rescate y a una extrema izquierda emergente gritando que se reinventase la economía. Afortunadamente, Rajoy siempre dio muestras de una enorme templanza y no solían conmoverlo ni unos ni otros.

Los sindicatos le organizaron nada menos que dos huelgas generales en algo más de siete meses, el 29 de marzo y el 14 de noviembre. La primera de ellas, de muy difícil justificación, pues apenas llevaba dos meses gobernando el PP. La segunda, casi también. Nunca en la historia de la actual democracia española un gobierno tuvo que hacer frente a dos huelgas generales en tan corto espacio de tiempo. Es cierto que prácticamente no tuvo efecto; de hecho, la reforma laboral, que fue providencial para la recuperación del empleo, siguió adelante. Cándido Méndez, a quien se le consideraba un vicepresidente más del Ejecutivo de Zapatero, no estaba para dar lecciones, ni morales ni de estrategia. Para mayor gravedad, aquellos días habían estallado casos de corrupción en las cuatro esquinas de la organización obrera pro-PSOE.

Mariano Rajoy, aunque tenía a la ciudadanía dispuesta a casi todo, estaba muy solo en materia económica, especialmente ante la idea del rescate. El 9 de junio se anunció el acuerdo con la UE por el que España solicitaba una línea de crédito con la que refinanciar cuatro cajas de ahorros, entre ellas Bankia, que ya no lo era. De los cien mil millones de euros iniciales, el Gobierno dispuso tan solo de poco más de cuarenta mil. España tampoco fue el país que más dinero público inyectó a su sistema financiero, ni en términos globales ni en función del PIB. Fue una acción puntual para hacer viable Catalunya Banc, Nova Caixa Galicia, Bankia y Banco de Valencia. El diario *El País* se empeñó en llamarle a aquello «rescate». En realidad, solo se pretendía que fuesen factibles cuatro entidades financieras, que tenían clientes —muchos de ellos humildes, ahorradores—, planes de pensiones, créditos y una actividad notable, además de los accionistas de la recién creada Bankia. No era nada que no hubieran hecho países como el Reino Unido, Alemania o Francia, y en ningún momento se dijo que su economía hubiese sido rescatada. Que el empeño de expresarlo así partiese de *El País* era muy llamativo, teniendo en cuenta que el grupo propietario de este diario mantenía una posición difícil con el crédito de quinientos millones de euros que no terminaba de devolverle a Bankia; crédito, por cierto, que Bankia terminó vendiendo a un fondo especializado en ese tipo de operaciones. En ocasiones, al periodismo le falta cierta coherencia. Ese mismo grupo, por aquellos tiempos, también le debía a la Seguridad Social nada menos que sesenta millones de euros. La contumacia en llamar «rescate» a lo que otros países de la UE habían hecho con sus propias entidades solo fue semejante al afán que ese mismo diario puso en solicitar el rescate verdadero, que nunca llegó.

El diario de Prisa, emblema de la izquierda mediática, aunque de accionistas muy de derechas y de capital (ya se pueden imaginar lo revolucionaria que puede ser la posición del Banco Santander, de Caixabank o de Telefónica de España), insistía, un día sí y otro también, en el rescate. En eso coincidían con lo que públicamente decían grandes banqueros como, por ejemplo, Emilio Botín. *El País*, el 22 de julio de 2012, en una información que firmaba Claudi Pérez desde Bruselas, aseveraba que «los expertos advierten que el rescate total de España es cada vez más probable». En la misma información, apuntaba que «influyentes economistas creen que la intervención integral de la economía española se acerca». La prima de riesgo en agosto se disparaba cerca de los 650 puntos básicos, es decir, que España se financiaba a un tipo de interés de más del 7 por ciento y, lógicamente, eso no solo afectaba a las cuentas del Estado, sino también a las grandes compañías. Emilio Botín, presidente del Banco Santander, viajó aquel año a Washington y se entrevistó, entre otros, con Alan Greenspan. Desde la misma capital norteamericana llamó por teléfono a Rajoy y le expuso la necesidad de pedir el rescate a la UE porque señalados economistas así se lo habían hecho ver en los Estados Unidos. Rajoy escuchó las explicaciones del todopoderoso banquero y le contestó: «No te preocupes, presidente, que el Gobierno de España hará lo que tiene que hacer». Botín no sabía si le había dado la razón o no. Llegó septiembre de aquel año y los nervios estaban a flor de piel. *El País*, que se había convertido en el portavoz de la gran banca y de las grandes compañías, editorializó pidiendo de nuevo el rescate, pero se atrevió a más y publicó en su primera página: «El rescate, cuestión de horas». La historia es ya conocida. Nunca llegó a darse tal hecho.

El rescate les hubiese arreglado la financiación a las grandes corporaciones de este país, pero le hubiese complicado mucho la economía al ciudadano de a pie. Mariano Rajoy mantuvo un temple poco frecuente en esos casos. Cuando presionan los medios, los líderes empresariales y hasta, a su manera, los propios sindicatos, mantenerse firme y no ceder es poco habitual en una sociedad tan banal como la que nos ha tocado vivir.

Tampoco había un ambiente especialmente favorable en la UE que facilitara el *gran rescate* de la economía española. Los finlandeses habían dicho que si España no tenía dinero, que vendiese la colección del Museo del Prado. Los portugueses, por su parte, cada vez que hablaban con sus homónimos españoles, no dejaban de lamentar la humillación que representaban los hombres de negro improvisando permanentemente sobre la propia soberanía del país.

En esta, como en otras muchas cuestiones que se abordan en este libro, nunca sabremos cómo le hubiese ido a España y a sus moradores con la intervención de nuestra economía y con los criterios de austeridad que Alemania había impuesto. La Unión Europea, madre y madrastra, a veces parecía nuestra tabla de salvación y otras, nuestra enemiga. Ya sin haber solicitado esa ayuda, hubo que congelar salarios y recortar pensiones y sueldos de funcionarios. Imagínense la otra situación... Es probable que la vida en España hubiese sido todavía más difícil, con las economías de las familias más atenazadas y con el estado del bienestar en mayor riesgo.

Fue una crisis cruel y especialmente prolongada en el tiempo. Daba la impresión de que nunca se iba a terminar. Los problemas económicos surgían por todos lados. Hasta Cristina Fernández de Kirchner, presidenta de Argentina y epítome de la corrupción y la mala administración de un país, se permitía reírse de la situación económica de España, llamándole «el pelado» a Luis de Guindos. En Italia se llegó a colocar al economista Mario Monti en una operación de dudosa calidad democrática. Fue este quien acompañó a Rajoy en aquel memorable Consejo de Europa del 28 de junio de 2012 en el que Mariano tuvo una intervención sobresaliente que todavía no es suficientemente conocida por los españoles.

Aquel día se jugaba el Alemania-Italia de la Eurocopa de fútbol. Angela Merkel llegó al Consejo diciendo que la reunión debía terminar pronto, ya que ella tenía que presenciar ese partido de semifinales —que remató con triunfo de Italia, que a su vez fue derrotada por España en la final—. Pero Mariano Rajoy, finalmente, con sus propuestas y su templanza, logró que todos los representantes se quedasen allí hasta bien entrada la madrugada y Merkel se perdió el partido. Fue ahí donde los dirigentes europeos decidieron establecer un mecanismo único de supervisión que incluía a todos los bancos de la zona del euro. Hubo mucho más, pero destacó el protagonismo sereno de Rajoy y el silencio sepulcral de Monti.

Las crisis económicas suelen ser siempre muy dañinas para la propia vida democrática. Siempre hay tentaciones a la excepcionalidad. Se producen desajustes que generan situaciones de fragilidad para los valores y orientaciones sociales y personales que no son más que repliegues de la propia sociedad y de la propia democracia. A veces se impone una visión egoísta de unos, que tratan de priorizar sus intereses y privilegios, y restañar esas heridas suele ser después muy complicado. Por eso, con la perspectiva que da el transcurso de ya casi una década, se puede decir que Mariano Rajoy actuó en defensa del interés general y del bien común de los españoles y que no sujetó su acción de Gobierno al interés de unos pocos, por muy poderosos que estos fuesen. Para ser un buen gobernante, conviene imaginar e identificar los escenarios de futuro y entender todo los que nos jugamos para nuestras generaciones posteriores. Ser unos buenos antecesores no siempre es fácil si nos supera la ansiedad del presente.

Queda la duda acerca de la información que el presidente español podía tener sobre la capacidad de la propia Unión Europea para rescatar una economía tan poderosa como la española. Al parecer, Rajoy comentó esta circunstancia con la propia canciller alemana y esta le aconsejó que no solicitara el rescate, ya que era probable que no se lo aprobasen y aquello sería mucho peor para la reputación de nuestra economía. Rajoy cumplió lo que le dijo a Emilio Botín: «No te preocupes, presidente, que el Gobierno de España hará lo que tiene que hacer». Y así fue.

23

El golpe catalán, que no cesa

Es imposible abordar en este libro todos los hechos significativos que han acaecido en España durante los últimos años, pero no podemos obviar la cuestión catalana, que siempre estuvo presente en *ABC*. Su fundador, Torcuato Luca de Tena, fue el primero en fletar un avión a principios del siglo pasado para intentar llevar diariamente el periódico a Barcelona. En una ocasión, él mismo se puso a vender ejemplares de *ABC* por las Ramblas. Cataluña, como parte inseparable de España, no podía estar orillada en nuestras páginas.

Siempre fue una cuestión fundamental en la agenda informativa, pero adquirió una notoriedad inquietante en la última década. Desde mi punto de vista, el problema catalán de los últimos años nunca ha estado bien contado. El desorden allí surgido fue promovido por las élites políticas, empresariales, periodísticas y culturales de aquella tierra. Nada noble se escondía tras ello, salvo crear una finca donde sus ventajas fueran superiores a las ya existentes. A partir de ahí, elaboraron toda una mística que los llevaba más a la soberbia que al tradicional sentido común del que tanto han alardeado esas mismas élites. Era una mala relación con la realidad; sin capacidad para hacer un análisis objetivo y frío de su privilegiada posición. Lo cierto es que, a día de hoy, Cataluña está en una senda de decadencia, y con la inercia inevitable del desprestigio internacional que el independentismo se ha ganado a pulso; pero esto solo será visible dentro de unos años.

El 15 de marzo de 2012 publicamos en *ABC* una portada muy creativa: una ñ amarilla sobre un fondo rojo, acompañada del titular «Cataluña: tenemos un problema». Aquella portada fue *trending topic*, dio todo tipo de vueltas y mereció todo tipo de comentarios, positivos y negativos; también de todos aquellos que no leen *ABC*. Sé que esto último lo repito varias veces en este libro, pero es que comprobé que muchos de los que nos han criticado a lo largo de los años, desde el prejuicio y la ignorancia, nunca han leído nuestro diario.

Aquella portada quería evidenciar el problema más grave que padecía España. Un problema que había ido aumentando poco a poco a través de un plan de ingeniería social que utilizó la educación y la comunicación como arietes y que instaló en la sociedad catalana una de las mentiras más flagrantes de la historia reciente de España: que el resto de los españoles les robaba. Además de ser mentira, esa afirmación encierra una antigua visión egoísta que pretendía romper por cualquier medio la solidaridad social y territorial que impone la Constitución. Es decir, que invocando más democracia, actuaban de manera profundamente antidemocrática y envolviéndose en formas moderadas, planteaban la mayor de las inmoderaciones. Es posible que llegaran a creer que poseían una personalidad tan acusada que los situaba más lejos de Madrid que de Estocolmo. Las mentiras eran manejadas de manera artera y hasta es posible que alguien, en su ingenuidad, se las llegase a creer. Eran mentiras utilizadas como armas emocionales para apoyar fines indecentes o para incrementar todavía más su privilegiada situación frente al resto de los territorios de España sin tener que someterse, a cambio, a una disciplina política y económica que, junto con la solidaridad, conforman los pilares del Estado democrático moderno.

En la primavera de 2017, visitó *ABC* el secretario general de UGT, José María Álvarez. Apenas llevaba un año en el cargo, en el que había sucedido a Cándido Méndez, quien decidió dejar ese puesto después de los muchos escándalos de corrupción que su sindicato había protagonizado. Desde *ABC* denunciamos de manera especial desde los ERE de Andalucía hasta otras muchas irregularidades que evidenciaban que la catadura moral de algunos sindicalistas estaba muy lejos de la decencia que predicaban. Nada nuevo, por otro lado. En medio de esa ola de escándalos del sindicato ugetista, tuve la oportunidad de desayunar con César Alierta en su despacho de Telefónica. Alierta era en aquel momento uno de los empresarios más poderosos de España y jugaba a ser el gran hacedor de los medios. Me llamó la atención la petición que me hizo: «No ataquéis más a UGT, los necesitamos». Me dio a entender que el propio Cándido le había pedido ayuda y me explicó que él se había percatado de la importancia de los sindicatos cuando ocupaba la presidencia de Altadis, antigua Tabacalera de España. «No hubiésemos podido cerrar ninguna fábrica de tabacos de España si no fuese por la ayuda de los sindicatos». Alierta era un gran componedor y una buena persona. Tenía una acusada vocación de servicio público, más allá de su ambición empresarial. Siempre tuve una buena relación con él, pero lógicamente no hice caso a lo que me pidió y seguimos informando puntualmente de toda aquella cascada de corrupción en la que chapoteaba UGT.

Es posible que esa inquietud, o cualquier otra, animase a José María Álvarez a visitar la redacción de *ABC*. Como solía ser habitual, lo invitamos a tomar un café en la sala del consejo de redacción y participaron en la reunión distintos jefes de esta. A mí siempre me pareció muy interesante que los protagonistas de la actualidad conociesen de cerca la personalidad de nuestros periodistas; para nosotros esos encuentros eran muy enriquecedores. En ocasiones mejoraba la imagen prejuiciosa que a veces nos hacíamos de los personajes públicos. La conversación con el secretario general de UGT, al que le gustaba que le llamasen Pepe Álvarez, iba discurriendo por cauces de normalidad y amabilidad. Recordaba su infancia en su aldea asturiana de Alvariza y cómo en su juventud había trabajado en una gasolinera de su pueblo, Belmonte de Miranda, hasta que finalmente viajó a Barcelona, donde se inició en el sindicalismo. Era un buen ejemplo de emigrante interior que busca un horizonte mejor en una zona más rica de su propio país. Pero el ugetista asturiano Pepe Álvarez era y es el ejemplo más palmario de cómo una persona humilde acepta todo el credo clasista del nacionalismo para sentirse integrado en una sociedad que él percibió hostil desde su llegada. Era una de las formas que tenían las élites catalanas de incomodar a quien no tenía pedigrí de origen. Lo cuenta formidablemente la escritora gallega Luisa Castro en su novela *La segunda mujer*. En su relato, que tiene una carga autobiográfica evidente, Luisa desgrana todas las humillaciones que tuvo que sufrir por no ser ni sentirse catalana en medio de un ambiente de hostilidad digno de mejor causa.

En el caso del ugetista Pepe Álvarez sucedió todo lo contrario. Él decidió ser más catalán que nadie. Por eso, en la charla que mantuvo con nosotros, se volvió especialmente antagonista cuando le ofrecimos argumentos, con documentos y estadísticas objetivas, que contrariaban su posicionamiento a favor del nacionalismo catalán. En un momento dado de la conversación, yo mismo le desgrané los datos acerca de las balanzas fiscales y comerciales que había elaborado el Consejo por la Competitividad, que presidía el propio César Alierta. El dato era tan esclarecedor e irrefutable como que Cataluña no podría vivir sin el resto de España, pues Aragón era su principal cliente y le vendían más a Cantabria que a los Estados Unidos. A medida que le aportábamos esa información, el sindicalista fue cambiando su expresión hasta concluir: «Esos son los tópicos que se utilizan desde Madrid contra Cataluña». No hubo ni un solo argumento más por su parte. Solo descalificación. Tan pronto como les aportas datos objetivos, contrastables en las estadísticas del INE y de la propia Unión Europea, ellos recurren a cuestionar la exposición con desdoro o se van al terreno emocional.

El posicionamiento en contra del resto de España y la educación en el odio a tus compatriotas, a tus vecinos, a tus clientes y a aquellos lugares de los que procedían cientos de miles de personas que ayudaron a levantar la próspera Cataluña determinaban el contexto en el que se movía ya Artur Mas en 2012. Fue entonces cuando publicamos nuestra ya mencionada portada del 15 de marzo de 2012. Nos adelantamos a lo que se avecinaba e informamos de las medidas que el presidente de la Generalitat estaba tomando a favor de la independencia y con la pretensión de convocar un referéndum ilegal que se celebraría finalmente en noviembre de 2014. Nuestra misión de anticipar a los lectores lo que vendría en los siguientes meses la cumplimos de sobra. Mucha gente en España, la inmensa mayoría, creía que nunca se daría un nuevo intento de golpe independentista en Cataluña. Nosotros lo advertimos con mucha antelación. Y cuando la CUP se lo puso imposible a Artur Mas, antes incluso de ser inhabilitado por los tribunales, supimos que con Puigdemont llegaba la cadena de despropósitos que ha llevado a esa autonomía a una situación de desgobierno que concluyó el 1 de octubre de 2017, cuando se perpetró otro intento de golpe de Estado, diga lo que diga la *verdad jurídica*.

El miércoles 6 de septiembre de 2017, comienza en el Parlamento autonómico catalán, en Barcelona, una sesión plenaria en la que se pretenden aprobar, y se aprueban, las leyes de desconexión de aquel territorio del resto de España. Esa misma mañana, el presidente Mariano Rajoy convoca en la Moncloa a los directores de los cuatro diarios que se editan en Madrid. Allí acudimos Antonio Caño, de *El País*; Francisco Rosell, de *El Mundo*; Paco Marhuenda, de *La Razón*; y yo, como director de *ABC*. El presidente estaba ciertamente preocupado. Le acompañaba únicamente Carmen Martínez Castro, secretaria de Estado de Comunicación. A pesar de su desazón por el momento que vivía España, Rajoy mantenía su tranquilidad aparente. El director de *El País* fue el más incisivo en la conversación. Le decía a Rajoy que no tolerase más aquella situación, que tomase cartas en el asunto y que no permitiese que continuase el esperpento de un parlamento autonómico debatiendo leyes abiertamente inconstitucionales. Yo pensaba lo mismo que Antonio Caño, pero no me mostraba tan contundente como él. Sorprendentemente, el más cauto era Marhuenda. En un momento dado, Rajoy le dijo: «Paco, que no te parezca mal, pero los catalanes no os caracterizáis por el arrojo» y Marhuenda contestó: «Somos básicamente pactistas». Fue entonces cuando Rajoy nos contó que había tratado de pactar con Puigdemont, pero que este solo quería un referéndum. Es más, el presidente del Gobierno le dijo: «No puedo permitir un referéndum sobre la independencia de Cataluña, estaría cometiendo un delito», a lo que su interlocutor catalán respondió: «Ya lo sé, ya sé que no me lo puedes permitir». Aquellos días, Mariano Rajoy insistía a todos los que quisieran escucharlo en que «yo no seré el presidente que pase a la historia por haber permitido una consulta ilegal sobre la independencia de Cataluña». También dudaba mucho sobre la eficacia de cualquier tipo de medidas disuasivas por la vía de la fuerza. Rajoy quería siempre soluciones legales. Como Torcuato Fernández-Miranda, «de la ley a la ley». Pero el Tribunal Constitucional no siempre actúa con la diligencia que cabría esperar.

Hasta marzo de ese año había sido presidente del más alto tribunal Francisco Pérez de los Cobos. Unos meses antes, yo había comido con él y con el magistrado Pedro González Trevijano en el restaurante Ponteareas de Madrid. En aquella comida, ambos juristas lamentaban que el Gobierno llevase la cuestión catalana al Constitucional tantas veces, dejando en sus manos la salida del conflicto. Confieso que cuando regresaba a la redacción tras el almuerzo, iba ciertamente inquieto. Entre que era un día gris y desapacible del otoño avanzado de Madrid y lo que me habían dicho dos altísimas figuras jurídicas encargadas de velar por el orden constitucional, pensé que, efectivamente, España necesitaba un rearme moral y un mayor coraje por parte de aquellos que tenían que defenderla de sus enemigos, que eran los mismos que querían terminar con nuestro sistema democrático. Reflexioné con desasosiego acerca de a quién creían el presidente del Constitucional y el magistrado Trevijano que debía acudir el Gobierno si no era a ellos.

Los días previos al 1 de octubre de 2017, los independentistas habían convocado el segundo referéndum ilegal en apenas tres años, demostrando su permanente deslealtad a la idea constitucional de España. La ciudadanía estaba inquieta y deseaba un acto de firmeza por parte del Gobierno de Rajoy. Pero este no solo no lo daba, sino que aseguraba que era complejo aplicar el artículo 155 de la Constitución, que pasó a ser el enunciado más conocido por todos en el país, fuera cual fuese el rango o extracción social. Todo el mundo invocaba el artículo 155, que permitía intervenir desde el poder central del Estado cualquier autonomía que incumpliese las obligaciones impuestas por la Constitución u otras leyes. Había motivos más que suficientes para ello. En septiembre habían aprobado una ley de desconexión del Estado y un mes después convocaban un referéndum ilegal. Desde los editoriales de *ABC* —también todos nuestros columnistas—, instábamos al Gobierno a que actuara, a que no tolerara aquella anomia en la que se había convertido Cataluña aquellos días. Desde la Moncloa nos los reprochaban, pero no pasaban de ahí.

Que desde un gobierno le hagan un reproche a un director de periódico o de una emisora de radio o televisión nunca lo interpreté como una intromisión en nuestro trabajo. Con frecuencia, a algunos periodistas, por regla general con poca experiencia real —hay columnistas que en toda su vida no ejercieron el periodismo en una redacción ni trajeron una noticia a su diario— se les llena la boca en defensa de la profesión y en contra del legítimo derecho de un político a discrepar de una línea editorial, ya sea ejerciendo el poder o en la oposición. Discrepar, nada más. No presionar con argumentos o acciones. Discrepar, sí. Aquellos días desde la Moncloa discrepaban abiertamente de nuestra línea. Una vez más le recomiendo al lector que acuda a la hemeroteca y relea todo cuanto desde septiembre a diciembre de 2017 escribimos en *ABC* sobre la cuestión catalana y la forma en que el Gobierno de Rajoy gestionaba la crisis.

El lunes, 25 de septiembre de ese año, la vicepresidenta Soraya Sáenz de Santamaría me invitó a comer en la Moncloa. No era la primera vez que acudía a un almuerzo allí con la número dos del Gobierno. Como suele ser habitual en estos casos, hablamos de muchas cuestiones, pero nos ocupó buena parte del tiempo la cita del domingo siguiente. Soraya estaba muy tranquila. Me aseguró que el referéndum fracasaría porque la estrategia del Gobierno había sido «apretarlos por la parte logística». En sus palabras, «los organizadores no tienen urnas, no tienen papeletas, no tienen censo, no tienen programa informático, no tienen nada...»; con una sonrisa dibujada en el rostro, la vicepresidenta trataba de tranquilizarme. Recuerdo que, en mi habitual billete diario, «El Astrolabio», dejé por escrito en ese tiempo mi desazón: «No nos digan que esto lo arreglan con la logística». Y así fue. Los planes de la vicepresidenta saltaron por los aires, así como el prestigio del CNI en aquella operación. Parecía increíble que todo el aparato del Estado fuese incapaz de manejar la información correcta acerca de lo que en Cataluña estaba ocurriendo.

María Dolores de Cospedal, ministra de Defensa del mismo Gobierno que Sáenz de Santamaría, también me invitó a comer por aquellos días. Era conocido el antagonismo entre ambas. Cospedal tenía serias dudas acerca de la información que atesoraba el Gobierno sobre el éxito o el fracaso del referéndum. Su influencia sobre el ministro del Interior, Juan Ignacio Zoido, era también de dominio público. De ahí las dudas que le asaltaban cuando escuchaba a unos y a otros. María Dolores era más partidaria de actuar con mayor determinación, pero solo era una voz más, no cualquiera, pero una más en el seno del Gabinete de Rajoy. Ella, de todos modos, y con la información que tenían en su departamento, decidió poner en marcha una operación de alerta de todas las fuerzas de los tres ejércitos en las zonas limítrofes con Cataluña, incluido el desplazamiento discreto de alguna que otra unidad tanto a Castellón como a Huesca y Zaragoza. Nadie quería que los soldados españoles interviniesen, pero era una medida elemental la que la propia titular de Defensa había tomado.

En el Ministerio de Defensa hacía tiempo que monitorizaban movimientos en Cataluña. Apenas unos meses antes de octubre de 2017, la Dirección General de Armamento había rechazado la petición de compra de mil trescientas armas de guerra, sofisticadas en exceso para un cuerpo policial como los Mossos, además de nada menos que cuatrocientas mil unidades de munición de todo tipo. El pedido, realizado a través del Ministerio del Interior por parte de la Generalitat de Puigdemont, levantó todas las alarmas en el Ministerio de Defensa.

Llegó el 1 de octubre y fue un desastre sin paliativos. Los golpistas tenían de todo: urnas, papeletas, censo... y muchas trampas en las que cayeron el Ministerio del Interior y buena parte de los medios españoles. Nos hicimos eco de las provocaciones continuas que una parte de la población catalana —más de la mitad se quedó en casa— lanzó a los defensores de la Constitución y la democracia. Mariano Rajoy quedó muy impactado con las imágenes que llegaban, especialmente con las de Barcelona. Temía mucho el eco negativo que eso pudiese tener en el concierto internacional, pero muy especialmente en Europa. Yo siempre tuve dudas acerca de lo que hubiese sido mejor: ¿un Estado democrático defendiéndose de personas que incumplían la ley o una imagen de una arcadia feliz, votando en libertad, con los violines sonando en las plazas y la estelada ondeando al viento de octubre, como una sociedad pacífica, cuando en realidad se estaba perpetrando un violento ataque al sistema democrático español? Me quedo con la primera. Es la que nos entronca, la que nos une a las sociedades avanzadas, donde no se toleran ni la anarquía ni la arbitrariedad de unos pocos imponiéndose a la mayoría, por mucho que griten o violenten la concordia ciudadana.

Mariano Rajoy, al que siempre caracterizó la aristotélica virtud de la prudencia, vaciló durante muchos días. El grupo de abogados del Estado que le acompañaba en la Moncloa solo hacía aumentar sus dudas. Poco ayudaban, todo hay que decirlo. El 3 de octubre, el rey Felipe VI se dirigió al país en un discurso memorable en el que dejó claro que «nadie está por encima de la ley» y que la fortaleza del Estado debe evidenciarse en una respuesta firme a quienes quieren romper la nación española.

Recuerdo que aquel 3 de octubre habíamos organizado en Madrid una entrega más de «Diálogos de *ABC*» en la que charlábamos Carlos Herrera y yo. El aforo del salón de Mutua Madrileña, en la Castellana, estaba completo, la conversación iba por muy buenos derroteros y el público estaba disfrutando de la simpatía de Herrera, pero decidimos terminar pronto porque todos queríamos escuchar a Felipe VI. Yo me fui a toda velocidad desde la Castellana a la redacción de *ABC*.

El *procés* fue una demostración de chulería pendenciera que solo sirvió para dividir más a la sociedad catalana, sentar en el banquillo a algunos de sus promotores —mientras otros huían sin asumir responsabilidad alguna— y despertar al oso dormido del Estado. El 26 de octubre de ese mismo año —nunca olvidaré ese día por variadas razones— Mariano Rajoy anunció, por fin, la aplicación del artículo 155 de la Constitución. Como siempre hacía, antes pactó con PSOE y Ciudadanos los términos de la ejecución. Fue Pedro Sánchez el que impuso dos condiciones que hicieron que esa intervención fuera especialmente estéril: que se convocasen elecciones en el plazo legal más corto posible y que no se interviniese TV3, convertida entonces en la mayor máquina de propaganda independentista y en un artefacto capaz de inocular el odio al resto de los españoles.

Las elecciones del 21 de diciembre no sirvieron precisamente para recomponer la política catalana y llevarla por el buen sendero de la democracia civilizada. Los extremismos siguieron campando a sus anchas. Se incrementó la fragmentación partidaria y Ciudadanos, el gran vencedor, logró por primera vez en la historia reciente que un partido constitucionalista fuese el más votado. Decidieron, sin embargo, y para asombro de la mayoría, tomar el peor de los caminos: la incomparecencia. Eso es algo que todavía hoy le pasa factura entre los votantes de Cataluña y del resto de España.

La incertidumbre sigue siendo lo que más caracteriza a la vida política catalana. Tras los días de ira vividos aquel octubre de 2017, la resaca de la autodestrucción de la región más rica de España puede deberse a diversos factores: a la contumacia de una clase política, a una élite de enorme egoísmo y escasa altura de miras, y a la forma que tuvo Rajoy de gestionar esta crisis. El resultado de esa manera de gobernar provocó que más de cuatro mil empresas abandonasen Cataluña, aunque fuese solo de manera simbólica en el primer tramo. Igualmente, a día de hoy se sabe ya que Cataluña pierde a borbotones su riqueza y su privilegiada posición, a la que todos hemos contribuido. Otras ciudades de España han sabido despertar y aprovechar esta coyuntura, muy especialmente Valencia y Madrid.

Los empresarios catalanes

La cuestión catalana ha pasado a ser emocional, con toda la irracionalidad que ello conlleva, pero comenzó siendo un asunto económico y un invento de las élites empresariales y políticas de la comunidad. Desde *ABC* pusimos mucho empeño en tratar de clarificar entre nuestros lectores el problema que atrapa a España en este proceso. Este no es otro que una visión antigua del Estado moderno, nacido de la racionalidad de la Revolución francesa, en el que todos contribuimos en la medida de nuestra riqueza al bienestar del conjunto social. En España, sin embargo, es producto del pecado original de la Transición —acrecentado y distorsionado por el terrorismo de ETA—, según el cual teníamos una deuda el resto de los españoles con el País Vasco y Cataluña, cuando es exactamente al contrario. Los empresarios catalanes creían, como en su día dijo Arzalluz —en una de las frases más siniestras de la historia negra del nacionalismo vasco—, que si unos mueven el árbol, otros recogen las nueces. Por eso les vino bien durante todos estos años, desde la muerte de Franco hasta nuestros días, la distorsión del eterno agravio fiscal. Gracias a ello y a la apuesta que algunos de sus dirigentes hicieron por el mercado regulado —agua, autopistas, hidrocarburos, electricidad—, a Cataluña le fue especialmente bien en su economía, hasta el punto de liderar el PIB en España, posición que perdió una vez iniciado el enajenado *procés*.

A mi parecer, muchos catalanes han demostrado una cierta incapacidad para centrar su verdadero problema. El resto de España —país al que pertenecen desde siempre— ha sido su mayor y mejor negocio. Las estadísticas históricas son irrefutables. Un buen ejemplo fue la compra de la eléctrica Unión Fenosa por parte de Gas Natural, perteneciente a la corporación industrial Criteria de la Caixa. Su presidente era Salvador Gabarró, quien, un día al año, junto con su consejero delegado, Rafael Villaseca, y su director de Comunicación, Jordi García Tabernero, nos solían invitar a comer. Unas veces, yo iba acompañando a directivos del grupo Vocento; otras, solía venir conmigo algún miembro de la redacción de *ABC*. Era y es una práctica muy habitual. Las grandes empresas suelen cuidar esos aspectos y esos encuentros suponían siempre una buena oportunidad para contrastar puntos de vista sobre la actualidad, pero muy especialmente sobre la economía.

Como no podía ser de otra manera, siempre que coincidíamos con empresarios de origen catalán surgía a lo largo de la comida la situación que en su tierra se vivía. Salvador Gabarró lamentaba en una ocasión el maltrato que los catalanes recibían del resto de los españoles, una afirmación de dificilísima explicación con los datos en la mano. Entonces me atreví a exponerle mi visión del asunto; más o menos le dije: «Ustedes acaban de quedarse, gracias a la libertad de mercado, con una empresa eléctrica que opera en régimen de oligopolio. En esa empresa está asimilada la vieja Fenosa de Galicia, que genera energía eléctrica mediante el aprovechamiento del río Miño, como Iberdrola hace con el Sil. Los particulares, los gallegos que viven a orillas de esos ríos, no pueden tener beneficio alguno de ese recurso natural. Al mismo tiempo, ustedes llenan los bosques de Galicia con molinillos que apenas dejan rentabilidad alguna a los vecinos de la zona. Por no hablar de la contaminación de la central térmica de Meirama. Gracias a todo ello usted nos vende a los gallegos la energía a uno de los precios más altos de la UE, en medio de un mercado prácticamente cautivo. Usted factura, yo le pago y usted liquida el IVA y el impuesto de sociedades en Barcelona. ¡Y dice que está enfadado conmigo!».

Gabarró se vio entonces en la necesidad de darme la razón, pero añadió: «Ya, pero algo nos tendrán que hacer». A lo que le respondí: «Y a mí, señor Gabarró, a mí también me tendrán que hacer algo, se me llevan la mitad de lo que gano. Lo hacían cuando vivía en A Coruña y lo hacen ahora que vivo en Madrid. ¿Me puede decir qué ley de la naturaleza, divina o de los hombres, dice que a usted por vivir en Barcelona lo tienen que tratar mejor que a mí por vivir en Madrid?». Gabarró no respondió.

La catalanofobia inventada por el nacionalismo desleal forma parte de ese síndrome del pecado original al que antes me refería. En realidad, esa mala relación del nacionalismo vasco y catalán con el conjunto de la España democrática y constitucional es una de las causas por las que nuestro país sigue rezagado en su proceso de modernización. Lo que de verdad existe es una inexplicable *españofobia*. Y no tiene más base que la emoción.

José María Castellano, quien llegó a ser consejero delegado de Inditex, me relató en su momento una historia que ilustra bien a las claras ese desprecio que las élites catalanas sentían y sienten por el resto de los españoles. Estas solían explicar muchos de sus fracasos con los pecados de los demás. La historia es la que sigue. Corría el año 1992, año de gracia para Barcelona con el esfuerzo entusiástico de toda España con aquella ciudad, cuando llegó a oídos de Amancio Ortega que Jordi Pujol solía hacer comentarios negativos, o al menos se hacía eco de ellos, sobre las marcas de Inditex. El hecho era que cuando Pujol viajaba a alguna ciudad de su comunidad, como por ejemplo Tarrasa o Sabadell, solía visitar a los comerciantes y preguntarles qué tal iban las ventas. En el sector de moda y textil se encontraba muchas veces con un lamento sobre la competencia de los gallegos de Zara. Parece ser que algún comerciante dijo que «estos pueden tirar los precios porque se dedican al narcotráfico». El presidente autonómico se lo tomó en serio e hizo suyo el argumento. Fue entonces cuando Amancio Ortega tomó la decisión de visitar personalmente a Pujol y explicarle su modelo de negocio. Todavía estaba lejos Inditex de ganar la batalla mundial de la distribución de moda, pero era ya un actor muy destacado en ese sector.

Amancio Ortega jamás había pisado un despacho oficial y no volvió a hacerlo nunca más, pero se sentía impelido a exponerle a Pujol su empresa y, de paso, de alguna manera, a recriminarle sus palabras, que ponían en duda la limpieza de conducta de su actividad, que nada tenía que ver con el narcotráfico. Para ello le pidió a Manuel Fraga que le gestionase una entrevista. En esos asuntos, Fraga era de una diligencia ejemplar. A las pocas horas, Ortega tenía fijada una cita con Pujol en Barcelona. Lo acompañó José María Castellano. El presidente catalán los recibió en el Palau Sant Jaume media hora más tarde de lo pactado, totalmente despeinado, con apariencia de haber estado durmiendo la siesta. Ortega y Castellano le dieron todo tipo de explicaciones. El viejo político nacionalista, tras escucharlos, resumió la conversación: «Entonces usted, Ortega, ¿no se dedica al narcotráfico?».

La anécdota es el epítome del complejo problema catalán: da la impresión de que los demás tienen que pedir perdón por su éxito. Si nos atuviésemos a la historia y al apoyo oficial recibido desde Cánovas del Castillo, Cataluña debería haber sido la tierra donde naciese la primera multinacional de la moda del mundo. No fue así. Surgió y se desarrolló en la otra esquina del mapa y fue hija de la libertad, del talento y de la capacidad de asumir riesgos. Tal vez el nacionalismo periférico instalado en el agravio podría reflexionar con esta historia. Ellos siguen atrapados en un bucle que les impide progresar y que solo destila el peor de los venenos sociales: el odio al otro; por eso François Mitterrand dijo que «el nacionalismo es la guerra».

Una guerra que en Cataluña toma ahora forma de incertidumbre política. Esa falta de certeza en materia económica va generando mínimas transformaciones, inapreciables en un corto espacio de tiempo, pero que, a largo plazo, instalarán un nuevo paradigma económico que carcomerá la solvencia y solidez de un territorio. En Cataluña viene ocurriendo desde 2017, con una ralentización del crecimiento del PIB. Los catalanes pasaron de ser los más ágiles en la salida de la última crisis a ocupar el dudoso honor de ser el farolillo rojo a la cola del crecimiento del PIB per cápita. El dato no es discutible. No pertenece a la mística ni a la magia del nacionalismo, es la admisión neutral y estadística del frenazo de la productividad catalana respecto al resto de los territorios de España y también de Europa. Los datos oficiales del INE, que permiten el contraste entre unos y otros, nos muestran que el PIB per cápita de la Unión Europea (medida en los veintisiete países) ha sobrepasado al de Cataluña en 2019. En concreto, el de la UE fue de 31.160 euros mientras que el de Cataluña fue de 31.119.

Es probable, aunque muchos se resistan a creerlo, que la deriva independentista esté parada por el momento. Me atrevo a ir más lejos: tal vez no se vuelva a intentar nada semejante en muchos años. Entre otras razones, porque los gobernantes del futuro de España, algunos todavía en la universidad, sabrán que el Estado tiene que actuar sin dilación y con fortaleza. De momento está Sánchez, autoritario con el débil y melifluo con el bravucón. Los independentistas catalanes sabían muy bien lo que estaban haciendo cuando lo apoyaron en la moción de censura y en la posterior investidura de 2020. «Hay que hacer presidente a Sánchez, aunque sea gratis» fueron las palabras de Puigdemont a sus hombres en Barcelona. Palabras que trascendieron tras la investigación sobre la corrupción en su etapa de presidente autonómico.

A Mariano Rajoy podremos reprocharle muchas cosas, como a todos los presidentes. No voy a ser yo quien defienda su papel en aquellos días. En *ABC* le exigíamos un día sí y otro también que actuase, que impusiera la ley. Creo, sin embargo, que cuando pasen los años habrá que reconocerle que, gracias a su prudencia, ni Cataluña volverá a ser tan soberbia ni el Estado volverá a dudar tanto. La lección debería estar aprendida; aunque el independentismo haya encallado, el problema catalán no ha desaparecido, queda mucho trabajo por delante. Si hubiese buena voluntad en las partes, se podría llegar a algún punto intermedio, siempre y cuando las propuestas catalanistas fueran viables en el marco de la Constitución. Se equivocarían los nacionalistas más radicales si siguieran empeñados en su irracional decadencia y no extrajeran las enseñanzas necesarias del *procés*.

Sobre la buena voluntad pude hablar con el abad de Montserrat, Josep Maria Soler, el 26 de junio de 2019. Fue una visita inolvidable al imponente monasterio benedictino. Para ella conté con la inestimable ayuda de Sergi Loughney, un catalán de origen irlandés cuya noble intención siempre le lleva, como buen jugador de rugby, a confiar en la segunda parte de los partidos y en las buenas intenciones de los seres humanos. Sergi, ahora enrolado en la Fundación "la Caixa", trabajaba entonces como director de Relaciones Institucionales de Abertis. Siempre le estaré agradecido por su generosidad de espíritu y su afán de concordia, dos características que le impulsaron a invitarme a comer con los benedictinos de Montserrat. Allí tuve la oportunidad de disfrutar de un menú austero pero correcto y suficiente en medio del silencio del refectorio mientras uno de los monjes leía en catalán la Biblia, con Moisés como protagonista, y más tarde un tramo de la historia de Cataluña. Me contaron que habitualmente se leía un día en catalán y otro en español, y justamente aquel día tocaba catalán. La verdad es que nunca fui enemigo de ningún idioma, siempre que nos sirva para comunicarnos. Yo soy gallego. Me siento profundamente gallego y por eso soy español. Es imposible ser gallego y pretender ser vietnamita. Las evidencias son irrefutables. Me encantaría saber hablar catalán, al mismo tiempo que reconozco que el español me permite hablar con quinientos millones de personas: nada debe ser excluyente, y menos un idioma.

Tras la comida, el abad de Montserrat me invitó a pasar a una sala pequeña, donde tomamos un café y hablamos amigablemente, en un tono cordialísimo, sobre varios temas, pero en especial sobre el monasterio, la orden benedictina, la falta de vocaciones, la residencia Montserrat de Madrid y, lógicamente, sobre Cataluña. La verdad es que el abad Josep Maria Soler me causó una magnífica impresión. Espero volver a visitarlo y continuar aquella conversación. Recuerdo que le pedí que rezase por mí y que me dijo: «¿Quién le dice a usted que no lo hago ya?». La buena voluntad de los seres humanos sigue siendo fundamental para la resolución de los conflictos. Decía José Manuel García-Margallo que «la paz es posible, solo hace falta rendirse». Pero no se trata de eso. Nadie tiene que rendirse, tan solo ajustarse a la realidad, aparcar las emociones, volver a la senda de la racionalidad. Confiemos en que *ABC* no tenga que repetir aquella portada del 15 de marzo de 2012. Ojalá, en todo caso, podamos titular: «Cataluña: ya no hay problema». Solo se cumple lo que se sueña.

24

La COVID y un debate sobre las amenazas a la libertad de expresión

Solo se cumple lo que se sueña. Sin embargo, a veces el sueño se torna pesadilla. Aún seguimos inmersos en ella, aunque mucha gente ya no despertará.

La última batalla informativa que me tocó dar desde la dirección de *ABC* fue la inesperada pandemia desatada por el virus que causa la COVID-19. Fue una nueva oportunidad para ejercer un papel crítico ante las autoridades y cumplir con la idea de servicio a los lectores. Nos sirvió también para comprobar cómo, cada día más, los políticos españoles, en especial quienes ocupaban el Gobierno central, se deslizaban por la inquietante tentación de controlar la información. Nos encontramos al mismo tiempo ante la encrucijada histórica que nos expuso la obligación de un nuevo rearme moral, ya que descubrimos que el hombre inmortal que tantos científicos nos habían anunciado no existía. Averiguamos, por último, que la prepotencia de nuestra sociedad tecnológica era derribada por un enemigo microscópico que nos dejaba desamparados.

Este desamparo fue especialmente notable por el papel de los gobernantes. En España, la desidia inicial fue seguida de una improvisación y un autoritarismo que llegaron a inquietar, ciertamente, a una buena parte de la población. Además, constatamos que el Estado en España estaba fofo en materia de competencias sanitarias, lo que de alguna manera devino en una gestión caótica, llena de ocurrencias improvisadas; el Gobierno solía acertar cuando corregía sus primeras decisiones. En lugar de simplificar, se volvió todo más complejo. Los laberintos por los que hubo que transitar aquellos meses se vieron acrecentados por los mensajes de los organismos internacionales. Ni la ONU ni la OMS ni las agencias del medicamento estuvieron a la altura de las circunstancias. Al contrario, lo complicaron todo un poco más.

Pablo Díez, el corresponsal de *ABC* en Pekín, nos advirtió muy pronto del enorme peligro que representaba la COVID-19. En aquellos primeros días de enero de 2020 hablé con él varias veces. Me había acompañado el mes de julio anterior en un interesante viaje que realicé a China, lo que había reforzado nuestra confianza mutua. Pablo es un periodista cordobés que, como otros corresponsales de *ABC*, es un verdadero lujo. Posee un conocimiento poco habitual de aquel inmenso y complejo país. Cuenta, además, con una comprensión de la cultura oriental que le permite adelantarse en muchas ocasiones a lo que allí va a ocurrir. Gracias a esa intuición suya, me insistió desde el principio en lo seria que era la propagación del virus. No era la primera vez que se hablaba de una alarma mundial por algún tipo de gripe, incluida alguna proveniente de China, que finalmente no alcanzaría a Europa ni se llevaría por delante muchas vidas. Pero Pablo Díez insistía: «Cuidaos mucho, esto es muy serio».

Cuando eres director de un diario de la importancia e influencia de *ABC*, debes saber manejarte con prudencia. Sigo creyendo, a día de hoy, que es una de las mayores virtudes para cualquier persona que ocupe un cargo de responsabilidad. Yo solía compartir con Luis Ventoso —director adjunto y con quien más confianza tenía en *ABC*, donde me sentía cada día más cercado y limitado— mi preocupación por la situación. Teníamos que encontrar el equilibrio entre la alarma excesiva y la conveniencia de mantener adecuadamente informados a nuestros lectores. En el entorno de la empresa se le restaba importancia e incluso se hacían chistes. En la redacción no. Éramos más conscientes de los peligros que nos acechaban.

Las primeras evidencias de que aquello iba en serio llegaron el 13 de febrero, cuando se suspendió el Mobile de Barcelona. En Madrid, sin embargo, sí se celebró la Feria de Arte Contemporáneo ARCO. De todos modos, estaba claro, a medida que avanzaban los días de enero de 2020 y nos llegaban noticias de China, que nos enfrentábamos a algo mucho más importante que una simple nueva gripe, algo que nuestra contemporaneidad no había conocido. Éramos una generación prepotente, que se creía inmortal, y resultó que un enemigo diminuto nos colocó en nuestro sitio, haciendo patente nuestra vulnerabilidad.

Las evidencias informativas

A la actitud que me encontraba en algún sector de la empresa se le sumaba la que imperaba en el Gobierno, la de los portavoces del Ministerio de Sanidad y la de la inmensa mayoría de comentaristas del más diverso pelaje que opinaban en los más variados programas de radio y televisión. Para todos ellos el virus provocaría, como mucho, una gripe más intensa. No era eso lo que decían las crónicas de nuestro corresponsal en Pekín, que advertía del grave peligro que se corría tomando a la ligera el SARS-CoV-2.

La portada de *ABC* del 31 de enero mostraba el globo terráqueo cubierto con una mascarilla y lo acompañaba con el siguiente titular: «La OMS declara la emergencia sanitaria global». Ya había diagnosticados miles de casos en un buen número de países. En España seguían tomándoselo a broma, tanto las autoridades como ciertos personajes del periodismo. A mí me insistían desde algunos sectores de la empresa en que no alarmásemos a la gente. No era cuestión de alarmar, sino de informar, de contar la verdad, como siempre. Por eso, dos días después de publicar la alarma global, publicamos otra portada con el siguiente titular: «China, un gigante angustiado», y adelantamos lo que después ocurriría en España: «Calles vacías y escasez de alimentos frescos». A partir de ahí, todos los días de aquel mes de febrero nos debatíamos entre lo que creíamos que debíamos hacer —informar con toda crudeza— y lo que otros, que solían relacionarse muy mal con la realidad, decían en dirección contraria, comenzando por el Gobierno central y sus portavoces.

Hoy sabemos que la primera víctima de COVID en España fue un valenciano que murió el 13 de febrero de 2020 al regresar de un viaje a Nepal. Sin embargo, oficialmente, la primera muerte registrada fue la de una anciana de noventa y nueve años que murió en Madrid. Antes, el 7 de febrero, habíamos informado de la muerte de uno de los médicos chinos, Li Wenliang, quien había alertado de la existencia de un virus mortal. Día tras día, se agolpaban las evidencias de que estábamos ante algo mucho más letal que una simple gripe, como algunos decían.

Una teoría de la conspiración

Desde un principio, desde que se comenzó a hablar de la COVID y de su procedencia china, al mismo tiempo que se abrían todo tipo de discusiones, se abordaba el debate del origen del virus. Estaba muy claro que venía de China, eso no lo discutía nadie, pero no tanto el punto de partida. Murciélagos, pangolín y otros animales parecían los culpables. Pronto también tomó forma el rumor de una conspiración china para perjudicar al resto de los países. Parecía muy descabellado. Sin embargo, personalmente, me quedé con la interpretación que en una comida en *ABC* me ofreció el embajador ruso en Madrid, Yuri P. Korchagin: podía tratarse de un virus escapado del gran laboratorio de virología que China tiene localizado en Wuhan. Según el diplomático ruso, habría sido consecuencia del incumplimiento de un protocolo por parte de los profesionales del laboratorio e inevitablemente el virus se habría propagado fuera de los muros de seguridad.

Con la experiencia de muchos años he desarrollado una intuición que me dijo que la primera versión de algunas situaciones confusas suele ser la verdadera.

El presidente estadounidense, Joe Biden, pidió en mayo de 2021 que los servicios de inteligencia de su país se pusieran manos a la obra y que aclarasen, en tres meses, el origen de la COVID-19 que tantos estragos estaba provocando en el mundo. Las sospechas, lógicamente, estaban centradas en la zona cero del surgimiento del virus, la ciudad de Wuhan, en China.

8 de marzo: el día de la contumacia

En medio de la confusión inicial de aquellos días del invierno de 2020, el Gobierno de España, liderado por Pedro Sánchez, se empeñó en anteponer la ideología de un feminismo radical al buen sentido de la prudencia, y apostó por celebrar el 8 de marzo, originalmente Día de la Mujer Trabajadora y ahora convertido en la reivindicación de un feminismo agresivo, como el que lideran Irene

Montero y Carmen Calvo. Se organizaron más de un centenar de manifestaciones en toda España en las que se llegó a decir que «mata más el machismo que el coronavirus». No tuvo que pasar mucho tiempo para que se demostrase que aquello fue un error monumental, pues las manifestaciones del 8M se convirtieron en bombas de contagio; por tanto, en sí mismas, aquellas concentraciones callejeras resultaron mortales para muchas personas.

Se estima ya que retrasar hasta la celebración de esa jornada la toma de medidas por parte del Gobierno causó varios miles de muertes. Los tribunales no encontraron delito, pero la historia no dejará nada bien a quien de manera intencionada fue tan negligente aquellos días, anteponiendo los dogmatismos a la racionalidad que ya estaba llevando a toda Europa a tomarse muy en serio la COVID-19.

Tal vez no haya responsabilidades penales, pero sí, desde luego, políticas. De hecho, en el Reino Unido, donde la gestión del Gabinete de Boris Johnson también fue un desastre, se organizó una comisión parlamentaria para investigar el manejo de la pandemia en su inicio. Tuvo que ser Dominic Cummings, uno de los más cercanos colaboradores del primer ministro, el que denunciase los garrafales errores del Gobierno que causaron decenas de miles de muertes evitables. En España no tuvimos un Cummings que hiciese esa denuncia desde el campo político próximo al Gobierno de Sánchez, pero a nadie se le escapa que la gestión de la epidemia en España fue un cúmulo de errores —comenzando por no otorgarle importancia— y de palos de ciego e improvisaciones por parte del Ejecutivo.

La hemeroteca, tanto la escrita como la audiovisual, puede dar buena cuenta del rosario de manifestaciones que los portavoces oficiales hacían acerca de la irrelevancia de la COVID en nuestras vidas. No se valoró en su justa medida. Después, cuando ya toda Europa y la propia Comunidad de Madrid tomaban precauciones, el Gobierno socialcomunista aplazaba cualquier medida hasta después del 8M; como si en ello les fuese la vida. Y, efectivamente, al menos a unas cuatro mil personas, según cálculos de los expertos, se les fue. Téngase en cuenta que en la víspera de la manifestación, al margen de los fallecidos, ya había más de trescientos positivos en España, de los que 223 estaban en Madrid. El mismo 8 de marzo, en la cercana Italia se superaban los cinco mil casos y el Gobierno de Conte cerraba Lombardía. El día anterior, todos los periódicos informábamos de un contagio masivo en Vitoria.

El Gobierno conocía perfectamente lo que estaba ocurriendo y el riesgo que representaba el virus, pero calló para aprovechar de manera mezquina e irresponsable el efecto propagandístico de aquella manifestación. En *ABC* pudimos publicar, meses después, los indiscretos comentarios que Irene Montero hizo a la televisión vasca ETB, donde, como ya he contado, reconocía que habían participado menos personas por la COVID-19, pero que no podían decir nada porque se frustraría la jornada.

Una vez decretado el confinamiento, a partir del viernes 13 de marzo de 2020, Sánchez y sus adláteres interpretaron que aquello podía ser una gran oportunidad para elevar su figura. Parecía, al menos al principio, que sería fácil gestionar la pandemia y salir airoso a la vuelta de unos meses. Declararon el estado de alarma —el azar hace que siempre haya estado de alarma en España cuando gobiernan los socialistas— y comenzaron a endilgarnos intervenciones de Sánchez de más de una hora, al más puro estilo chavista. En la primera de esas intervenciones contó una de las mayores mentiras de aquel momento: que se iban a movilizar doscientos mil millones de euros para recuperar la economía.

En *ABC* decidimos cumplir, como siempre, con nuestro deber y comenzamos a ser especialmente críticos con aquella máquina de propaganda que apestaba. Desde la Moncloa hacía tiempo que no entraban en contacto conmigo. A partir de la publicación de la información sobre el plagio de la tesis de Sánchez, habían roto las relaciones con nosotros. Supe, sin embargo, que el secretario de Estado de Comunicación, Miguel Ángel Oliver, optó por puentearme y llamar al Área de Gestión de Vocento, desde donde tampoco hablaban conmigo; solían llamar a personas subordinadas a mí o trataban de dar consignas a columnistas ya veteranos que, para mi sorpresa, las aceptaban. Me era indiferente; yo tenía muy claro lo que tenía que hacer. Con la edad, uno aprende el valor de la serenidad en medio de la tormenta. Y eso hice, dirigir *ABC* con ponderación y atendiendo siempre al mandato primigenio de esta profesión: contar la verdad o, al menos, intentar honestamente comunicar lo que nosotros sabíamos.

Y sabíamos muchas cosas: que la cantidad de muertes era muy superior a la que reportaba el Gobierno; que el portavoz, Fernando Simón, cuando no mentía, despistaba; que se presionó a mandos de la Guardia Civil y de la Policía para variar versiones, cuando no para cometer prevaricaciones, como fue el caso de la destitución del coronel Pérez de los Cobos; que se monitorizaban las informaciones, como reconoció el general de la Guardia Civil De Santiago...

A medida que pasaban los días del confinamiento de la primavera de 2020, cuando los datos no eran malos sino peores, cuando la ciudadanía respiraba mal por la falta de libertad, cuando la economía se iba por el desagüe, Sánchez y su entorno decidieron que era mejor ceder la responsabilidad a las autonomías y se sacaron de la manga la *cogobernanza* de la crisis al mismo tiempo que aseguraban, en el mes de junio, que habíamos vencido al virus. Pocos dirigentes políticos han frivolizado tanto con la democracia y han mentido tanto como Pedro Sánchez.

La suspensión de la actividad parlamentaria fue ya una excepcionalidad democrática inquietante. Como lo fue también la descalificación permanente de ella, tanto por parte de Sánchez como de su portavoz parlamentaria, Adriana Lastra. No dialogaban con los otros partidos para no contagiarse de las ideas que los otros defendían o de las alternativas que planteaban. La displicencia hacia los otros era de la que hacía época. Para Sánchez y los suyos, en aquellos momentos del año 2020, la democracia era un lujo. Según ellos, vivíamos momentos excepcionales. Nosotros advertimos de esas tentaciones. El domingo 29 de marzo, sacamos una portada con la efigie de la Estatua de la Libertad advirtiendo del riesgo que para las libertades individuales estaban suponiendo algunas prácticas de aquel Gobierno. También denunciamos el 16 de abril que se quería legitimar la censura al anular el Portal de Transparencia. La democracia, para la izquierda del momento, con gran peso de los comunistas de Podemos, solo era válida cuando no pasa nada, pero debía ser sustituida por una adhesión incondicional y acrítica cada vez que el Gobierno se equivocaba o decidía arbitrariamente; eso pensaban ellos. La oposición, por tanto, no podía ejercer su legítimo mandato de fiscalizar y censurar al Ejecutivo. Así es la democracia según Sánchez, Lastra e Iglesias.

La crisis de la COVID fue un desastre sanitario y humanitario. Es en las guerras y en las pandemias donde surge lo mejor y lo peor de nosotros, que aparecemos fieramente humanos, como escribió Camus en su novela *La peste*. Con la COVID-19, afloró el rostro de una clase política despótica que repartía credenciales de felonía, fascismo, falta de sentido de Estado y certificados de demócratas. Es más, se creó un ambiente de desconfianza entre la ciudadanía por el acoso al que sometieron las libertades y, por supuesto, también la economía. En *ABC* hicimos en aquellos días una llamada para que se trabajase en soluciones imaginativas para que la mala economía no multiplicase el dolor de una sociedad ya golpeada por el virus y por la confusión de los gobernantes. Esos días se arrumbó la vieja idea de que la política en democracia supone la solución de los conflictos. Sánchez, de nuevo, se creyó, en medio de esta pandemia, un dirigente providencial.

Se pudo gestionar de otro modo

Como este es un libro de periodismo escrito por un periodista y no un texto de historia, seguramente con el paso de los años podremos encontrar nuevas explicaciones al desastre sanitario, social, político y económico que ha supuesto la COVID-19 para la humanidad. A estas alturas, mientras escribo esto, ya hay científicos de señalada y reconocida trayectoria que admiten que todo se pudo haber evitado si se hubiese gestionado de otra manera. Empezando por los chinos y su escasa cooperación a la hora de informar, siguiendo por la OMS y llegando a las improvisaciones y faltas de criterio de los distintos gobiernos.

En el caso de España, está fuera de toda duda que se pudo hacer de otra manera y, desde luego, que se pudo tratar de conciliar y consensuar con la oposición, pero sobre todo con la ciudadanía. En pocas ocasiones, por no decir en ninguna, hemos visto a un gobierno de España con menos empatía y más alejado del sentir de la calle. Este Pedro Sánchez era el que se escandalizaba en la crisis del ébola de octubre de 2014 por el sacrificio de un perro que podía contagiar, pero fue incapaz de visitar un solo hospital durante una pandemia que dejó decenas de miles de muertos. ¿Qué se puede esperar de alguien que comete semejante asimetría?

La propaganda oficial con la que el Gobierno pretendió manipularnos en los primeros días del confinamiento de la primavera de 2020 decía: «De esta vamos a salir más fuertes». Y es cierto que lo que no te mata te hace fuerte. Es más, un buen número de expertos se atreve a señalar que se repetirán los felices veinte del siglo pasado. Pero además de eso, también tenemos información sobre la existencia de cientos de miles de virus que nos pueden atacar y ante los que nuestra sociedad fanfarrona y tecnológica sigue siendo vulnerable, por más soberbios que nos pongamos. Continuamos estando a merced de múltiples amenazas que el ser humano todavía no puede dominar.

Los temores atenazan de nuevo a nuestros contemporáneos como lo hacían en la Edad Media otro tipo de peligros. Los diferentes estadios históricos que hemos protagonizado a lo largo de los siglos nos han permitido levantar una civilización admirable, pero al mismo tiempo excesivamente materialista, ignorante, jactanciosa y baladrona. De alguna manera, la COVID-19 nos vino a colocar de nuevo en nuestro lugar, en la fragilidad más absoluta. No es el apocalipsis, ni mucho menos, la humanidad ya ha salido de situaciones semejantes, pero no cabe duda de que todo el avance en materia científica y tecnológica no garantiza absolutamente nada. Sobre todo cuando lo que aflora son las pasiones o virtudes que al hombre acompañan desde la noche de los tiempos.

Se acumulan las evidencias de que la gestión global de la pandemia fue mala, especialmente si se analiza desde la óptica del comportamiento de los organismos oficiales. Fíjense en el asunto de las vacunas. Se comprobaron dos buenas virtudes de nuestro tiempo contemporáneo: la cooperación de la comunidad científica internacional y la velocidad con que la ciencia avanza. Pero siendo el hito más excelente que podemos registrar —la rápida creación, fabricación y distribución—, se ha deslucido por los errores y contradicciones del proceso de vacunación. Por eso creo que debemos hacer un sano ejercicio de autocrítica, que muy pocos gobiernos han hecho —y en España, nadie—, pues pudiendo hacer las cosas bien, nos hemos inclinado por un desorden administrativo notable. De esos errores deviene una lenta salida de la crisis y por eso insisto en que se pudo haber hecho de otra manera. Algún día sabremos si esas equivocaciones se podrán evaluar y comparar y si, de paso, habremos aprendido de ellas para la próxima ocasión, que puede estar más cerca de lo que creemos.

En el caso de España es especialmente llamativo el interés que tuvo el Gobierno central por ser el protagonista en los primeros meses de la crisis y cómo después, una vez comprobada la complejidad de la gestión, dejó todo en manos de las Administraciones regionales. Con ello se demostró que nuestro Estado se encuentra sin musculatura en algunas materias, entre ellas, la sanidad, delegada a las autonomías. Podría servir esta oportunidad para replantearnos algunos aspectos del Estado autonómico, tan útil en ciertos ámbitos y tan ineficaz en otros.

Durante mi etapa como director de *ABC* me obsesionaba el pensar que siempre se podía hacer algo más de lo que hacíamos. Esa es una idea que también me acompaña a la hora de entender esta crisis sanitaria global. Salvo las vacunas, casi todo lo demás lo hemos gestionado con poco talento. Demasiadas declaraciones, demasiado protagonismo de los mandatarios en los medios, poca pedagogía... Convertimos esta crisis en un debate político. Tal vez la política lo alcanza todo; así se demostró en las elecciones autonómicas anticipadas de Madrid del 4 de mayo de 2021.

La COVID-19 ha servido para poner a prueba a la humanidad y podemos decir que, en términos absolutos, hemos logrado salir airosos; incluso mejor que en anteriores pestes. Pero pudimos hacerlo mejor. Esa es la cuestión sobre la que debemos reflexionar. Nos sirvió también para entender que no es lo mismo que nos gobiernen unos u otros; y, sobre todo, que, en una democracia, los políticos deben creer en ella y no aprovechar la primera oportunidad que surge en el camino para derribar contrapesos y controles.

Además del coronavirus, aparecieron otras amenazas. Ojalá hayamos sacado buenas conclusiones y aprendido de esta experiencia. Ojalá se pueda decir, cuando pasen los meses y veamos ya el final de semejante atrocidad, lo que dijo el médico de *La peste* de Camus: «Hay algo que se aprende con las plagas y es que en la humanidad hay más cosas dignas de admiración que de desprecio».

CUARTA PARTE

El futuro siempre nos espera

25

Que me quiten lo *bailao*: por qué, a pesar de todo, siempre seré periodista. Un paseo por la Piazza Navona

Hace muchos años que aprendí que uno no puede decir todo lo que sabe o piensa sobre una cuestión en un solo artículo. El espacio es finito y hay que practicar la cortesía de la claridad y la amenidad. Por eso me esforcé en la escritura breve. Cuando eres joven, quieres contarlo todo en cada artículo que escribes. Cuando la huella del tiempo hace mella en nosotros, aprendes a relativizar las cosas, te vuelves especialmente selectivo y mañana será otro día. Algo parecido me ha ocurrido con este libro. En el bloc de notas y en las carpetas donde guardaba documentación, se quedan un buen número de datos y de historias. No se puede contar toda una vida profesional en un solo volumen. Tal vez recurra a ellos más adelante, cuando puedan servir para hacer reflexionar a jóvenes estudiantes de Periodismo, pero no hieran a nadie, gracias al bálsamo del tiempo. Por otro lado, tenía la obligación de terminar algún día este texto y los periodistas, si no escribimos bajo presión, tendemos a demorar la entrega de nuestros manuscritos.

A lo largo de las páginas de este libro, he escrito acerca de algunas de las miserias que arrastra el periodismo español. Vivimos un tiempo de confusión. Es el final de una época, de un modelo, y el arranque de otro bien distinto. La prensa escrita y la televisión convencional están viviendo ya tiempos de transformación profunda, hasta el punto de que es muy posible que desaparezcan tal y como las conocemos. La agonía de la prensa ha sido lenta, la de los canales generalistas de televisión me temo que va a ser muy veloz. La esencia del periodismo, sin embargo, se mantiene inmutable: contar historias verdaderas que interesen al público. Al hacerlo, es muy posible que irritemos a los poderosos, y estos suelen tener rostros muy distintos. No son solo políticos, son otros muchos actores de la sociedad contemporánea quienes se molestan con nuestro trabajo: empresarios, sindicalistas, banqueros, deportistas, actores, literatos, directivos de todo tipo de organizaciones... En definitiva, el periodismo resulta en muchas ocasiones incómodo.

Ernest Hemingway solía decir que «el periodismo es la profesión más apasionante del mundo, siempre que se deje a tiempo». Está claro que yo no lo hice. Tendría que haberlo dejado veinte años antes, pero tengo que reconocer que, en este trabajo, yo he sido una persona muy afortunada. El periodismo me ha permitido tener una vida plena. Nunca me aburrí mientras trabajaba, y eso es una bendición. Pero es que además pude conocer a reyes, jefes de Estado, presidentes de gobiernos muy distintos, destacados dirigentes políticos de los países más diversos, intelectuales y escritores notables, deportistas de élite y a toda una panoplia de la más dispar condición, lo cual me sirvió, básicamente, para desmitificar a mucha gente. También he conocido a gente muy humilde, he pisado el suelo de algunas chozas y me he adentrado en la miseria y en la pobreza. Es una de las características más llamativas de esta profesión, que es, tal vez, de las más interclasistas. Un día charlas con el habitante de una favela brasileña o de una chabola de Madrid y al día siguiente paseas por la alfombra de un palacio. Convives con los mineros en un encierro y asistes a la junta general de los grandes bancos. En realidad, el periodismo te da la oportunidad de acercarte a muchas manifestaciones de la vida, aunque es cierto que siempre de manera fragmentaria y somera. Los periodistas, como ya he expuesto, solo manejamos trocitos de realidad, porciones; nunca logramos conocer la totalidad de ninguna historia. Somos superficiales e improvisamos mucho. Eso obedece, en gran medida, al caos que en sí misma es la actualidad.

Ser director de periódico no es especialmente difícil. Exige, eso sí, una enorme dedicación. Les robas tiempo a tu familia y a tus amigos. Cuántas veces tuve que suspender planes porque ocurrían hechos o situaciones inesperadas. Solían pagar las consecuencias mis hijos o mi mujer. Yo, en realidad, fui muy feliz. Ejercer el periodismo o dirigir un periódico no me costó esfuerzo alguno. Las horas volaban y cuando me daba cuenta, ya era tardísimo. Yo he sido el gran beneficiado, un testigo privilegiado de mi tiempo. En el balance, pesan más las cosas buenas que las malas.

Repito que los periodistas españoles estamos necesitados de un ejercicio de autocrítica muy notable, además de la inoculación de altas dosis de humildad. Hacemos un buen periodismo desde el punto de vista técnico, pero nos alejamos de la excelencia y tendemos a la fanfarronería, en especial en algunos asuntos. Por ejemplo, en materia política. Deberíamos serenarnos todos, abandonar la espectacularización de nuestro trabajo y, sin renunciar a la crítica, contribuir a serenar los ánimos, orillando posiciones sectarias que a nada ayudan.

Como ya expresé también en estas páginas, otro amplio margen de mejora se da en el mal llamado «periodismo de investigación». Tal vez hubo una época en la que se practicó, pero, en la actualidad, los trabajos periodísticos de investigación se limitan a ser meros buzones que recogen de manera acrítica las filtraciones interesadas que hacen fiscales, policías, jueces o políticos. Como consecuencia de esta insana práctica, se crea en España un clima mediático que ajusticia a las personas antes de ser juzgadas. La presunción de inocencia ha sido erradicada y a ello hemos contribuido como pocos los periodistas que les seguimos haciendo el caldo gordo a determinados fiscales que continúan sin responder ante nadie por los atropellos a los que someten a muchos ciudadanos.

El caso de la salida a Bolsa de Bankia es un buen ejemplo para entender de qué estamos hablando. En otro país, esa sentencia le hubiese costado el puesto a la fiscal y el Estado estaría obligado a indemnizar a las 31 personas que se sentaron en el banquillo, a quienes se les arruinó la vida durante el larguísimo periodo de instrucción. La jueza Ángela Murillo dejó claro en su sentencia de 442 páginas que «no se detalla un solo dato que fundamente la acusación». En realidad, el populismo lo ha contaminado todo en España y ha servido también para envolver o disfrazar la incompetencia. Cito este ejemplo porque me parece muy paradigmático de todo lo que hemos vivido estos años de justicia populista y periodismo de agitación. Sobre el caso Bankia y sus protagonistas corrieron ríos de tinta. Más tarde, tras la absolución, el asunto quedó reducido a la publicación del fallo. Nadie pidió perdón. Debería ser el Estado, pero como no tiene alma... Pero los periodistas podríamos hacer algo en este sentido, pues hemos contribuido a que se den esas situaciones tan lamentables e injustas.

Como decía antes, necesitamos un paseo reflexivo por la ética y la deontología, tan arrumbadas en las redacciones y tan mal enseñadas en las facultades. Si para algo me pueden servir todos estos años de profesión, es para reclamar a quienes forman a las futuras generaciones de comunicadores que primen la asignatura de Ética. Necesitamos gigantes en esta materia para poder recuperar crédito.

También necesitamos periodistas mejor formados. En

realidad, debería ser una profesión de élite, pero no lo es. Desde siempre defendí que el periodismo fuese un posgrado de dos años; eso ayudaría a una mejor formación de los periodistas, además de enriquecer las redacciones con personas extraídas de campos y disciplinas académicas distintas y dispares. Para ello habría que cerrar todas las facultades existentes; bastaría con alguna escuela o universidad de alto nivel que fuese muy selectiva en la admisión de sus alumnos. No me harán caso, pero aquí queda mi propuesta. No obedece a ningún criterio racional que un país como España cuente con casi medio centenar de centros universitarios que cada año colocan en el mercado a unos cinco mil profesionales, cuyas expectativas de empleo son bajísimas. La universidad se tiene que adaptar a la realidad social y no al contrario. Debería tener, además, esa agilidad tan eficiente que se le supone a los organismos que aspiran a la excelencia, y para eso sería muy plausible, además de sano, que se atreviesen a abordar estos cambios.

Es curioso y chocante escuchar a tantos estudiosos de universidades y escuelas de negocios darnos lecciones a los periodistas acerca de las transformaciones que debemos abordar en nuestra profesión y en nuestras organizaciones, y cómo, sin embargo, nos resistimos como gato panza arriba a variar nada en algunos esquemas que se pierden en siglos pasados. Pero esta es una cuestión que puede ocupar otro libro.

Está claro que los periodistas españoles tenemos pendiente una catarsis para mejorar nuestro desempeño, pero no vamos a ser lo suficientemente valientes para abordarlo. De esta manera, también dejaremos de reivindicar el papel fundamental que tenemos en la organización empresarial de los medios informativos. Gran parte de la crisis de credibilidad de los medios en España tiene que ver con la ocupación que de nuestras competencias han hecho otros perfiles profesionales. Y no me refiero a su formación académica —ya dije que el periodista puede proceder de cualquier disciplina siempre que esté formado y tenga vocación—, sino a la división y asunción de competencias.

Por qué, a pesar de todo, seré siempre periodista

El mundo es mejor desde que hay periódicos. El periodismo, sobre cuyo origen podemos discutir con los autores más preciados, ha contribuido a que la sociedad sea más civilizada y avance en muchos órdenes. Creo que es obligatorio ser autocrítico y reconocer que la profesión en España no pasa por su mejor momento. A ello ha contribuido también la disrupción que internet ha supuesto para el fenómeno de la comunicación, cuya consecuencia ha sido la crisis de modelo de negocio. De ahí se derivan muchos males: la ansiedad por ser los primeros en la red, el aumento de las noticias falsas, la propagación de los bulos, la sobreinformación y la información basura y, sobre todo, la precariedad en el empleo de los periodistas y los bajos salarios.

El periodismo es una profesión en revisión. Confieso que no siempre me he sentido orgulloso de mi oficio. No llegué a decir aquello de «no le digáis a mi madre que soy periodista, ella cree que toco el piano en un prostíbulo», pero lamenté algunos excesos de ciertos colegas que tanto daño han hecho a individuos, a colectivos y a la propia sociedad.

A pesar de mis decepciones, de las heridas de una profesión cruel ya cicatrizadas, del desencanto que con el tiempo me ha ido surcando el alma, a pesar de todo ello, seguiré siendo periodista y defendiendo esta profesión. No solo por su valor para concienciar a la sociedad ante las injusticias o para hacer frente a los abusos de poder; en definitiva, para actuar de conciencia crítica en todas sus manifestaciones. No solo por eso, hay un rosario de razones que me hacen seguir pensando que el periodismo es necesario. Lo es como fenómeno global, al margen de comportamientos individuales.

«La verdad os hará libres», dijo Jesús. Ahí están los dos vectores de la ecuación: verdad y libertad. El periodismo amplía nuestra libertad. Cuanta más información poseemos, más elementos tenemos para elegir, lo que abre nuestra mente y nos enriquece, es decir, nos hace más libres. A través de las ventanas diarias que nuestra actividad abre, las personas nos conectamos unas con otras. Gracias a nuestros relatos, a nuestras historias, sabemos lo que ocurre en recónditos rincones. Cuando un lector abre las páginas de un diario, o entra en una página web, o escucha una emisora de radio, o ve un informativo de televisión..., cuando hace eso, conecta con el mundo: allí encuentra amores apasionados, odios irreconciliables, pasiones, vida, muerte, ambición, riqueza, miserias, héroes, canallas. El periodismo acerca unos seres humanos a otros y permite que empaticemos con personas que desconocíamos. El periodismo ya no es el medio por el cual don José Rodríguez se entera de la muerte de don Juan González, al que no conocía ni nada de él le interesaba. Eso es una simpleza como tantas otras que se dicen. El periodismo ha sido un gran paso de la humanidad. Insisto, nos ha hecho mejores, a pesar de todas sus zonas oscuras. Gracias a la información podemos opinar y tomar decisiones. Las democracias son sistemas de opinión pública, de ahí la trascendencia de que fluyan por ella noticias veraces. No olvidemos que las democracias se desarrollan y consolidan paralelamente al nacimiento y crecimiento de la prensa libre.

Además, el periodismo entretiene, porque debemos ser claros y amenos. Dicho entretenimiento ayuda incluso a combatir la soledad. Nos interconecta y se convierte en una escuela de adultos. Una escuela que incita al debate, que sirve de memoria, que impulsa cambios en la sociedad, que, además de criticar lo mal hecho, puede reforzar las buenas conductas y que contribuye, como pocos fenómenos, a la democracia. De hecho, los medios informativos son vigas maestras, columnas, del gran andamiaje que es la sociedad libre.

Diariamente millones y millones de personas se acercan a la actualidad a través de la labor de los periodistas. La inmensa mayoría de ellos trabaja con honestidad y buena voluntad por el interés general y el bien común. Es una profesión que por momentos es destemplada, incluso airada. Los periodistas solemos envejecer mal en las redacciones y el nivel de frustración es de los más altos. Todos los periodistas aspiramos a escalar altas cumbres, pero no todos las alcanzamos. E incluso aquellos que llegan a oler el aire del éxito, que no de la gloria, conocen con demasiada frecuencia la impostora derrota. Pocas profesiones hay como esta de dientes de sierra en la que subes y bajas con enorme facilidad. Por eso a los periodistas nos deberían formar también en el fortalecimiento de la musculatura emocional.

He sido testigo de muchas carreras profesionales en mi sector y he conocido de cerca sus miserias. Lo escribo yo, que he tenido una vida profesional plena, no exenta de altibajos. Por eso, al redactar estos últimos párrafos, pienso en el joven que siente la vocación de dedicarse a contar historias de la realidad a través de los géneros periodísticos, que son muchos y diversos. Pienso en el estudiante que está en la facultad y me parece un ejercicio de recta conducta el advertirle del duro mundo que le aguarda, además, por supuesto, de animarle a ser cada día mejor. Ojalá se encuentre en el camino tan buenas personas y periodistas como yo me encontré y que tanto me ayudaron. Estoy en deuda con las futuras generaciones justamente por lo que otros antes me brindaron de manera desinteresada. Aunque debo dejar por escrito que yo traté por todos los medios que ninguno de mis cuatro hijos se dedicase a mi profesión. La conocía demasiado bien. Alguno todavía me lo reprocha y hasta es posible que pudiese haber llegado a ser un buen periodista, pero me alegro de que hayan buscado otros caminos.

Un paseo por la Piazza Navona

Allá por el inicio de los noventa del siglo pasado pude leer, casi al mismo tiempo, las memorias de Ben Bradlee, el recordado director del diario *The Washington Post*, y las de Katharine Graham, la editora del mismo diario. Ambas me resultaron muy atrayentes, estimulantes e incluso inspiradoras, aunque he de reconocer que me parecieron más interesantes las de la editora que las del director. Ella aportaba más reflexión mientras que él encadenaba autoelogios, por lo que resultaba un tanto presuntuoso. Aun así, la historia de Bradlee como periodista es magnífica y de entre sus frases memoricé para siempre aquella que mantiene que «para ser un buen director de periódico solo hace falta una cosa: tener un buen empresario, y yo tuve al mejor, la familia Graham». A mí eso me ocurrió a ratos. Dentro de la enorme suerte que he tenido, a lo largo de mis años de trabajo, me he encontrado de todo. Tuve la fortuna de que la mayoría de mis editores fueran buenas personas y grandes profesionales. Pero, como en todo, no siempre se logra el entendimiento permanente, nada es para toda la vida. A estas alturas, no tengo nada que reprocharles ni guardo rencor alguno, aunque, evidentemente, mantengo mi criterio de entonces.

De entre todos los propietarios de medios que me han tocado en suerte, las hermanas Luca de Tena, Catalina y Soledad, fueron las mejores. Eran la parte más noble de Vocento. Habían aprendido en casa el papel del editor con el ejemplo de su padre, Guillermo Luca de Tena. Mantenían una actitud de respeto absoluto hacia la figura del director y en diez años jamás me impusieron nada y todo lo pedían «por favor, y si se puede». Nunca instrumentalizaron el periódico y carecían de cualquier pulsión venal. Admirables, ciertamente. Además, poseían un formado criterio editorial sobre las cuestiones de actualidad y lo ejercían con una ejemplar liberalidad. Conocerlas y contar con su apoyo es lo mejor que me llevo tras diez años en *ABC*.

Catalina, que desempeñó su papel de editora durante muchos años, dejó escrita en *ABC* una Tercera memorable que se publicó el 3 de septiembre de 2020. En ella, reflexionaba acerca del papel de este diario en la vida de España y explicaba las razones por las que no quería seguir siendo su editora. Merece pasar a la antología de textos sobre el periodismo en España. Soledad, por su parte, es el refinamiento espiritual hecho persona.

Para mí, *La Voz de Galicia* y *ABC*, dos cabeceras emblemáticas de la prensa española que tuve el honor de dirigir, siempre serán mis casas. Solo deseo lo mejor para ambas y para quienes en ellas trabajan y trabajarán. Guardo la satisfacción de saber que cuando las abandoné quedaron en magnífico estado y en buenas manos. Hay que desconfiar de aquellas personas que pretenden que después de ellas venga el caos. Además de ser una mezquindad, es una evidente pretenciosidad. Las personas pasan, las instituciones quedan, aunque a estas últimas las hacen mejores o peores los seres humanos. Al final, sabes que en los procesos, en las instituciones, en los hechos... la clave son las personas.

Solía decir cuando recogía algún reconocimiento o premio que yo debía gran parte del éxito de mi trayectoria a personas que fueron providenciales para mí. Si la gratitud es la madre de todas las virtudes, creo que debería al menos señalar a quienes fueron fundamentales en mi vida periodística: Arturo Lezcano, David Corral, Juan Ramón Díaz, Manuel Martín Ferrand, Jorge del Corral y José Manuel Vargas. De una manera especialísima, lo fue mi más querido amigo del alma Armando Fernández-Xesta. Con él aprendí casi todo lo que sé de periodismo. Era brillante, *genialoide* por momentos, hiperbólico y con un sentido de la estética poco habitual. Uno de esos periodistas que se empeñaron en quedarse en su tierra, un perfil que se da con más frecuencia de lo que se cree, por lo que su talento quedó constreñido al ámbito regional de donde vivía.

En la vida somos lo que somos por muchas circunstancias, incluido el azar. Muchas de las personas que se cruzaron en mi camino fueron, como ya dije antes, providenciales. Armando Fernández-Xesta fue una de ellas; la otra fue José Manuel Vargas, uno de los directivos de medios más brillante que yo he conocido. Su trayectoria así lo avala.

Conocí a Vargas en un encuentro que organizó Diego del Alcázar en su despacho de la escuela de negocios IE en diciembre de 2007. A Diego del Alcázar me lo había presentado en su día José María de Areilza. Las interrelaciones juegan también un papel trascendental en nuestras vidas. Siempre hay un principio para todo, sin el cual nada hubiese ocurrido. José Manuel Vargas tenía fama de ser un gestor de firmes convicciones y muy determinado; por momentos incluso podía parecer agresivo. Eran pecados de juventud que el tiempo matizó. Solía tener razón, a pesar de ello. En un principio, guardamos las distancias jerárquicas obligadas, aunque yo reconocía en él virtudes infrecuentes en el área de la gestión. En aquel momento, era un consejero delegado insultantemente joven, apenas tenía treinta y ocho años. Nuestra amistad, sin embargo, se forjó tras su salida de Vocento. Es entonces cuando aparecen los amigos de verdad.

José Manuel apostó fuerte en su día por que yo asumiese la dirección de *ABC*. No todo el consejo veía esa necesidad de cambio. A lo largo de los meses, desde mi incorporación en Vocento como director editorial de los diarios regionales, hablábamos mucho de periodismo, pero juro que jamás pedí el cargo ni intrigué en nada contra quien en aquel momento era el director, Ángel Expósito. Recuerdo un viaje a Roma en mayo de 2009 en el que estábamos Vargas y yo acompañados de Javier Gomá y José María de Areilza. El entonces embajador ante la Santa Sede, Paco Vázquez, actuó de anfitrión ejemplar. El cardenal, don Antonio Cañizares, también nos recibió en su despacho del Vaticano y pudimos disfrutar de una intensa conversación teológica entre Cañizares y Gomá. Fueron cuatro días memorables en la ciudad eterna. En un paseo por aquella hermosa urbe, atravesando la Piazza Navona, José Manuel Vargas me preguntó a bocajarro: «Bieito, ¿a ti qué te gustaría hacer en el futuro?». Mi respuesta fue: «No te lo voy a decir». Los dos nos reímos porque los dos sabíamos cuál era la respuesta que yo quería dar, pero que no verbalicé.

Pasados los meses, ya en marzo de 2010, me invitó a cenar en la marisquería El Barril de Goya y allí me dijo: «¿Tú recuerdas, Bieito, que hace un año te pregunte acerca de lo que te gustaría hacer en el futuro?». Ambos lo recordábamos. «Pocas veces una persona puede hacer que se cumplan los sueños de otra. Yo quiero que tú cumplas tu sueño de ser director de *ABC* y por eso te propongo para que lo seas». En ese momento le hubiese dado un abrazo, pero, por naturaleza, tiendo a contenerme en las expresiones informales y suelo ser poco efusivo, pero la alegría íntima era enorme.

El 7 de septiembre de 2010 fui presentado a la redacción y el 14 comencé mi trabajo como responsable editorial de uno de los más emblemáticos diarios de España y de Europa. Probablemente sea uno de los cargos más especiales que puede ostentar un periodista en España. Semanas antes, Ángel Expósito y yo habíamos mantenido un buen número de reuniones para hacer un relevo eficaz, algo que no ocurrió diez años después con mi salida. Ángel pasó a presentar un programa de un canal de televisión propiedad de Vocento, la 10, una muy buena idea para la que faltó paciencia y una estrategia adecuada para hacerla triunfar. De allí, mi antecesor se fue a COPE y hoy se ha convertido en una figura indiscutible de la radio española. Él sabe que yo siempre le auguré un gran futuro en la radio, puesto que cuenta con virtudes innatas para la comunicación oral, como es la voz, la espontaneidad y el sentido del humor.

Cuando te nombran para un cargo como el de director de un gran medio, y a veces también cuando lo abandonas, un buen número de personas te escriben y te felicitan o te apoyan. En ese sentido, también tengo que estar muy agradecido, ya que recibí, en un caso y en otro, muchas felicitaciones, aunque ninguna como la que me envió el propio José Manuel Vargas. Apenas unos días después de mi toma de posesión como director de *ABC*, me escribió una carta que guardé como oro en paño y que ahora me atrevo a reproducir. Las cartas son propiedad de quien las recibe y dejan de serlo de quien las envió. Me parece oportuno plasmarla aquí porque en ella se recoge el verdadero espíritu de *ABC* y porque explica en gran medida la enorme fe que aquel joven consejero delegado tenía en el diario:

> Querido Bieito:
>
> Cuando pensé que eras el hombre adecuado para dirigir *ABC* en la culminación de su enésimo renacimiento, decidí que antes de que fueras efectivamente nombrado, me gustaría expresarte con la distancia y el sosiego que

solo permite la prosa, qué es lo que yo creo que significa *ABC* y cuáles son los secretos que te conducirán a convertirte en un director de leyenda.

Lamentablemente, la urgencia y tribulaciones del momento del nombramiento me impidieron una vez más hacer aquello que deseaba y que consideraba importante.

Con retraso, pero, si cabe, más convencido de tu idoneidad para el reto, me atrevo sin ser nadie a darte mi visión de algo a lo que ya he estado ligado más de una cuarta parte de mi vida y que sin duda la ha marcado de forma significativa.

ABC es, sobre todo, una idea y, como tal, no existe una única y cierta definición de su naturaleza. Mucha de la gente a la que he visto a lo largo de la última década aproximarse a su realidad han creído conocer su secreto y, en virtud de tal certidumbre, han tratado, sin ser conscientes de ello, de acomodar *ABC* a su propia concepción de la sociedad, de la política, de la vida, del deber ser... Han fracasado.

Si al cabo, todos interpretamos las ideas a través de nuestra educación y vivencia, cómo estar seguros de que la nuestra será la aproximación correcta, aquella que más se adecúa a la idea pura de *ABC*, aquella que dirigirá a *ABC* hacia el fin al que tiende su propia naturaleza, el liderazgo de la sociedad española desde la moderación, la capacidad integradora, la excelencia y el patriotismo comprometido.

Yo no soy nadie en la historia de *ABC*. No pertenezco a su estirpe fundadora ni dispongo del talento que permite acceder a sus tribunas, sus columnas, sus Terceras..., pero sí me ha tocado vivir una época terrible de transición en su viabilidad y tener que desafiar y superar dificultades que a veces parecían determinadas a acabar con su existencia. Hoy *ABC* está vivo y desafiante y podría no estarlo, y me gustaría transmitirte qué me ayudó en ese camino por si te da alguna pista.

Para mí *ABC* simboliza todo lo que amo: hijos, solidaridad, patria, justicia, historia, compromiso, verdad..., y se levanta frente a todo lo que desprecio. Si así lo entiendes, eso te permitirá defenderlo de todos, incluso a veces de los que son sus accidentales propietarios. Nunca sentirás la tentación de abandonarlo, utilizarlo o traicionarlo porque creerás que te traicionas a ti mismo. Y, como con los hijos, te sentirás orgulloso de verlo crecer, continuar...

Bucea en la historia del periódico, busca su esencia en la historia que a lo largo de más de un siglo ha contado y de la que ya es parte, admira sus fotos, sus ilustraciones, sus portadas, relee sus viejas columnas y que te dé escalofrío contemplar algunas de ellas. Enséñalas con orgullo, con la seguridad de que muestras un tesoro que nadie más posee. Y siéntete servidor de una historia a la que has tenido el privilegio de ser invitado.

Sirve y triunfarás por no buscarlo. Sírvete y fracasarás por sucumbir al ego.

Te espera la gloria de lo trascendente. Huye del halago y sé fiel a la historia que representas.

Eres el director de *ABC*.

Espero que, cuando el tiempo pase y estemos alejados de las trincheras, podamos recordar que en medio del tumulto se fraguó una vieja amistad.

Suerte y un abrazo fuerte.

Y así fue, construimos una gran amistad de la que me siento muy orgulloso. Vargas apenas compartió diez meses conmigo en la empresa, siendo él consejero delegado y yo, director. En julio de 2011 abandonó Vocento y fue a partir de entonces cuando comenzamos a fraguar una franca relación amical entre los dos.

Aquel paseo por la Piazza Navona de Roma el sábado 16 de mayo de 2009 quedará ya para siempre grabado en mi historia emocional. Fue el principio de la más maravillosa etapa profesional que pude protagonizar. Dirigir *ABC* colmó todas mis ambiciones. Fue un privilegio y un honor. *ABC* es mucho más que una publicación, es una institución de España. Catalina Luca de Tena lo explicaba admirablemente en su última Tercera como editora de *ABC*: «Los millones de lectores de *ABC* han representado la España liberal, conservadora, cristiana y tolerante, emprendedora y trabajadora, culta, familiar, patriota y volcada al mundo, a la tradición y a la modernidad, con tanto amor al legado de nuestros mayores como a toda idea de desarrollo y progreso real por el bien común de los españoles en paz, seguridad y prosperidad». Vincularme a todo eso que describía Catalina fue una bendición que me dio la vida.